岩 波 文 庫

34-152-1

資本主義と市民社会

他十四篇

大 塚 久 雄 著
齋 藤 英 里 編

岩 波 書 店

凡　例

一、本書は、大塚久雄が発表した資本主義史研究に関する十五篇の論考を選び、研究の変遷をテーマ別かつ時代順に辿ることのできるように構成したものである。底本には『大塚久雄著作集』（全十三巻、岩波書店、一九六九―七〇年、一九八〇年）を用いた。

一、底本の明らかな誤記や誤植は、断りなく訂正した。読みやすさを考慮し、適宜振り仮名を付した。

一、注は底本通りの位置に置いた。

一、編者による注記は、本文中に〔　〕で付した。

一、マックス・ウェーバー著、梶山力・大塚久雄訳『プロテスタンティズムの倫理と資本主義の精神』（岩波文庫、上巻一九五五年・下巻一九六二年）が引用されている箇所については、訳文はそのままとし、大塚久雄による新訳（岩波文庫、一九八九年）の頁数を〔　〕内に記した。

目　次

資本主義と市民社会

Ⅰ　生産力と経済倫理

経済倫理の実践的構造

——マックス・ヴェーバーの問題提起に関連して——

一

悠久な世界史の流れを顧るとき、そこにさまざまな「経済倫理」が見出される。[1] そして、それらの諸「経済倫理」はそれぞれ特有な原理的内容をもっており、同時にまた、その当時の経済社会に及ぼした実践的効果に関しても、さまざまな相違を示している。ところで、それについて私がいまとくに注意を向けたいのは、こういう事実である。歴史上、二つ——ないしはそれ以上——の「経済倫理」が同一の客観的条件の下にあって、ある点に関してほぼ同一志向の原理的内容をもちながら、社会的規模においてきわめて異なった実践的効果をもたらしており、しかもその実践的効果の相違は、必ずしも一つが何らか「経済法則」(いわゆる論理)に従い他がそれに背いたが故に帰結したものなどではなくて、むしろ、それが効果をもった限りにおいては、経済社会の歴史的転換期における新しい「経済法則」の確立に対して構成的(建設的)に作用しているばあいが、ときに見出されるということである。この事実に深く想いをいたすとき、当然に次のような構想へと駆り立てられるであろう。すなわち、一般に経済倫理の「構造」なるものが考えられるばあい、その「原理的構造」に止らず、一応それと区別して、それのいわば「実践的構造」もまた十分に省みられる必要があるのではなかろうか、と。[2] いうまでもなく、経済倫理は単に正しい原理的内容を具えるだけでなく、社会的規模において十分に効果あるものでなければならない。だとすれば、いまわれわれが右に述べたような経済倫理の「実践的構造」——仮りにそのような用語を用いて見れば——を社会学的に究明することも、単に好事的とはいいがたいであろう。

(1) たとえば、Max Weber, *Gesammelte Aufsätze zur Religionssoziologie*, 3 Bde.; Ders., *Wirtschaft und Gesellschaft*, 4. Aufl., Zweiter Teil, Kapitel V などを見よ。

(2) この構想は筆者自身のうちでもまだ十分に熟し切っておらず、仮りにこうした用語を借りたまでであって、一つのすぐれて、試論的なものであることを付言しておく。ちなみに、この「構造」の二側面は決して、機械的に切離しうるものではなく内面的に緊密に結びついている。したがって右の区別は一つの理論的抽象に他ならぬ。それが正当なものであるか否かはおのずから種々の批判があるであろう。

それでは、経済倫理の「実践的構造」とはどのようなことを意味するのか。私は本稿においてそれを、とくにこの問題の明快な提起者――右のような用語をすでに使用しているという意味ではない――であるマックス・ヴェーバーの業績を手がかりとして、問題の所在をやや具体的に(しかし紙面の都合上きわめて簡単に)指摘してみたいと思う。そして、その業績とは、なかんずく彼の著名な論文「プロテスタンティズムの倫理と資本主義の精神[3]」を指している。

（3）　Max Weber, Die protestantische Ethik und der 》Geist《 des Kapitalismus, *Gesammelte Aufsätze zur Religionssoziologie*, I.（マックス・ヴェーバー、梶山力・大塚久雄訳『プロテスタンティズムの倫理と資本主義の精神』岩波文庫、上下巻〔一九五五・六二年〕）〔マックス・ヴェーバー、大塚久雄訳『プロテスタンティズムの倫理と資本主義の精神』岩波文庫、一九八九年。以下、〔　〕内でこの改訳版の頁数を示す〕。

二

ところで、ヴェーバーの右の論文は、周知のように、いわゆる「資本主義精神起源論」についての論争史に関連している。むしろ、この論争史は右の論稿を起点として開始され、主としてその批判の歴史として現在にまで及んでいる。(1) ただしかし、読者はこの論争史からしばらく目を離していただきたい。そして、筆者もまた本稿ではそれについて黙さねばならない。それは、何よりもこの論争史においてヴェーバーの提起した問題と批判者たちの論点とがあたかも「いすかの嘴《くちばし》の食いちがい」のように、ある点では——露骨な表現を許されるならば——論争が成り立つはずがないほどに乖離しており、(2) しかも右の経済倫理の「実践的構造」という問題は、まさしく、批判者たちの論点と全くかけ離れたヴェーバー特有の問題提起の仕方のうちに見出されるからである。

(1) P.C.Gorden Walker, Capitalism and the Reformation, *Economic History Review*, VIII/1, 1937, p.2 f. etc.

(2) たとえば拙稿「資本主義精神起源論に関する二つの立場」『経済学論集』九の四、大塚久雄著作集第八巻、参照。なお、ヴェーバーの論点が彼の批判者たちのそれと相違している重要な点を指摘してみれば、(一)人類の歴史とともに古いいわゆる「賤民資本主義」と「近代資本主義」とが範疇的に峻別され、歴史上後者は前者と鋭く対立しつつ興起してくるとされるのであるが、このばあい資本主義精神はこの近代資本主義に適合的なそれと解されている。(二)資本主義精神はおよそ資本主義に共通な単なる営利心などではなく、近代資本主義の成立に際してそれに構成的に作用した経済倫理である。(三)資本主義精神は単に資本家の経営倫理であるばかりでなく、また労働者の労働倫理でもあり、この両側面によって発生期の近代資本主義に対して構成的に作用しえたのである、と。

さて、ヴェーバーに従えば、資本主義精神(»Geist« des Kapitalismus)とは、西欧における近代的経済社会——「近代資本主義」とよばれるもの——の生誕に際してそれを主体的に推進したところの「経済倫理」であり、そしてこのような「資本主義的経済倫理」の形成に対して禁欲的プロテスタンティズム、ことにピュウリタニズムの「経済倫理」があずかって力があった。直截《ちょくさい》にいえば、ピュウリタニズムの「経済倫理」の原理的内容の歪曲、言いうべくんばその堕落[3]——この堕落させる力は別個の精神史的系譜からきた——によって、右の資本主義「精神」が生誕したのであった。このようにして彼に従えば、ピュウリタニズムの「経済倫理」は、「経済倫理」としての資本主義精神とその「構造」において、系譜的なつながりをもっていたのであって、この「構造」が、他ならぬ「職業」Beruf, calling 倫理とよばれるものである。すなわち、ピュウリタニズムの「職業倫理」Berufsethik が、原理的内容の歪曲＝堕落を経て資本主義の「精神」に生成したというわけなのである。

(3)　ウェーバー、前掲邦訳書、下、二三一—四四頁[三五〇—六三頁]を参照。

このように、ヴェーバーのいわゆる資本主義精神起源論における問題の焦点は、他ならぬこの「経済倫理」としての「職業倫理」だったのであって、この故にこそ彼の所論が経済倫理の「実践的構造」という問題の究明の手がかりとなりうるのである。それでは、ヴェーバーはこの職業倫理について、どのような問題提起をしているのであろうか。それを知るために、われわれはまず、彼の理解に従って、資本主義的なそれの先駆となったピュウリタニズムの職業倫理がどのような「構造」をもっていたか、という点から始めようと思う。

ヴェーバーは、ピュウリタニズムの職業倫理を、その代表的教師であるリチャード・バックスターの所説に依拠しつつ説明するに際して、ピュウリタンたちにとってどのような「職業」が有益な、したがって神によろこばれるものであったかという点について、次のような三つのクリテリアを指摘している。(4) (一)道徳的標準、(二)その生産する財の「全体」に対する重要さ、(三)以上のことを結果において判定しうる、したがって実践的に最も重要な私経済的「収利性」、がそれである。第一の点はむしろ自明であるから、(5) しばらく視野の外におきつつ、右のことがらについて説明を加えてみると、こうである。有益な職業とは、「他の誰人をも害せず」に全体の福祉に貢献するものでなければならぬ。ところで、この全体の福祉への貢献は「適正な利潤」の獲得という結果を当然にもたらしてくる。そこで、適正な収利性が或る職業の有益性如何を確定しうる標識となる、というのである。

（4）　ウェーバー、前掲邦訳書、下、一八七―八頁[三〇九―一一頁]。

（5）　人倫にもとるような職業が、神によろこばれるものでないことはいうまでもない。

右のようであるとすれば、ひとは恐らくいうであろう。ピュウリタニズムの「職業倫理」はたしかに社会主義と異なって私経済的「利潤」を許容するばかりでなく、むしろそれに積極的な意義を認めてはいる。しかし、そこには「飽くなき利潤の追求」というような資本主義的な、したがって近代イギリス的なあの「貪慾」は見出されないではないか、と。[6] ヴェーバーによれば、まさしくそうなのである。バックスターの著作においては富そのものを危険視するいわゆるエビオニズム的傾向が非常に顕著であって、きわめて「厳格に、すべての地上の財の獲得の努力に反対して禁欲が説かれているようにみえる。ピュウリタンの著作から、貨幣と財の追求を罪悪としてきめつけた例をいくつでも数えあげ、これを、この点ではるかに無頓着であった中世後期の倫理的文献と対照させることも可能である。しかもまたこの富に対する憂慮はきわめて真剣なものである」[7]（傍点は原文）。

（6）　ある人はかえって、ナチス的経済倫理との相似をさえ見出すかもしれない。たとえば、ディーン・イング［聖ポール寺院のイング首席司祭のこと］のカルヴィニズムの経済倫理に関する次の語を見よ。「その最悪の誤謬《ごびゅう》は個人主義よりもむしろ国家社会主義に結びついているもの――すなわち理想たる国家全体を極度に繁栄せしめるためには大多数人の幸福を犠牲にしてもよいという点であった」（イング、小山東一訳『英国論』二五一頁）。これが何を意味していたかは必ずしも明らかではないが、現代イギリス人のジェントリーの一典型たるイングは、ピュウリタニズムとナチズム双方のうちに同じものを、すなわち「個人主義的」イギリス経済社会を脅かす「全体主義的」経済倫理の脅威を感じていたのであろう。にもかかわらず、この相似は厳密なものではなく、両者の間にはっきりした構造的差違のあることはもちろんである。

（7）ウェーバー、前掲邦訳書、下、一六八―七二頁［一九二―六頁］。これにつづいて、このエビオニズム的傾向の意味解明に関する重要な一節があるが、われわれの問題との関連においてはしばらく無視しても差支えないであろう。

であるとすれば、ひとはさらに問うであろう。このようなピュウリタニズムの「職業倫理」は、どのような点で資本主義の「精神」（資本主義的職業倫理）と系譜的なつながりをもちえたのであるか、と。しかし、この点を詳述することは本稿では不可能でもあり不必要でもあるから、さしあたり次の点を指摘することをもって満足しなければならない。ヴェーバーに従えば、ピュウリタニズムの「職業倫理」はまさにこの反営利性によって、しかもそれが社会的規模において著しい実践的効果をあげることによって、かえって資本主義の「精神」の生誕と近代資本主義の形成に画期的な意義をもちえたのである[8]。これは一見奇妙にひびくかもしれないが、要約すれば、彼のいうところはほぼこうである。ピュウリタニズムの職業倫理はあの人類の歴史とともに古い商人や高利貸たちの「古い」貪慾を有効に抑止しえた。しかしまた、かえってそのことの故に、いまや近代西欧に特徴的な「新しい」貪慾――古いそれと範疇的に異なるのみでなく、鋭い対抗の関係に立つ新しい営利心――の進出に道を開く結果となった。そしてこれによって、それ自身も原理的に歪曲し堕落させられながら、資本主義的職業倫理(すなわち資本主義精神)へと変容していった、というのである[9]。しかし、この点はいまはともかくとして、われわれが本稿の問題と関連してここで確認しておきたいのは、ピュウリタニズムの「職業倫理」がもともと、それ自体としては、反営利的なしかも強烈に反営利的な原理的構造をもつ経済倫理であったという点である[10]。

(8) ピュウリタニズムが、何らか「世のたのしみ」を大目に見ることによって、資本主義精神の形成にあずかって力があったというような見方が、学的に問題になりえぬ俗説であることは、彼の繰返し主張しているところである。

(9) 前掲拙稿を参照。――なお、この変容の内容について一言すれば、さきに述べたように、有益な職業の標識に関して、ピュウリタニズムにおいては「全体」の福祉に貢献する職業はその貢献の結果として当然に「適正な」利潤を獲得しうるとされていたが、堕落とともに、この関係が逆になってくる。すなわち、「適正な」利潤をあげうる職業は、つねに「全体」の福祉に貢献しているはずだというふうに考えられ、そして、さらにすすめば、右の「適正な」の観念もいつしか失われて、およそ「営利」はつねに全体の福祉に貢献すると考えられるようになる。こうして資本主義的職業倫理(資本主義の精神)に変容してしまうのである。そして、ついには「職業倫理」から宗教的根基も倫理的支柱もすべて失われてしまうのであるが、ともかくこのような観点からみるならば、近代イギリス経済史は、精神史的には「堕落」の歴史に他ならぬことになり、また現代イギリス的偽善が偽善とされるゆえんも、またその由って来るところもきわめて明瞭となるであろう。

(10) この点に関して J.Kraus, *Scholastik, Puritanismus und Kapitalismus* にみえる所論を参照することは興味深いであろう。

三

さて、右に述べたことがらに関連してただちに想い起こされるのは、中世カトリシズムの「経済倫理」もまた貪欲を敵視し、つねに反営利的な原理をふくんでいたという点であろう。むしろ、上述のことがらよりはこの事実の方がかえって周知(ことにわが国においては)のことに属すると思われるが、ともかくこの事実もまた確認されねばならない。すなわち、ピュウリタニズムの経済倫理もカトリシズムの経済倫理もともに、放縦な「飽くなき利潤の追求」に対して根本的に対立し抑止する構造をもっていたのである。もちろん、カトリシズムの「職分倫理」とピュウリタニズムの「職業倫理」は究極において異なった原理的構造をもっていた。しかし、右の反営利的という点においては、その原理を全くひとしくしていたことは疑いを容れぬところである。

ところで、右の二つの経済倫理は放縦な「貪欲」を抑止するという点において、同様な実践的効果をあげていたかといえば、そこにはかなり大きな隔たりが見られるのである。端的にいえば、右のうち、社会的規模において「貪欲」圧殺の効果をはるかに著しく示したのは、俗説と一見全く異なって、ピュウリタニズムの職業倫理の方であった(1)。その故にこそ、ヴェーバーに従えば、それが「新しい」近代的貪欲に道を開くものともなったことは、上述したとおりである。このピュウリタニズムの職業倫理の実践的な強靭さは、ヴェーバーによれば、はるかにカトリシズムの職分倫理を超えるものであって、「道徳的行為を宗教的に尊重するにしても恐らく他に見られないほどの強固の形態」だったのである(2)。

（1）この「貪慾」が古いそれ、すなわち、ヴェーバーのいわゆる賤民資本主義の精神を指すことはもちろんである。新しい「貪慾」に対してピュウリタニズムの精髄――その堕落形態ではない――は頑強に抵抗しつつ、ついに歴史の上から消失した。現代のイギリスにおいてそれが全く消失していることは、かつてカーライルが烈しい言葉をもって摘発したとおりである。「イギリス国民がその十七世紀の歴史を真に理解することは容易にできないと思われる。……その原因はどこにあるのか。それは昔の人の心にあったキリスト教的信念が今の人にないからである。今あるのは信念ではなくて、その偽物である。偽信である。……「悪魔の治世」、偽信横行、形式猖獗《しょうけつ》の世である。ああ、真面目に考うべきではないか」。なお、これらについては、R.H.Tawney, *Religion and the Rise of Capitalism*, Chap.IV, ii–iii（ト一二一、出口勇蔵・越智武臣訳『宗教と資本主義の興隆』岩波文庫、下、第四章〔二〕―〔三〕）の興味ある叙述を参照。

（2）ウェーバー、前掲邦訳書、下、第二章の一、とくに六三―七〇頁〔一九一―八頁〕。なお、Tawney, *op. cit.*, Chap.II, iii, Chap.IV, i–ii（ト一―二一、前掲邦訳書、上、第二章〔三〕、第四章〔一〕―〔二〕）を参照。

それでは、この二つの経済倫理の間に存する右のような実践的効果の隔たり――社会的規模における――は、何によってもたらされたものであろうか。ヴェーバーに従えば、もとよりそれぞれの信徒の主観的な真面目さ、不真面目さによるものではなかった。また、単にそれぞれの教職者たちの信徒に対する統制の強さ如何によるものでもなかった[3]。むしろ、それぞれの経済倫理のもつ特有な「構造」――ヴェーバーはこのような語を用いてはいないが――が、それぞれの信徒たちの経済行為に際して、その倫理的実践の広さと深さに決定的な影響をあたえたというのである。これこそが、本稿でいうところの経済倫理の「実践的構造」に他ならない。

（3）　ただし、これもまた倫理の「実践的構造」に由来する。

さて、ヴェーバーは経済倫理のこのような「実践的構造」として、とくに反営利という点で、社会的規模において際立った効果を示したピュウリタニズムの経済倫理の「実践的構造」の特質として、具体的にはどのような事実を指摘したかといえば、それこそが他ならぬ、ピュウリタニズム（むしろ広く禁欲的プロテスタンティズム）の「職業倫理」がおびる「禁欲的」asketisch、「組織的」systematisch ないし「方法的」methodisch な性格であった。この性格の宗教社会学的分析こそがヴェーバーの前掲論文のライトモティーフであったことは、あらためていうまでもなく、周知のことに属するであろう。

真面目なピュウリタン（ひろく禁欲的プロテスタント）が現世において歩もうとした道は、「罪、悔改、懺悔、平安、新たな罪のあいだを往来するまことに人間的な動揺や、また全生涯の帳尻を地上の刑罰によって償われ、聖礼典という〔カトリック〕教会の恩恵賦与の手段によって決済される」というような、いわば《to do》の問題ではなかった。そのような「個々の「善き行為」ではなくして、組織にまで高められた聖潔な生活」であり、いわば《to be》の問題であって、彼らは個々の善き業を積み上げることによってではなく、どんな瞬間にも「選ばれているか捨てられているか」の二者択一のまえに立って自己の全生活を「組織的に」自己審査し、そして正しい生活へと「方法的に」自己を「訓練」(禁欲)(4)したのである。これに対比して、中世の一般のカトリック信徒の生活は右のような組織的性格を欠き、彼らは倫理の上ではいわば「手から口へ」の生活をしていた。彼らは何よりも伝統的な義務を誠実に実行しはした。しかし、それ以上に彼らが「善き行為」をすることがあっても、それには一般には必然的な連関をもたない。少なくとも一定の生活体系として合理化されてはいない個々の行為にすぎないもので、それも個々のばあいに応じて、たとえばある罪悪の消去とか生涯の終りとかに、いわば一種の保険料として行われたのである。もとよりカトリック教会も、理想としては、原理的な生き方を人間に要求した。が、その反面、カトリシズムの信仰の最奥の特性(聴罪典)が右の要求をきわめて弱いものにしてしまったのであって、カトリシズムの「職分倫理」は経済生活という世俗内的(innerweltlich)な分野において、ピュウリタニズム(禁欲的プロテスタンティズム)の「職業倫理」のような組織的・方法的性格をもちえなかったのであった。(5) ヴェーバーによれば、このような「実践的構造」の相違、すなわち組織的・方法的性格の有無が、反営利という点では同一の原理的志向をもつ二つの経済倫理の実践的効果をば、社会的規模において著しく異ならしめる結果となったというのである。

(4)「禁欲」はいうまでもなく》Askese《の訳語である。しかし、西洋的「禁欲」は東洋的なそれといちじるしく異なった性質をもつために、この語を邦訳するばあい、われわれのいう「訓練」の語をもってした方がときに遥かに意味の明瞭なこともあるように思われる。ヴェーバー、前掲邦訳書、下、七三頁〔二〇〇頁〕以下、一六七頁〔二九一頁〕以下を参照。

(5) 以上の叙述についてはヴェーバー、前掲邦訳書、下、六三―四頁〔一九一―二頁〕を参照。

以上のように、経済倫理の社会的効果がその「実践的構造」の如何によっていちじるしく隔たりを示すという事態を、ヴェーバーはさらにルッタートゥムのそれについても明瞭に指摘している。(6) すなわち、ルッタートゥムもまたピュウリタニズム(ひろく禁欲的プロテスタンティズム)と同様に「職業倫理」とよばれるべき経済倫理をもっていた。否むしろ、周知のように、「職業」Beruf なる観念はマルティン・ルッターによって形づくられ、しだいに他のプロテスタント諸派に伝えられたのである。このルッタートゥムの「職業倫理」は、禁欲的性格をもつ他のプロテスタント諸派(ピュウリタンをも含めて)のそれに対比するとき、その「原理的構造」において異なったニュアンスを示していたが、[7] しかし商人、高利貸たちの営利と貪慾に反対する点においてはまさしく軌を一にしていた。たとえば、ひとは南独アウクスブルクの巨商ヤコプ・フッガーに対するルッターのあの激しい攻撃的言辞を想起するであろう。それにもかかわらず、ルッタートゥムの「職業倫理」はカトリシズムの「職分倫理」と同様組織的性格を欠如していたため、その社会的規模における実践的効果は、当然に、ピュウリタニズム(ひろく禁欲的プロテスタンティズム)のそれに比して、いちじるしく劣らざるをえなかった。

(6) ウェーバー、前掲邦訳書、上、第一章の三、および下、第二章の二にみえるドイツ敬虔派に関する叙述などを参照。
(7) 同邦訳書、上、一二七—八頁[一二五—六頁]。

四

以上述べてきたところによって、経済倫理の「実践的構造」という問題がほぼどのようなことを意味しているか、だいたい明らかになったことと思う。マックス・ヴェーバーは、このように、ピュウリタニズム(ひろく禁欲的プロテスタンティズム)の「職業倫理」のうちに、経済倫理の「実践的構造」としての組織的・方法的性格を、優越なる意味において見出したのである。そして彼は、一方において、この組織的性格の由って来たるところを尋ねつつ、その歴史的淵源を社会の物質的諸関係などにではなく、それぞれの「信仰」の拠って立つ教義そのものに求めることによって、これを「純粋な宗教的動機の帰結」として理解しようと試みているし、[1] さらに他方において、「職業倫理」の組織的性格がその信徒たちの生活様式のうちにどのように特徴的なものを産み出していったかを、興味ぶかく、具体的に追究している。[2] これらの諸点の社会学的分析もまた、ヴェーバーの前掲論文の主要なテーマとなっているが、その紹介はいまは割愛せねばならない。

(1) ウェーバー、前掲邦訳書、下、第二章の一を参照。

(2) たとえば、ウェーバー、前掲邦訳書、下、二五―四三頁〔一五六―七二頁〕、四九―五二頁〔一七八―八一頁〕など、および第二章の二の諸所を見よ。

むしろ、ここで、筆者がとくに指摘しておきたいのはこうである。およそ経済倫理の「構造」なるものが構想されるとき、その「原理的構造」と一応区別して、上述のような意味で、その「実践的構造」もまた考えうるであろう。そうであるとすれば、繰返していうように、経済倫理は単にその原理的な志向において正しいばかりでなく、現実に社会的規模において十分に効果のあるものでなければならぬ。したがって、およそ経済倫理が問題とされるばあい、ただ正しい「原理的構造」が構想されるだけではなく、それを社会的規模において十分に効果のあるものたらしめるような「実践的構造」が、性格として、与えられていなければならぬ。そういうことである。

　これをもう少し具体的にいうならば、こうなろうか。いまや、経済統制の進展という新たな事態に即応して「新しい」経済倫理の一般的確立が焦眉の緊要事とされていることはいうまでもない。そしてそのばあい、わが国の精神史に溯源《そげん》することとともに、「古い」職業倫理の原理上の批判が一つの出発点となっていることは正しいとすべきであろう。ところで、その「新しい」経済倫理もまた、当然に、それが社会的規模において十分に効果のあるような「実践的構造」を、性格として賦与されているよう、考慮されていなければならない。であるとすれば、右の「古い」職業倫理の原理上の批判と並んで、否それと関連させつつ、ヴェーバーが見事に析出したところの組織的・方法的性格なるものもまた、十分に批判的検討の対象とされる必要があるのではないか。

経済倫理と生産力

一

「経済倫理」とも呼ばれるべきものが戦時下の現在どのように緊要な意義をあたえられているかは、あらためて説くまでもないほどであろう。しかし、戦時下におけるいま一つの緊要問題である「生産力」と並べて、「経済倫理と生産力」という形で両者の関連を問おうとする段になると、なお何かそぐわない感じを残しているようにも思われる。というのは、経済倫理はいまなお一般に、たとえば闇取引などと関連させて、すぐれて消費ないし流通上の問題と考えられるのがつねだからである。もちろん経済倫理と生産力と、とりわけ生産力拡充との関係が取扱われているばあいはある。しかし、そのようなばあいにおいても経済倫理は、たとえば利潤追求というようなことと関連させ、すぐれて経営倫理(企業家ないし経営指導者の倫理)と解されて、そうした経営倫理と生産力との関連が問題とされていることが多いようである。もとより、そのような問題提起の仕方は重要でない、などといおうとするのではない。けれども、「経済倫理と生産力」の問題はそうした局面だけに限られるものなのであろうか。むしろ、両者が交渉し接触し合う局面で、しかもいっそう重要なものが他になお見出されるのではなかろうか。

二

こう問いながら想起するのは、あのフリードリッヒ・リストがアダム・スミスのいわゆる唯物主義を批判した個所での古典的な問題提起である。彼はいう、「労働が富の原因であり怠惰が貧困の原因である」(とスミスはいう、しかし)「その労働の原因は何であり怠惰の原因は何であるか」と。このリスト的な問いがいまなお「生けるもの」であることはいうまでもないと思う。ところで、この問いに対するリスト自身の答えは他ならぬ国民の「精神的資本」ということであった。すなわち「人間に固着しているかあるいは各人が社会的・市民的・政治的な状態から獲るところの倫理的《モラーリッシュ》ならびに肉体的《フィジッシュ》な諸力」である。彼に従えば、国民がすぐれて歴史的に形成してきたところの「精神的資本」の歴史的な性格、したがって、その力の強弱如何が「労働」の昂揚《こうよう》如何を決定し、生産力進展の如何に至大の影響を及ぼすのである(と恐らく解すべきであろう)。そしてリストは、さらに進んで、この「精神的資本」のうちに人間的《ペルゼーンリッヒ》、社会的、政治的――彼の表現は必ずしも一義的ではない――の諸側面を区別し、それらにむかって考察の歩を進めるのである。このリスト自身の問題提起とその解答は、当面われわれの問題に限りない示唆を与えるであろう。が、私はもとよりここでリスト解釈というような学説史上の大問題を云々しようとする心算は毛頭ないのであるから、そのようなことは別として、右のリスト自身の解答を手がかりとしつつ、当面「経済倫理と生産力」という問題にいま少しく近迫してゆきたいと考えるのである。

さて「労働」の昂揚如何を決定するところの人間的、社会的ならびに政治的な諸事情のうち、しばらく後の二者すなわち社会的・政治的なそれを視野の外に置いて見る――それらが重要でないなどという馬鹿げたことをいうのでないことはもちろんである――ならば、残るものは国民が歴史的に形成し継承してきたところの人間的な諸事情、すなわちリストのいわゆる「人間的な国民生産力」die persönliche Nationalproduktiv-kräfte であろう。いま、それをリストから離れて、少しく自由に考察して見ると、いわゆる広義の「国民生活」がそれに当るのではないかと思われる。そしてそのうちには、精神上ならびに肉体上の栄養・休養といった諸事情も含まれており、そのこともともとより無視すべきではない。しかし、その中心に位置するいわば主体的なものこそ他ならぬ「経済倫理」——それはさらに、単に「経済」といわず、国民のもつ歴史的な精神的雰囲気へつながる——だと思うのである。

とすれば、恐らくひとはいうであろう、それはいわゆる「勤労観」ないし「労働倫理」ではないかと。そうである。今少し正確にいうと、ほぼそうである。しかし、私がここでとくに言いたいのは、それが単に目的論的にではなく、存在論的に国民のエートス（倫理的雰囲気）として捉えられることが必要だということである。とりわけ、何らか単なる倫理学の体系とか道徳的訓戒といったものではなく、歴史的な国民生活のうちに現実に生きている倫理的な雰囲気、時にははるかに習俗化して、むしろ心理的な雰囲気に近迫するところの「エートス」として捉えつつ、問題の視野に引き入れた上で、それと生産力との関連の仕方を見究めることが必要だといいたいのである。いま少しく具体的にいうと、歴史的個体としての特定のエートスが生産力拡充の要請に直面したとき、どのような性格の反応を示すか（たとえば、積極的か消極的か）ということと、それと並んで、労働意志を昂揚し、したがって生産力拡充の方向に作用するような性格をもつエートス（経済倫理）は一般にどのような構造をもたねばならぬかということを考察することこそ、リスト的問題の展開の一局面として重要なのではないかと考えるのである。

三

このように「経済倫理と生産力」の関連を問いつめてきて、問題の所在は具体的にはなお十分に明らかであるとはいいがたいであろう。あるいは、問題をなおわれわれの身近かに感じがたいであろう。そして、問題の視野を一層具体的にするためには、ここでこの問題に関する従来の研究に一瞥《いちべつ》を加えることが最も便宜であろうと思う。もっともそのような研究はまだ研究史を形成するというほど数多くはない。そしてまた、スミスもリストもこの点にふれていないなどとはいいえないけれども、やはり、この問題にはっきりとしかも正面から四つに組んだ労作としてまずあげねばならぬのは、マックス・ヴェーバーの宗教社会学的諸論稿、なかんずくかの『プロテスタンティズムの倫理と資本主義の「精神」』とすべきであろう。すなわち、いうところの資本主義の「精神」が右のエートス、とくに生産力拡充の方向に作用する性格と構造をもつところのエートスの一歴史的形態として、彼の社会学的分析の俎上にのせられているからである。

といえば、ひとは彼とルヨ・ブレンターノ、ヴェルナー・ゾムバルトなどとの論争史を想起しつつ、意外の感に打たれるかも知れない。しかし、実のところ、ヴェーバーの論点とその論敵の論点とは、「奇妙に」という語がぴったりとあてはまるほどに食違っているのであって、たとえば、ブレンターノ、ゾムバルトなどのいわゆる「資本家精神」Kapitalistischer Geistが近代資本家のもつ営利心ないし利潤追求欲として捉えられているのに対して、ヴェーバーのいわゆる「資本主義の精神」》Geist《 des Kapitalismus（この周到な用語の相違に注意せよ）が、他ならぬ資本主義という歴史的姿態をとりつつあの近代に特有な著しい生産力拡充を惹起したところのエートスであり、しかもその一極に近代労働者層のもつ「労働倫理」を包含している点に想到するならば、われわれの問題に関連して彼の労作を指摘したことの決して的外れでないことが分かるであろう。

ヴェーバーが右の労作において意図しているところは、今少しく立入って説明すれば、こうである。彼は、まず「合理的・経営的な資本使用と合理的・資本主義的な労働組織」（その典型は工場制度）という特殊歴史的な形でおこなわれる近代西欧に特徴的な著しい生産力拡充を押し進めたエートスを、「資本主義の精神」となづける。ところで、この「資本主義の精神」はもとよりその構造契機として営利心をそのうちに内包してはいる。けれども、ひるがえって悠久な歴史の流れを顧みるとき、営利心そのものは多かれ少なかれいつの時代にも見出されるのであって、決して近代のみに特有のものとはなしえない。のみならず、この営利心は、近代を除く殆んどすべての時代においては生産力の拡充と結びついていないばかりか、かえってその停滞をさえ招来する傾向を殆んどつねに示しているのである(いわゆる「賤民資本主義」Paria-Kapitalismus)。したがって、「資本主義の精神」が生産力を拡充させる方向に作用するのは、基底的に見て、それが内包する営利心のゆえではなく、むしろこの営利心と結びつきそれに媒介されながら「資本主義の精神」を構成しているところの他の構造契機のゆえであると見ねばならない。こうして、ヴェーバーは精神史的に溯源しつつ、「資本主義の精神」をその構造諸契機に分析し、営利心を捨象し去ることによって、その中から優越な意味におけるエートス——すなわち近代的生産力の拡充を惹起した決定的契機《スペキフィクム》［ルビはラテン語 specificum］である「経済倫理」——を純粋な姿でとり出し、そして、それが何故に生産力拡充の方向に作用しえたかという観点から、その性格と構造を克明に分析するのである(アダム・スミスの方法との類似と、それにもかかわらず、一層注目に値いする相違)。そして、彼はこのエートスを「世俗内的職業(使命)禁欲」innerweltliche Berufsaskese となづけた。

この「世俗内的禁欲」というエートスについてのヴェーバーの鋭利な分析を紹介することは、もとより、ここでは割愛しなければならない。しかし、さしあたり次の点は指摘しておきたい。すなわち、このエートスは経済倫理——もちろんそれは単に「経済」

といった分野にのみ跼蹐《きょくせき》するものではない——としては、右に述べたような生産力と直接に関係をもつ生産倫理というべき局面のみでなく、流通倫理、分配倫理、消費倫理とも呼ばれるべき諸側面をもそのうちに含み、むしろそれらの綜合として成り立っていた。しかも全体として、生産倫理を基軸として構成され、すぐれて生産倫理の相貌を具えていた。そしてこの生産倫理としても、経営倫理ならびに労働倫理の両側面を具えつつ、しかも基底的にはすぐれて労働倫理の性格を具えていたのである。ヴェーバーの見解は右のように解釈して大過ないことと思うが、労働倫理としての近代的エートスについては、右の論稿のなかで、次のような興味ある事例を掲げている。

それは「高賃銀の経済」とよばれる法則の妥当性の限界に関連する問題である。すなわち、「高賃銀」は量的にも質的にも労働昂揚の可能性を与え、したがって高度な近代的経営(技術)への移行を促し、その結果生産費はかえって減少する、といった因果関連は、彼に従えば、右に見たようなエートスが労働者たちのうちに生き生きと作用していることを前提としてのみ現実的でありうる。しかし、もし労働者たちがこれと異なった、すなわち彼のいう「伝統主義」Traditionalismus 的なエートス——その洗練された典型としていわゆる「職人気質」を想え——のうちに生きているならば、右の因果関連は現実化しえず、したがって近代的経営(技術)の一般的・自生的な成長は不可能となるであろう。というのは、労働者たちは賃銀の引き上げを喜ぶではあろう、しかし彼らには、伝統的な「生活」をこえようとする自発性はなく、収入に余裕があるときには労働を休み(あるいは密度を低くし)、従来の「生活」を維持することだけで満足するに過ぎないであろう、こうして高度な技術の採用(大経営)は自生的に進展しえず、かえって家内工業の量的拡大を見るという傾向さえ生ずるであろう、からである。念のために注意しておけば、「職人気質」といったエートスがそれ自体として無価値なものであるなどというのではない。それは極めてすぐれた、美しいものであるだろう。しかし、近代的生産力の拡充といった要請に直面したときには、それは右のような消極的な性格を示すというのである。

四

世界史の悠久な流れに眼を注ぐとき、そこにはさまざまなエートスが見出されるが、それらは、近代的工業生産力の拡充といった特定の課題に当面したとき、恐らくそれぞれがさまざまな反応の仕方と性格を示すであろう。そしてマックス・ヴェーバーはそのうちから、直接に、したがって明らかに、西欧近代の産業革命を招来したと考えられるエートスすなわち「資本主義の精神」を取り出してきて、その構造を分析し、他面それと他の諸世界宗教の経済倫理を批判的に比較しつつ、およそ近代的生産力拡充の方向に作用するエートスの性格と構造を究明しようとしたのであった。このことはヴェーバーの学問的労作一般、とりわけその底流をなす彼の愛国的パトスと思い合せて見るとき興味深いものを覚えるが、それよりも、右の研究は当面のわれわれにとって一つの類まれな他山の石として緊要な意義をもつのではないかと私は思うのである。というのは、「資本主義の精神」がそれ自体としてはすでに過去のものであり、かつまた否定的に批判されるべきものであることはもちろんであるが、しかし、およそ「近代的生産力拡充の方向に作用するエートスはどのような構造をもつべきか」という設問は、現在わが国が西欧的近代を超克しつつしかもその生産力を発展的に継承するという世界史的課題に直面しているというのならば、明らかに差迫った意義をもっているわけだからである。

資本主義と市民社会
――その社会的系譜と精神史的性格――

一　問題的視点

(一)

近代西ヨーロッパの経済社会が通例資本主義という学術語をもって呼び慣わされ、それを基軸とする社会構成がまたしばしば「市民社会」という用語をもって呼ばれていること、さらに、この資本主義ないし市民社会が近代史上押しも押されぬ世界史的意義をもって立ち現われていることなどは、いちおう周知のことに属するといってよいであろう。この資本主義ないし市民社会――以下とくに区別する必要のないばあいは前者をもって代表させる――は、ほぼ十六世紀のうちに進展の本格的態勢を整え、十九世紀にいたって完成した姿を示すことになるのであるが、[1] その歴史的個体としての基本的性格、なかんずくその形成過程——いわゆる初期資本主義——の個体的特質に関しては、史学史上、少なくとも経済史学史上、大づかみに二つの極めて対照的な把握の仕方を見出すことができる。

（1） 拙著『近代欧洲経済史序説』第二編、大塚久雄著作集第二巻、参照。

たとえて言うならば、こうである。その一は、近代西ヨーロッパの資本主義の形成過程をオルギア、つまりバッカスの躁宴《そうえん》のようなものとして理解する把握の仕方である。これによると、資本主義の発達は人間の感性的な欲求——経済史に即して言えば営利欲——が伝統の倫理的束縛からしだいに解放され、いわば真裸かとなりつつ、限りなく自己を拡充していく過程であり、したがってその完成は倫理的束縛に対する利己主義の自由の、あるいは個人的営利欲の全面的な解放にほかならない。われわれはこういう把握の仕方を「解放説」とよぼうと思う。もっとも、ここで一括的に解放説とよぶところのもののうちにも、極めてさまざまなニュアンスの相違が存することはもちろんであるが、さしあたっては触れぬこととすれば、その代表的なものとしてはルヨ・ブレンターノ[2]、とりわけそれが特異な体系にまで構成されたものとしてヴェルナー・ゾムバルト[3]の所説などをあげることができよう。ところで、その二は、これと対蹠的に、近代西ヨーロッパにおける資本主義の形成をいわば禁欲的修道僧の ora et labora（祈りかつ働け）のごときものとして理解する把握の仕方であって、資本主義の発達は、人間個人の感性的欲求ないしは放縦としての営利慾が「禁欲」的倫理――もとより伝統主義的な倫理とは異なったものとしての――のもとに徹底的に圧殺されてゆく過程だとするものである。といえば、一見極めて奇異に映ずるであろうから、なお一言説明を加えておくならば、こうである。このような見解をとる人々もまた、近代の資本主義が営利的性格をもたないなどというのではない。それどころか、むしろその反対である。けれども、彼らにしたがえば、その「営利」は個人の感性的な欲求として追求されるものではなく、各人の「倫理」的義務として現われ、この義務のまえにはあらゆる人間的・感性的なものは禁欲されつつ、すべてが営利に向かってささげられる。いわば資本主義の発達は、営利のために行われる、ひたすらなる禁欲的精進に他ならないというのである。このような把握の仕方を、さきのものに対比しつつ、われわれは「禁欲説」とよぼうと思うが、その主張者としては、いわゆるハイデルベルク学派のエルンスト・トレルチ、(4) そして、なかんずくマックス・ヴェーバー(5)を挙げねばなるまい。

（2）　Lujo Brentano, Die Anfänge des modernen Kapitalismus, *Der wirtschaftende Mensch in der Geschichte*, 1923 および Puritanismus und Kapitalismus, *a. a. O.* いずれも、

その邦訳はブレンタノ、田中善治郎訳『近世資本主義の起源』に収録。

（3） Z.B.Werner Sombart, *Der moderne Kapitalismus*, I/1, Zweites Buch, Erster Abschnitt; Ders., *Der Bourgeois*, Zweites Buch, Erster u. Zweiter Abschnitt.

（4） Z.B.Ernst Troeltsch, *Die Soziallehren der christlichen Kirchen und Gruppen*, Kapitel III.

（5） Max Weber, Die protestantische Ethik und der 》Geist《 des Kapitalismus, *Gesammelte Aufsätze zur Religionssoziologie*, I.（梶山力・大塚久雄訳『プロテスタンティズムの倫理と資本主義の精神』岩波文庫、上下巻〔一九五五・六二年〕）〔大塚久雄訳『プロテスタンティズムの倫理と資本主義の精神』岩波文庫、一九八九年〕。

ところで、資本主義の歴史的性格に関して、このように相異なった二つの把握態度の存在を示唆したばあい、それだけでは、読者はなお問題の意味をしっくりと呑みこみがたく感じられるであろう。というよりは、第一の「解放説」が学界においてある意味では支配的であり、むしろ常識的とまでなっていることのために、第二の「禁欲説」の存在の指摘はあるいは奇異の感を与えかねないのではないかとさえ思うのである。[(6)] そこで私は、主として経済史の史実に即しつつ、右の二つの把握態度の基底にひそむ問題意識の差違を、まず、ある程度明らかにすることから始めたいと思う。

（6）詳細にみるならば、両説の間にはもとより折衷的な中間地帯が存するのであって、したがって右の指摘はある程度まで正確さを犠牲にしたものであるけれども、大づかみにいって決して正鵠《せいこく》を失してはいないと信ずる。ともあれ、第二の「禁欲説」は場合によっては常識外れとさえ感ぜられかねないほど、いわゆる通説から遠い位置におかれているが、学説史上のことを別とすれば、その認識のモデルは意外にも手近かなところに発見することができる。たとえば、『ロビンソン・クルーソウ漂流記』の冒頭にみられる父親のあの切々たる訓戒を想起してほしい。《adventurer》として荒稼ぎに乗り出そうとする息子を懸命に引き止めながら、健実な《middle station of life》に止るべきこと、そして、それこそが「富への正しい道」であることを教えている――彼の息子は孤島においてついに父の意見に立ち帰った――が、このロビンソン・クルーソウの父こそ禁欲説の先駆者なのであり、その系譜はただちにアダム・スミスへとつながってゆく。この観点からスミスの諸著作を読むならば、禁欲説の側に立つ彼の相貌がはっきりと浮かび上がってくるであろう。

㈡

さて、近代西ヨーロッパにおける資本主義の歴史的特質として、さしあたって――しかもほぼ異論なく――次の二つの点を指摘することができるであろう。顕著な営利的つまり利潤追求的性格、いま一つそれに加えて、厖大な「生産力」(なかんずく近代工業力)の建設、がそれである。まず、近代西ヨーロッパ、なかんずく近代イギリスの経済社会が顕著な営利的性格を帯びていることは、いまさらわれわれの指摘を待つまでもなかろう。たとえば、イギリス人の一人であるジョナサン・スウィフトの『ガリヴァー旅行記』、なかんずく「フウイヌム国渡航記」における辛辣きわまる諷刺がそれを物語ってあまりあるであろう。また、そうであるからこそ、すぐれて資本主義という語をもって言い表わされているのである。さらに、他面近代西ヨーロッパ、なかんずくイギリスの経済社会が極めて厖大な「生産力」ことに工業力を擁しているという事実にいたっては、ほとんど説明を要しないであろう。

ところで、われわれにとっての「問題」は、この二つの特質が歴史的に結び付いて現われているという事実――この結び付きは後に見るように世界史的観点からしてすぐれて個性的なものである――そのものだけではなく、むしろ、その二つが内面的にどのような仕方で相互に結び付いているかという点にこそ存するのである。やや過度と思われるが、問題の所在をできるだけ明らかにするために、端的に示してみるならば、こうも表現しうるであろう。すなわち、近代西ヨーロッパの経済社会においては、その営利的性格の故にあの生産力の拡充が招来されたのか、それとも、その営利的性格にもかかわらず生産力の拡充が招来されたのか、と。[1] それでは、そのような「営利」と「生産力」の結び付き方の相違が、何故に、われわれにとって重要な問題となるのであろうか。それは他でもなく、こういうことなのである。もし営利の故に生産力の拡充が結果したのであるならば、われわれは、近代西ヨーロッパの資本主義の形成史を跡づけるばあい、この営利の社会的系譜をたずね、その由来する個性的因果関連を明らかにすることに視点を集めねばならぬであろう。しかし、もし営利にもかかわらず生産力の拡充が惹起されたのであれば、「営利」ではなく、近代的「生産力」の発達自体のうちにその社会的系譜を追究し、その由来する個性的因果関連を明らかにすることに視点を集めねばならぬであろう。そして、実はそのうち、前者の立場に立つものがさきの「解放説」であり、後者の立場に立つものが「禁欲説」に他ならないのである。

（1）このような二律背反的な表現は必ずしも正確なものでないが、それにもかかわらず、さしあたってそれが決して誤謬でありえない理由は、行論のうちで明らかとなると思う。

というのは、こうである。悠久な世界史の流れを溯源してゆくならば、まずわれわれは、営利が決して近代西ヨーロッパにだけ特有な現象ではなく、多かれ少なかれあらゆる地域と時代に共通して見出されるものであることを発見するであろう。[2] しかし、いま少し精密な省察を加えてみると、ひとしく営利と呼ばれるべきでありながら、近代西ヨーロッパの営利が他の諸地域ならびに諸時代のそれと著しく異なった歴史的性格を具えていることが分かるのである。マックス・ヴェーバーの特徴的な表現を引くならば、「「資本主義」は中国にも、インドにも、バビロンにも、また〔ヨーロッパの〕古代にも中世にも存在した」。しかし「それらの資本主義」は、近代西ヨーロッパの資本主義と、「その決定的な意味をもつ諸特徴についてみれば、遠くかけはなれたものであった」(3)。では、その決定的な差違はどの点に存するのであろうか。何よりもまず、われわれは、つぎの事実をはっきりと指摘しなければならない。すなわち、産業革命という近代史上の個性的事実が見紛うべくもなく教えるように、両者の間には生産力(なかんずく工業力)の拡充程度ないし水準においてきわめて顕著な相違、むしろ性質的な差別が存するということである。いま少し詳言すれば、近代西ヨーロッパの営利が世界史にその比を見ないほどの生産力の著しい拡充に結びつき、その基礎の上に立っているのに対比して、他の時代ないし地域の営利は、それとは異なり、一般に生産力の基礎から遊離しておこなわれ、その結果むしろ反対に、生産力の停滞をさえ招来している事実がみられるのである。このような定式化は、もとより、極めて大ざっぱなものであって、厳密にはより立入った規定を加えねばならぬことはいうまでもない。しかし、経済史研究の現段階において、精粗の点は別としても、基本的にはほぼ異論のないところと考えてよいであろう(4)。

（2） Max Weber, *Gesammelte Aufsätze zur Religionssoziologie*, I, Vorbemerkung; Lujo Brentano, Die Anfänge des modernen Kapitalismus, *Der wirtschaftende Mensch in der Geschichte*（ブレンタノ、田中善治郎訳『近世資本主義の起源』）。その他 Henri Pirenne, The Stages in the Social History of Capitalism, *American Historical Review*, 1914（ピレンヌ、大塚久雄・中木康夫訳『資本主義発達の諸段階』）などを参照。

（3） ウェーバー、前掲書、上巻、四四頁〔四五頁〕、下巻、一九八頁〔二二〇頁〕。

（4） といっても、このような見解はすべての人々によって同じように意識的・積極的に承認されているわけではなく、その明確な把握はやはり、なかんずくマックス・ヴェーバーに求めねばなるまい。Vgl. Max Weber, *a. a. O.*, I, Vorbemerkung. なお、この点に関して、杉村広蔵氏が「生産力資本主義」という語を使用されていることは、研究史上注目すべき事実であり（例えば、杉村広蔵『経済倫理の構造』参照）、ヴェーバー＝トレルチ説の理解としてすぐれた解釈ということができるであろう。

ところで、近代西ヨーロッパ的営利のこのような個性的特質を確認しつつ、その社会的系譜を歴史的に溯り、そうした社会的系譜の究明という観点からその歴史的性格を明らかにしようとするとき、われわれがさきに見た二つの学説――「解放説」と「禁欲説」――の際立った対立の意味も明瞭となってくるのである。というのは、こうである。もし、近代的・生産力的営利の社会的系譜が古い中世的営利へ、さらに一層古く「かの人類の歴史とともに古い」営利欲へと溯源され、したがって、いわば近代の営利は「人類の歴史とともに古い」営利欲がますますその活動範囲を広げつつ、近代となってついにあの厖大な生産力の基礎を打ちたてるにいたったものであることが確認されるとすれば、近代西ヨーロッパにおける資本主義の発達は、他ならぬ「人類の歴史とともに古い」、いわば人間生来の営利欲があらゆる伝統的束縛から解放されつつ生産をその掌中に収めていった過程と見なければならない。これが、さきに「解放説」とよんだ見解の経済史的側面なのである。ところで、これに反して、もし近代的・生産力的営利の社会的系譜がそれに先立つ中世の営利へ、したがって一般に「人類の歴史とともに古い」営利欲へと連続的に溯源されえず、むしろこの二つの営利の間に系譜上の「断絶」Katastrophe の事実が確認されうるとすれば、近代西ヨーロッパの資本主義が拠って立つところの厖大なあの生産力は、とうてい、人間生来の営利欲の自由な発現の結果としてもたらされたものであるなどとは解しがたいのであって、したがって、ひとしく営利とよばれるべきものでありながら、近代西ヨーロッパの「営利」――生産力の拡充と結びつき、それを自己の足場として働く営利――と、かの「人類の歴史とともに古い」「営利」――生産力から遊離し、それと無関係に、むしろそれを停滞させつつ働くところの営利――の間には、著しい歴史的性格の乖離が存することをはっきりと承認せねばならない。このような経済史的認識から出発するものが他ならぬ「禁欲説」なのであって、それは、さきにもふれておいたように、近代西ヨーロッパの営利を、人間生来の営利欲と範疇的に相違――むしろ対立――するところの特有な営利の倫理(＝生産力)として捉え、そして、この営利の倫理(＝生産力)の個性的系譜を歴史的に溯源することによって、はじめて、近代西ヨーロッパにおける資本主義、したがって市民社会の基本的な性格を明らかにしうると考えるのである。

それでは、近代西ヨーロッパの「資本主義」の歴史的性格に関する以上二つの把握の仕方のうち、われわれはどちらを正しいとすべきであろうか。そうした問題に対して、批判の基準が何よりもまず史実のうちに求められるべきだということは明らかであろう。(5) そこで本稿においては、以下、経済史上の史実に即して右の二つの所説を批判し、それを通じて近代西ヨーロッパにおける「資本主義」の歴史的特質をできるかぎり明らかにしてみたいと思う。

(5)　以下述べるところの史実は、それ自体すでに「禁欲説」の立場に立って叙述されているのではないか、という指摘も、おそらく、ありうるであろう。確かにそうである。しかし、それに関しては、私が「禁欲説」の正しさ――もちろん史実的にも――を承認しているばあい、私としては他に道のありえないことも申し添えておかねばなるまい。

二　資本主義の社会的系譜

（一）

近代西ヨーロッパの資本主義は、歴史的に溯るならば、どのような社会的系譜をもっているのか。それはあの「人類の歴史とともに古い」営利欲――以下前期的営利ともよぶ――と系譜的に連続するものなのかどうか。こうした点に関して史実の啓示するところを、いまわれわれは聴こうとするのであるが、さしあたってその視点を営利の営みの主体《トレイガー》である資本家層（あるいは企業家層）の社会的系譜に集中ないし限定していこうと思う。けだし、この点においてこそ、われわれの問題がもっとも明瞭になるはずだからである[1]。この視点を、念のため、いま少し立入って説明しておくと、こうである。（一）近代的・生産力的営利の営みの基軸ないし中心を形づくっているものが、他ならぬ、産業革命の過程のうちに普及をみたところの「近代的工業経営」（工場制度）であることは、殆んど異論のないところであろう。そうした営みを以下産業資本、その経営の主体である工場主層を産業資本家とよぶこととしよう。（二）これに対比して、前期的営利の営みの基軸ないし中心が、生産から遊離した商業および金融――この二つの営みは歴史的にはつねに絡みあって一つとなっている――であることもまた、ほぼ異論のないところであろう。こうした営みを以下前期的資本、その主体的担い手である商人層（彼らは殆んど同時に金融業者でもある）を前期的資本家（あるいは前期的商人）とよぼうと思う。ところで、解放説は、後者すなわち前期的資本の系譜を引いて、いわばその社会的末裔として前者すなわち産業資本が生れでたというのであり、これに対して、禁欲説は、前期的資本とその社会的系譜を全く異にして、むしろそれに対抗しつつ「産業資本」が形づくられたとするのである。したがって、もし解放説が正しいものであるならば、前期的商人層（前期的資本家）と近代的工場主層（産業資本家）の間に系譜の人的な「連続」Kontinuitätが、すなわち商人が工場主に転化したという現象が十分に見出されねばならぬはずであろう。しかし、もし禁欲説が正しいものであるならば、それとまさに逆に、いわば「断絶」Katastropheの現象が見出されねばならぬはずであろう。[2] われわれは、さしあたり、この点に関して史実の語るところを聴きつつ問題に近づいて行こうというのである。

（1）　この「資本家層」の系譜という問題は、かつて一九一三年ロンドンで開催された「国際歴史学会」International Congress of Historical Scienceでの報告にさいして、アンリ・ピレンヌが提起して以来（その要旨は Henri Pirenne, The Stages in the Social History of Capitalism, *American Histrical Review*, 1914〔ピレンヌ、大塚・中木訳『資本主義発達の諸段階』〕を参照されたい）、経済史学界の共通財産となりつつある。しかし、右に述べた近代西ヨーロッパの資本主義（市民社会）の社会的系譜という問題的視点は、もとより、この「資本家層」の系譜にだけに限られるものではなく、一層広くかつ深いものである。本稿においては、それを全面的に取扱うことを割愛せねばならないが、さしあたり、拙稿「近代資本主義発達史における商業の地位」『近代資本主義の系譜』前編、大塚久雄著作集第三巻、を参照されたい。

（2） Cf.Pirenne, *op. cit.*

ところで、この問題については、われわれは幸いにも、近代西ヨーロッパの資本主義のうちでもなかんずく典型的と一般に考えられているイギリスに関して、明瞭な問題意識のもとに遂行された一応の研究史をもっている。そこで、そのうちの代表的なもの二つをとって、その要旨を紹介しつつ論歩を進めて行くことにしよう。

第一にあげるべきは、ポール・マントゥーの『イギリス産業革命史』の一節である。(3)彼は、十八世紀末以降の産業革命の過程ではっきりとした巨姿を形づくるにいたった、あの「工場主層」captains of industry は、その出自をたずねれば、そもそもどのような社会層に属する人々であったのかと問題を提起しつつ、史実の検討によってそれに解答を与えるのであるが、そのばあい彼の到達した一応の結論はほぼ次のとおりであった。(一)通説は、工場主層の主要部分が商人層の出身であることを当然の事実として前提しているけれども、史実は決してその見解を掩護《えんご》しない。もとより、例外的に、商人が工場主に転化したという偶発的な事実は見出されるであろうけれども、木を見て森を見失う誤りを犯さない限り、通説は支持しえないのである。(二)それでは、工場主層の主軸はどのような社会層の出身の人々であったのか。マントゥー自身の語を借りるならば、「彼らの多数は農村の出であり、その頃までイングランドの人口の多くの部分、恐らく半数以上を形づくっていたあの半農半工の社会層の出身であった。とくに〔ランカシャーの〕綿織物工業においてはそうである。そして一層溯及してゆけば、今では隠されて明らかではないが、農民の家系すなわち古いヨウマンの血統にまで到りつくのである」(傍点——引用者)と。このマントゥー説は、研究史的に見れば、一方彼以前に溯りうるとともに、他方そののち多くの実証的な掩護をうけつつ[4]、現在ではほぼ動かぬところといいえよう。すなわち、史実の教えるところによれば、近代イギリスの工場主層の主流は、商人ではなく、十八世紀にはイギリス人口の恐らく半数以上を占めていたところのあの半農半工の社会層のうちに淵源するというのである。簡潔に表現するために、われわれは以下こうした社会層をば「中産的生産者層」とよぼうと思う[5]。

(3) Paul Mantoux, *The Industrial Revolution in the Eighteenth Century*, Second Edition, 1929, Introduction, §II; Part III, Chap.II, §II を参照。

(4) 詳しくは、拙稿、前掲論文を見よ。

(5) アダム・スミスが「経済人」認識のモデルとしたところの社会層《middling and inferior station of life》を想起すべきである(大河内一男『スミスとリスト』参照)。さらにまた、前述のように、ダニエル・デフォウがロビンソン・クルーソウの父の口を借りて「世の中で一番よい、人間の幸福に最も適した身分」とたたえ、イギリス国民の繁栄の基軸だと考えていた《middle station of life》あるいは《upper station of low life》がそれにあたることはいうまでもない。そして、デフォウ、したがってスミスの洞察は、産業革命によって、この上もなく確実な現実的基礎づけを与えられることとなったのである。「デフォウはイギリスの《middle class》の最初の偉大な代弁者であった。彼の心ひかれた人間といえば、気どらず愚かしいわざをなさず、有用な技能で財貨をつくり、日用必需の品物の売買を行う《middle walk of life》の人々であった。ヨークシャー毛織物工業に関する記述のうちで彼が述べている《small cloth manufacturers》は、この類型に属する者であった。……〔そして〕、一世代ののち、ヨークシャーの工業を工場制度と蒸気力に転ぜしめた資本家たちはこのような人々のなかから出て来たのであった。〔この〕小ブルジョアジーこそ、彼の目にはイギリスの脊骨と映じていたのである」(Daniel Defoe, *A Tour through England Wales*, Everyman's Library Ed., I, Introduction by G.D.H.Cole, p.xiii)。

第二にあげるべきは、ジョージ・アンウィンの『十六、七世紀のイギリスの工業組織』に関する研究である。(6) そもそも、右に見たような中産的生産者層は、ほぼ十六世紀中葉を画期として、国民的な規模におけるその姿容を完成し、のちの産業革命にまで及ぶわけなのであるが、アンウィンの研究はまさにこの頃における中産的生産者層の具体的相貌、なかんずくその系譜を実証的に明らかにしたものなのである。彼の語を借りるならば、こうである。「この時期における典型的な生産者は、同時に小土地保有者をもかね、食糧の一部を自給するところの小親方(small masters)であった。……が、この〔なお〕みずから立ち働く〔小〕親方たちは僅か一歩の向上で独立の資本家と化してゆく人々であった。……そして、まさしくヨークシャーやデヴォンの小屋住農・小借地農達が織元《クロウジア》に経《へ》上《あが》っていったように、十余の諸州ではヨウマン(yeoman)たちが、後年のイギリスの工業的制覇のパイオニーアたる役割を果しつつあったのである」(7) と。この簡単な引用だけからでも容易に推測しうるように、彼の見るところによれば、中産的生産者層は、古い商人層の系譜を引くものなどではなく、十四、五世紀以降のイギリス封建社会(農奴制度およびギルド制度)の崩壊過程のうちから向上してきた農民(ヨウマン)および職人(小親方)たちの末裔に他ならなかったのである。そしてこの点もまた、史実的に見て現在ほぼ異論のないところと思う。が、とくに最近なかんずくM・M・ポスタンの研究などによって決定的な掩護をうけつつあることも一言しておこう。(8)

(6) George Unwin, *Industrial Organization in the Sixteenth and Seventeenth Centuries*, 1904; Do., Commerce and 'Coinage in Shakespeare's England, *Studies in Economic History*, 1927 などを参照。

(7) G.Unwin, Commerce and Coinage in Shakespeare's England, *op. cit.*, pp.322-4.

(8) たとえば、M.M.Postan, The Fifteenth Century, *Ec. H. R.*, IX. 拙稿「ポスタン「十五世紀」」『近代資本主義の系譜』後編、を参照。

このように、イギリスにおける史実は一応禁欲説の正しさを想定させるものであり、したがって解放説には不利なものである。(9) しかし、解放説の説くところは右の紹介よりもはるかに具体的な形をとっているのが通例であるから、その点を、なお少し立入って説明しつつ、史実に即して検討してみる必要がある。解放説が、近代における工場主層(産業資本家層)の生成について描き出すところの系譜図は、ほぼ次のようなものである。まず、古くから商業に力を振るってきた前期的商人(前期的資本家)たちが原料の供給と製品の販路を独占しつつ広汎な小生産者層を商業的に支配し始める。つぎに、商人はすすんで小生産者たちに原料――ときには生産要具(道具)さえも――の「前貸」Verlag, putting-out を行い、それに応じて製品と原料の価格差を彼らに工賃として支払うようになる。[10] これが、他ならぬ、「問屋制度」Verlagssystem ないしは「家内工業」Hausindustrie とよばれるもの(フランス史家のいわゆる《concentration commerciale》)であって、こうした商人は「問屋」Verleger(問屋制商業資本)として立ち現われ、小生産者たちは、その支配下にあって、原料の加工を下請し工賃を受けるに過ぎない、いわば準賃銀労働者としての「家内労働者」Hausindustrielle という姿をとる。ところで、この問屋制度の形成が進展してゆくとともに、その極まるところ、問屋は自己の直接の管理の下に大規模な「職場」を設け、ここに家内労働者たちを集めて加工させるという傾向が生れてくる。これこそが、まだ機械技術を欠如しているにもせよ工場制度の原型をなすものであり、厳密には「マニュファクチャー」(手工場)とよばれるべきものである(フランス史家のいわゆる《concentration industrielle》)。そして機械の発明、その応用とともに、こうした傾向が決定的となり、工場制度が普遍化し支配的となる。それが、いわゆる産業革命に他ならぬ、と。[11] それでは、解放説の主張するこのような系譜図は、もっとも典型的な資本主義の発達が見られたというイギリス近世史の史実に即してみるとき、果して正しいものといいうるであろうか。すでに述べたところからでもほぼ推測しうるであろうが、結論は、直截にいうならば、まさに否なのである。

（9） 一層広汎な視野の下における史実については、前掲の H.Pirenne, The Stages in the Social History of Capitalism, *American Historical Review,* 1914（ピレンヌ、大塚・中木訳『資本主義発達の諸段階』）を参照。

（10） ちなみにいうが、これはドイツ語の用語法であって、英語にいわゆる《putting-out system》（問屋制度）および《domestic system》（家内工業）という用語法とは、いちおう区別さるべきである。というのは、英語の《domestic system》は、ドイツ語の《Hausindustrie》とは異なって、きわめてしばしば、それと反対に「問屋制度」の支配と無関係な、独立の小商品生産を意味するのに用いられているからである。たとえば Art.《Domestic System》, *Palgrave's Dictionary of Political Economy* を参照。この点研究史上、通例、かなり奇妙な混乱をひきおこしているので、念のために一言しておく。

（11） 以上のような所説については、たとえば、Henri Sée, *Les origines du capitalisme moderne,* Chap.VII; Do., Remarques sur le caractère de l'industrie rurale en France et les causes de son extension au XVIIIe siècle, *Revue historique,* 1923 などを参照。

まず、問屋商人（Verleger・問屋制商業資本）による問屋制度の形成が初期資本主義の時代にきわめてひろく見出された現象であること、さらにまた、この問屋層があの古い前期的商人の末裔として生誕しているということは、一定の歴史的限定の下においては、[12]

たしかに正しいとせねばならない。しかし、史実は、近代の産業資本家(すなわちマニュファクチャー主および工場主)層がこの問屋層の社会的末裔として生誕したものであるというような系譜図の正しさを決して保証しないのである。事実は、さきに見たマントゥーがすでに明瞭に指摘したように[13]、まさに逆であって、産業革命の過程にはっきりと姿を現わしてくる工場主層の基軸は、問屋層ではなく、中産的生産者(ヨウマンおよび小親方)層のうちから由来したと見ねばならない。しかも、この中産的生産者層が問屋制度とどのように人的に関連していたか、その仕方を追究していけば、彼らが、大づかみにいって、問屋層の前貸的支配の下に置かれているいわゆる家内労働者層(Hausindustrielle)と同一の社会的系譜ないし階層に属する人々であったことが明らかとなる。正確にいえば、これまたさきに見たアンウィンが指摘しているように[14]、中産的生産者層の一翼、なかんずく都市の小親方層(small masters)がいわゆる家内労働者層の主流を形づくっていたのである。

(12) H.Pirenne, *op. cit.* および拙著『近代欧洲経済史序説』第二編、参照。
(13) P.Mantoux, *ibid.*
(14) G.Unwin, *ibid.* なかんずく Do., *Industrial Organization etc.*, Chap.III–V を参照。

このように、史実によれば、近代イギリスにおける工場主(産業資本家)層の系譜は、解放説の主張するような前期的商人層、したがってその転化形態である「問屋」層に求めるべきではなく、むしろ、彼らによる「商人」的支配またはその転化形態である問屋制度的前貸支配の下にありつつ、しかもそれに対抗して経済的に向上してきた中産的生産者層のうちに溯源すべきなのである。そして、このような事実こそが、他ならぬ禁欲説が拠って立つところの史実的礎石をなすものであるから、いま少しはっきりと述べておきたい。

まず、封建社会の崩壊過程のうちに、農村における自営農民(ヨウマン)と都市における小親方を両翼としつつ中産的生産者層が形づくられてくるのであるが、そのなかで、初発から、あの半農半工のいわば「農村小親方」たちが基軸的地位を占めていた事実を記憶せねばならない。しかも、当面の対象であるイギリスにおいて、このような姿でのいわゆる「農村工業」の発達が典型的、というよりは、むしろ畸形的に顕著であったことにも注意しておこう。ところで、この中産的生産者層はいうまでもなく商品生産者であり、その規定性からして、成立の当初は、あの「古い」——したがって旧来の封建的・ギルド的な生産事情の上に立ちつつ、利潤を追求するところの——前期的商人の存在を前提し、その商業的支配の下にありつつ、自己の経営的基礎を確立してゆかねばならぬという事情にあった。ことに、その一翼である都市の小親方たちは、一般に問屋商人の前貸支配の下に置かれ、問屋制度におけるいわゆる家内労働者層を形づくっていたのである。ところが、なかんずくイギリスにおいては、さきに引用したアンウィンの叙述の一節が示すように、中産的生産者層の一部上層――もとよりいわゆる家内労働者をも含めて――の経営の規模がしだいに拡大され、いわゆるマニュファクチャー(手工場)[15]の姿を整えつつ、彼らがようやく産業資本家としての相貌と実力を具え始めるとともに、中産的生産者層と前期的商人層は激しい対立を示すにいたった。ことに、問屋商人の前貸的支配下にある都市の小親方(いわゆる家内労働者)の上層は、都市を出て前期的商人の支配力の及びえぬ農村に移り住み、あの半農半工という特徴的な姿をとって、元来農村で成長を遂げつつあった同様な人々とともに、前期的商人の支配から独立して、そこでマニュファクチャー的経営を自由に拡充せんとするようになった。前期的商人は、もとより、このような中産的生産者層の農村における伸展を、力をつくして阻止しようと努めた。しかし、この対立は、イギリスにおいてはピュウリタン革命(一六四八年)から名誉革命(一六八八年)にいたる政治的紛争のうちに、中産的生産者層の勝利となった。[16]マントゥーが近代「工場主層」captains of industry 誕生の母胎として指摘した、十八世紀における半農半工の「中産的生産者層」は、実にこのような歴史的背景をもつものだったのであり、そして、禁欲説の典型的代表者であるマックス・ヴェーバーの見解は、右に見たような史実確認の基礎の上に打ちたてられたものに他ならない。[17]

(15) 《manufacture》. 小規模な、そしてまだ機械をそなえていない「工場」といえば、その輪郭をほぼ想像しうるであろう。これは十八世紀のイギリス人が慣用していた語であるが、彼らがほぼ同じ意味で慣用した語として、なお、その他にも《manufactory》《manufactury》がある。正確にいうと、「職場」を意味するときにはこの両語を、手工場制「工業」ないし「工業製品」を意味するときは、さきの《manufacture》が用いられるべきであったが、事実上右の三者が雑然と混用されていたのである。John Smith, *Memoirs of Wool*, II, 1747, p. 425 foot note. その他を参照。

(16) 以上の史実について、詳しくは拙著、前掲書、第二編を参照。

(17) ウェーバー、前掲書、なかんずく、上巻、七二―三頁〔七二―三頁〕、下巻、二三三頁注一〔三五三頁注二〕、二四一―二頁〔三六〇―二頁〕を参照。

(二)

近代西ヨーロッパにおける資本主義の歴史的性格に関する二つの学説――解放説と禁欲説――の正否を、史実について検討してみるとき、以上の全くの瞥見だけでも、禁欲説の方がいっそう正確な史実的基礎の上にうちたてられていることをほぼ確実に想定しうるであろう。とはいうものの、以上の瞥見はきわめて大づかみなものであり、ひろく史実を渉猟すると、事態ははるかに複雑なのが分かってくるのであって、商人ないし問屋が工場主(一層ひろく産業資本家)に転化している個々の事例も容易に蒐集《しゅうしゅう》することができる。(1) そしてこの点から、工場主の出自に関するあれやこれやの例外を列挙することによって、禁欲説の拠って立つ史実的基礎の曖昧さを指摘しつつ、結局何らかの形で解放説の正しさを固執しようとする見解もありうるであろう。(2) したがって、禁欲説の主張する資本主義の系譜図が史実的に正しいと言っても、もとより右のような例外的事実の存在を無視するのではなく、もし「木を見て森を見失う」誤りを犯しさえしなければ、結局、全体として承認しなければならないといったものであることも付言しておかねばなるまいと思う。この点は、いわゆる資本主義の発達に関する世界各国の史実を、ほんの一応であれ、批判的に比較して見ることによって見紛うべくもなく明らかとなるのである。

（1） やや問題のニュアンスが異なるが、史実の複雑さを知るためには、たとえば、G. Unwin, The Transition to the Factory System, *English Historical Review*, 1922 などをみよ。
（2） これについては、後段六八―七一頁を参照。

イギリスにおける資本主義の発達は、近代西ヨーロッパ諸国のうちでももっとも典型的あるいは順調なものであったとされている。少なくとも、資本主義がイギリスにおいてまっ先きにかつ比類なく徹底した姿を完成した――アメリカ合衆国をしばらくおけば――ということは、ほぼ異論のないところであると思う。ところで、右の事実を承認したばあい、おそらく次のような推論が行われねばならないであろう。(一)もし「解放説」が正しいものであるならば、他ならぬイギリスにおいてこそ、商人層がもっとも順調かつ不断の発達を遂げ、また工場主(よりひろく産業資本家)層もそのなかからもっとも数多く出自していなければならぬはずである。(二)これに反して、もし「禁欲説」が正しいものであるならば、イギリスにおいてこそ、中産的生産者層の形成がもっとも顕著で、かつ工場主層が他のどの国におけるよりも数多くそのなかから出自しているという事実が見られねばならぬはずである。このことは殆んど自明というべきであろう。それでは、史実はどちらの推論と合致しているであろうか。

ここでは詳細な叙述を割愛せねばならぬが、研究史の現段階においては、史実はあとの推論すなわち禁欲説にとって決定的に有利であり、解放説をとる人々さえ、ともかくもその史実は承認しているのである。[3] 要点を述べるならば、ほぼ次のとおりである。まず、中産的生産者層の顕著な形成は何といっても世界史上近代西ヨーロッパの一つの特徴的事実であるが、それは、なかんずく資本主義(したがって営利と生産力が両全されるような類型の資本）の発達がもっとも広くかつ深かったイギリスにおいて、まさに無比といいうるほどに典型的であり、そして、その独立――もとより古き商人の商業的支配からも独立――かつ富裕な上層から産業資本家層の主軸が形づくられてきたことはすでに述べたとおりである。ところで、これとまさしく逆に、資本主義の発達が何らかの逆条件の存在によって構造的に阻止され、したがって、イギリスに対比して、その点で「遅れている」ような国々においては、この事情に応じて、依然としてつづく古い商人層の支配の下に中産的生産者層の形成が未熟あるいは不完全であって、そのなかから「産業資本家」の生れ出る余裕は少なく、そして、その程度が甚しければ甚しいほど、「産業資本家」層――もとよりその形成自体が不完全むしろ偶発的に過ぎぬ――はもっぱら古い商人ないし問屋の転成したものだという事情がみられるのである。といえば、恐らく、ひとは直ちに、かつてグスタフ・シュモラーが試みた東ドイツと西ドイツの見事な対比を想起するであろうが[4]、視野を一層ひろげて、もっとも極端な事情をみるならば、右の事実はもはや殆んど見紛うべくもないであろう。たとえば、中国におけるいわゆる民族資本としての工場主層の系譜を、さきに見たようなイギリスの事実に対比しつつ、溯源してみるがよい。彼らは、明らかに、もっぱら古き商人層の転成した者であるばかりではなく、依然としてその古い母胎にしかと絡みついているのを見出すであろう[5]。

史実がこのようであるばあい、われわれはなお解放説にしたがって、近代西ヨーロッパにおける資本主義の系譜を古い商人あるいは商人的営利に溯源すべきであろうか。

（3） たとえば Georg Brodnitz, *Englische Wirtschaftsgeschichte*, I, S.475. なお、拙著、前掲書、第二編その他を参照。

（4） Gustav Schmoller, *Zur Geschichte der deutschen Kleingewerbe im 19. Jahrhundert*, 1870. その他 W.Sombart, Art. Verlagssystem, *HSt.*, III. Aufl. などを参照。

（5） たとえば太平洋問題調査会編、杉本俊朗訳『中国農村問題』参照。なかんずく、編者トーニーの「序文」を、M.M.Postan, *op. cit.* における叙述と対比せよ。

ここまで論点を押しつめてきて、解放説はなお、次のような修正を加えつつ自説を擁護するであろう。すなわち、系譜などは何ら問題ではない。資本主義の発達は、要するに経済社会の徹底的な商業化（Kommerzialisierung）——あるいはいわゆる「貨幣経済」Geldwirtschaft の発達といってもよい——に他ならず、典型的資本主義国であるイギリスにおいて中産的生産者層の形成がもっとも顕著であり、かつ産業資本家層の系譜がもっとも数多くそのうちに溯源するという事実は、そこでは経済社会の商業化がいかに徹底的であったかを物語るものに他ならない、と。[6] このようないわば「退化」した解放説は[7]、ともあれ一応、確かに現象を正しく言いあててはいる。しかし、少し深く省察を加えるならば、中国におけると異なって、イギリスにおいては、あの商品生産者としての中産的生産者層の無比に顕著な形成を見るほど、経済社会の商業化が徹底的でありえたのはなぜか、その決定的原因は何であるのか、という点が直ちに問題となってくるであろう。一層正確にいうならば、こうである。歴史は単に客観的に生成するものではなく、主体的・能動的に形成されるものであるが、近代西ヨーロッパにおいて経済社会をあれほど徹底的に商業化しつつ、中産的生産者層を、さらにそのうちから産業資本家層を形成し生成させていった、その人間的・政治的主体性はどのような経済的規定性をもつ社会層（階級）のうちに見出されたのか、そのような形成的主体性を担うところの社会層は、いったい、古い商人層であったのか、それとも中産的生産者層であったのか。そして、系譜の問題を見失った解放説がこの点を見落しつつ、いわゆる客観主義にまで退化しているのに対して、禁欲説、なかんずくその代表者であるマックス・ヴェーバーの立場は、はっきりした史実認識の上に立って、この形成的主体性を問題として明確に意識しつつ追究しているものに他ならない。すなわち、禁欲説は、近代西ヨーロッパにおいて資本主義（営利と生産力が両全されるような類型の資本）の形成を推進したところの主体性が、古い商人層ではなく、中産的生産者層のうちに、さらに、この中産的生産者層自体を形成させた主体性さえも、古い商人層ではなく、中産的生産者層それ自身のうちに求めるべきであり、そしてこの意味で、資本主義の系譜は何よりも中産的生産者層のうちに溯源すべきであると主張するのである。

（6） これはしばしば見出される見解であるが、たとえば G.Brodnitz, *a. a. O.*, I, Kapitel VII. なかんずく、前掲個所を参照。

（7） 「退化」したというのは、後に見るように、それは歴史形成の階級的主体を見失っているからである。

それでは、このような「禁欲説」の主張する資本主義の系譜論は、研究史の現段階において、史実によって十分に掩護されうるものなのであろうか。その詳細な叙述もまたここでは割愛しなければならぬが、結論を端的にいうならば、まさしく、いや、ますますそうなのである。ことに、近代西ヨーロッパのなかでもなかんずく典型的な資本主義国であるイギリスの史実を、中国における工業資本の形成を一頂点とするところの対蹠的な事情に対比させつつ考察するならば、この点は際立って明瞭となるであろう。(8) （一）イギリスでは、まず、中産的生産者層が、旧来の生産事情に絡みついて阻止的に作用するところの古き商人層の商業的支配に反抗しつつ、自己を形成し、さらに、この中産的生産者層の上層から由来する産業資本家層が、これまた守旧かつ阻止的に作用するところの古い商人層の支配を終局的に排除しながら、近代イギリス経済社会(市民社会)の基軸として姿を現わしてきたのを見るであろう。(二)これに対比して、資本主義の発達が何らかの逆条件によって構造的に阻止されているような類型的事情にある国々においては、古い商人層がその逆条件に絡みついて自己の支配力を維持しつつ、中産的生産者層の形成と、したがって国民全般の資本主義化を妨げ、ただ事情によっては偶発的あるいは他律的に——たとえば政治的必要に応じまた外国産業資本の競争に対抗すべく——イギリスのそれとは全く歴史的性格を異にする工場主(産業資本家)層に転成しているのを見るであろう。

(8)　ここでも、太平洋問題調査会編、前掲書の「序文」と対比しつつ、M.M.Postan, *op. cit.* および拙著、前掲書、第二編などを参照せよ。

さて、右に見たように、史実は禁欲説にとって決定的に有利なのであるが、ともかく、ここで一応近代西ヨーロッパにおける資本主義および市民社会の社会的系譜に関して一、二の結論をとりまとめておきたいと思う。

第一。近代西ヨーロッパにおける資本主義——すなわち、営利と生産力が両全されるような類型の資本を基軸とする経済社会——ならびにそれを土台として構成される市民社会の歴史的性格を商業一般のうちに解消し、いきなりそれを商業的と性格づけることは正しくない。もとより、資本主義(したがって市民社会)は商業をまさしくエレメントとしそれと根底的に結びついており、いやむしろ、そこでは世界史にその比を見ないほど徹底的な経済社会の商業化が行われているが、それにしても、これを単純に商業主義ないし商業社会と規定して能事終れりとするのは正しくない[9]。というのは、右に見たように、資本主義(市民社会)を成立させるところの決定的要因である形成的主体性は、あの古き商人(商業資本)ではなくして、それに対抗しつつ台頭してきた中産的生産者層に求めるべきであり、また、市民社会のエレメントをなしている商業も、ひとしく商業とよばれながら、あの古い商業の末裔ではなく、むしろ中産的生産者層のイニシアティヴが新たに生み出したものであって[10]、したがって資本主義(市民社会)の歴史的性格を商業一般のうちに解消することは、たんに理解不足に止らず、誤解と考えねばならぬからである。それとは反対に、われわれは、近代西ヨーロッパにおける資本主義の歴史的性格を中産的生産者層の、またそれを基軸として構成される経済社会(十六、七世紀のイギリス人のいわゆる「コモンウェルス」[11])の末裔として理解しなければならないであろう。といって、もとより――これまたイギリスにおいて典型的に見られるのであるが――産業革命によって資本主義が完成されるとともに、母胎である中産者層の姿は全く消失してしまうのであって、したがってわれわれは、中産的生産者層(コモンウェルス)の成立に始まりその近代的分解による資本主義の完成にいたると考えて、はじめて、近代西ヨーロッパにおける市民社会の歴史的性格とまたその限界を正しく理解しうるのである。

(9)　ひとは、おそらく直ちに十八世紀のイギリス人、なかんずくアダム・スミスの《commercial society》という用語を想起するであろうが、これを解放説と混同してはならない。すなわちこの用語は、もとよりそのうちに批判されるべきものを含んでいるが、にもかかわらず、スミスの把握の仕方が、さきにも暗示したように、基本的には禁欲説の側に立つものであることを読み取るべきである。たとえば、『国富論』第三編および第四編において、イタリア諸都市の工業が商業の末裔であったのに対比して、イギリスのそれは農業の末裔(これこそが、彼によれば、natural course of things である)であったと解していることを想え。

(10)　この新しい商業については、拙著『近代欧洲経済史序説』第二編第二章、および拙稿「問屋制度の近代的形態」『近代資本主義の系譜』前編、を参照。

(11)　たとえば、クロムウェルがダンバーの戦ののち長期議会に宛てて認ためた書簡における次の言葉を見よ。「乞う、一切の職業の濫用は除去されよ。もし、少数者を富ますために多数者を貧困にする者があるならば、それはコモンウェルスを益するものではない」。なお、コモンウェルスについては、さしあたり、W.Cunningham, *Commonweal*, 1917 を参照。

第二。近代西ヨーロッパにおける資本主義(市民社会)のこのような歴史的性格あるいは社会的系譜を確認するならば、われわれは同時に、それとあの古い商業、一層ひろく古い営利との差別、いやむしろ対抗的な性格ないし系譜をはっきりと識別しなければならぬであろう。すなわち、あの「人類の歴史とともに古い」商業、一層ひろく営利は、ひとしく営利とよばれるべきものであっても、近代西ヨーロッパにおいて特徴的にみられる資本主義（すなわち営利と生産力が両全されるような類型の資本）へ系譜的に連続しつつ展開してゆくような歴史的・社会的性格をもつものではなく、むしろ逆に、旧来の生産事情に絡みつき、したがってそれを維持あるいは停滞させつつ、資本主義の発達を阻害するといった歴史的性格を示している。マックス・ヴェーバーはかつてこのような類型的性格の営利を、近代西ヨーロッパにおける資本主義と範疇的に区別しつつ、「賤民資本主義」Paria-Kapitalismus とよんだ。[12] われわれは、こうした古い営利と近代西ヨーロッパにおける営利との上述のような歴史的性格の相違と対立をできるだけはっきりさせるために、[13] 資本主義という用語は用いずに、必要があれば、古い営利の営みを単に前期的資本とよぶことにしよう。ともあれ、禁欲説は、近代西ヨーロッパに特徴的な資本主義がこうした前期的資本の社会的末裔としてでなく、むしろ、それに対抗しそれを圧服しつつ、別の社会的系譜をもって発達してきた、という史実の明白な認識の上にうちたてられたものなのである。そしてこの点に照すならば、「近代資本主義の萌芽は、東洋的ないし古代的な資本主義と異なって、資本に徹底的に反対の経済学説が公然と支配した地域に求めらるべきである」という一見おそろしく逆説的なマックス・ヴェーバーの言葉も、[14] 実は、きわめて意味深いものであることが分かるであろう。

（12）「賤民」的というのは、手っとりばやくいえば、このような類型の営利は彼のいわゆる Aussenmoral の領域に成立するものであり、そこには社会的価値序列における「賤民」視が類型的に伴っているという点に関連している。Vgl. M. Weber, Das antike Judentum, *Gesammelte Aufsätze zur Religionssoziologie*, III, SS. 2 ff.（ウェーバー、内田芳明訳『古代ユダヤ教』I、五頁以下）。これに対比して、近代西ヨーロッパにおける営利がこれと正反対の開かれた関係にあることについては、後述を参照。なお、彼はこのほかにもっと広く「非合理的資本主義」Irrationaler Kapitalismus などという語も使用している。

（13）　この点は少し表現を変えるならば、こうも言いうるであろう。すなわち、近代西ヨーロッパにおける営利が経済社会の土台をなす生産力のシステムと内的に結びつきつつ、その歴史的性格を決定するような意義をもっているのに対比して、古い営利は、経済社会の生産力のシステムの外側からそれに寄生するに過ぎないものであって、その経済社会の歴史的性格を決定するような内的意義をもつものではなく、したがって、古代の奴隷制社会であれ、中世の封建制社会であれ、およそ商業ないし貨幣経済の存するところ――ただ厳密な意味における近代「資本主義」社会を除いて――どこにおいても見出されうるものなのである。この差違についての経済学的分析ももとより必要ではあるが、これについては、拙稿「いわゆる前期的資本なる範疇について」『近代資本主義の系譜』前編、を参照。

（14） Max Weber, *Wirtschaftsgeschichite*, S.304.（ウェーバー、黒正巌・青山秀夫訳『一般社会経済史要論』下巻、二四一頁）。

三　資本主義の『精神』

(一)

以上において、われわれは、近代西ヨーロッパにおける資本主義の歴史的性格に関する二つの学説、すなわち、解放説と禁欲説のうち、後者の方が史実的に見て正しいと思われる理由を、資本の社会的系譜という問題に即して説明してきた。ところで、この点は、一層立入って「資本主義の形成を根源的・主体的に推進してきた精神的原動力はどのようなものであったか」という問題に即して見るとき、単にいわば平面的ではなく、立体的に明らかとなってくるであろう。というのは、右の二つの学説は、本稿の冒頭における叙述によってすでにある程度明らかであろうが、そもそもこうした精神史的な問題的地盤の上に形づくられたものだからであり、あるいは問題史上慣用されている表現に従えば、それらは、いわゆる「資本主義精神起源論」(1)における二つの立場に他ならないからである。

（1）　この「資本主義精神」なる語は、単なる訳語としても極めて曖昧なものである。拙稿「資本主義精神起源論に関する二つの立場」『経済学論集』九の四、大塚久雄著作集第八巻、拙稿「マックス・ヴェーバーにおける資本主義の「精神」」『経済学論集』〔一〕十三の十二、〔二〕十四の四、〔三〕十五の一、所載（以下前者をA論文、後者をB論文と略称する）を参照。ここではさしあたり、右にみたように「資本主義の形成を主体的に推進するところの「精神」的ないし心理的原動力」というほどの意味に解しておく。

さて、解放説――その典型的な代表者はさきにも指摘したようにルヨ・ブレンターノであるが――は、資本主義の形成を主体的に推進した精神的（むしろこの場合には心理的）原動力を資本家あるいは企業家のもつ「営利心」、あるいはブレンターノの慣用する表現に従えば「できるかぎり多額の利潤を獲得しようとする志向」Streben nach dem größtmöglichen Gewinn とし、これを「資本家精神」kapitalistischer Geist とよびつつ、その系譜的起源をあの古い商人すなわち前期的資本のもつ「営利慾」Erwerbsgier へと連続的に溯ってゆく。換言するならば、古い商人たちのもつ「営利慾」が、生産活動にまつわりつつく種々な伝統的束縛を破砕し、自己を解放しつつ、生産をその支配下に組織してゆく、これが近代西ヨーロッパにおける資本主義の形成過程に他ならないというのである。[2] ところで、このような見解がとうてい史実に合致するものでないことは、さきに説明したところからでもすでに明らかであろう。古い商人層のもつ営利慾は近代西ヨーロッパにおける産業資本家ないし企業家のもつ営利心へと系譜的に連続してゆくものではない。なぜなら、古い営利慾は歴史上資本主義、したがって産業資本の形成を促進するような方向に作用していないばかりでなく、かえってそれを阻止するような性格を示しているからである。一層はっきりといえば、歴史上古い営利慾はどのように利潤の追求を行なっても、いや利潤の追求を行えば行うだけ、生産力の近代的拡充を阻害し、むしろその停滞を招来しているというのが史実だからである。したがって、あの古い営利慾などを、近代西ヨーロッパにおける資本主義の形成を主体的に推進した精神的原動力――こうしたものに「精神」なる名称を与えることさえ問題なのであるが――と見ることは、とうてい承認しがたいであろう。

（2）　拙稿、A論文、七七―八、八五―八頁、大塚久雄著作集第八巻一〇八、一一五―八頁、B論文(二)一七―八頁参照。

このような史実をはっきりと認識しつつ、問題の核心に迫り、その解決を企図するものが他ならぬ禁欲説であることは、もはや殆んど言うをまたないであろう。しかし、また、禁欲説のもつ特徴的な難解さもそこから生じてくることを忘れてはならない。というのは、こうである。もし、古い営利（前期的資本）と近代的営利（産業資本）が、ひとしく営利でありながら、歴史上、以上のようにいわば対立の関係に立っているものであるならば、解放説のように近代西ヨーロッパにおける資本主義形成の精神的原動力を、あの「人類の歴史とともに古い」営利慾のうちに求めえないばかりでなく、営利心一般に求めることさえできないであろう。なぜなら、近代に特有な生産力の建設がおよそ営利という事実そのものから必然的に招来されるというようなことはとうていありえないからである。(3) したがって、われわれは、近代的生産力の拡充を招来した精神的原動力を、単なる営利心以外の何ものかに求めねばならなくなる。といって他面において、すでに見たように、その何ものかが近代西ヨーロッパにおいても営利の事実と基底的に結びついていることは、とうてい看過するをゆるされないであろう。その経済社会が資本主義とよばれ、その基軸をなす営みが資本として捉えられているのもそのために他ならないであるとすれば、われわれは、近代西ヨーロッパにおける資本主義、したがって産業資本の形成を主体的に推進した精神的原動力として、どのような根源的事実を析出すべきであろうか。この精神史的根源こそ、他ならぬマックス・ヴェーバーが「資本主義の精神」》Geist《 des Kapitalismus とよんだものであり、そして、その性格と構造を歴史的視角から分析し批判することが、実に、禁欲説本来の課題を形づくってきたのであった。

（3）　この点は、なかんずく古い営利の営みの客体的基礎を経済学的に分析することによって、十分に明らかになるはずであるが、それについては、さしあたり、拙稿「いわゆる前期的資本なる範疇について」『近代資本主義の系譜』前編、拙著『近代欧洲経済史序説』第二編、序説および第二章、などを参照。

さて、禁欲説の問題とするところ、なかんずくマックス・ヴェーバーが「資本主義の精神」»Geist« des Kapitalismus という語で表現する根源的事態が、ほぼどのような精神的内容のものであるかは、本稿の冒頭で述べたところからして、すでにある程度明らかであろう。それは営利慾でもなく、また営利心一般でもない。端的にいえば、営利の「倫理」であり、いわば営利遂行のためにはあらゆる人間的・感性的な欲求を押えつつ総てを犠牲として捧げるところの禁欲的・倫理的態度、あるいはそうした近代西ヨーロッパに特有な倫理的雰囲気(エートス)——以下主として「エートス」Ethos という術語を用いることにする——なのである。それでは、この近代西ヨーロッパに特有な営利の倫理は何故に、古い営利慾と反対に、近代的生産力の建設を主体的に推進する方向に作用しえたのであろうか。まさしくここに問題が存することは明らかであろう。この点をできるだけ納得的に説明するために、以下いわゆる資本主義の精神の構造内容をば、主としてマックス・ヴェーバーの叙述に従いつつ、[4]少し立入って検討してみようと思う。

（4） なかんずく、前掲の梶山・大塚訳『プロテスタンティズムの倫理と資本主義の精神』岩波文庫、上下巻を参照。

まず、それがあの近代社会に特有なエートスである、という事実に十分注意しなければならない。というのは、さきに「資本主義の精神」を説明するためにさしあたって営利の倫理という語を用いておいたが、それは、単に営利慾が倫理的認可を与えられたり、または営利が何らかか外側の倫理的必要から命令されておこなわれる、といった平板な事実を意味するものではなく――しかしそうした誤解はむしろ通説的なものとなっている(5)――さしあたって、もっと構造的な事実を意味している。すなわち、「資本主義の精神」は、すぐれた意味でのエートスとして、自己のうちに種々な倫理的徳性――勤労・節約・周到・誠実・決断などから純潔・謙遜・平静・沈黙などにいたるまでの一般に禁欲的性格をそなえた諸徳性――を、その構造契機として包含しているのである。したがって、読者は、典型的な「資本主義の精神」の抱懐者といわれるベンジャミン・フランクリンが次のようにさえいうのを聞いて、それを彼にふさわしくないなどと考えてはならない。「友人たちよ、この教えこそ道理である、智恵であるのだ。――けれども、勤労、質素、周到、そうしたことはすばらしいが、結局のところでは、君たち自身の徳性に決して頼りすぎてはいけない。というのは、そうしたものも天の祝福なしには萎み衰えるだろうから。それゆえ、謙遜にその祝福を求めたまえ」[(6)]と。この点は銘記する必要がある。

(5)　また、ゾムバルトがいうような、営利遂行のために倫理的徳性が手段として必要とされるという意味でもない。正確にいうと、「資本主義の精神」がそのような一面をも全然もっていないとはいえないが、歴史的観点からするならば、それは、第一次的には、資本主義の形成が「資本主義の精神」に及ぼす反作用の結果として生ずるものであって、たとえばゾムバルトのように、そうした歴史的観点を欠くならば、「禁欲説」に対する誤解あるいは少なくも無縁の見解といわざるをえないのである。たとえば、W.Sombart, *Der Bourgeois* とくに Zweites Buch, Zweiter Abschnitt, Die sittliche Mächte における所論を、前掲ヴェーバーの所論と克明に対比せよ。

(6)　Benjamin Franklin, *The Way to Wealth, as clearly shown in the Preface of "Poor Richard Improved"* (松本慎一・西川正身訳『フランクリン自伝』岩波文庫、付録「富に至る道」)。なお、拙稿、B論文(二)を参照。

ところで、すでに見たように「資本主義の精神」のうちには、右のような倫理的諸徳性だけでなく、営利——あるいは営利「心」といってもよい——もまた、その不可欠の構造契機として包含されてはいる。しかし、そのばあい、営利心は右の倫理的諸徳性と同一平面上に立ちならび、いわばそのなかの一つの倫理的特性として互いに並立しているのではなく、両者の結びつき方は、いわば、もっと立体的なものなのである。では、それは、いったいどのような結びつき方なのであろうか。エートスとしての「資本主義の精神」の内部においては、右の倫理的諸徳性がその客観的実現を営利によって媒介されている。――いま少し平明にいってみれば、こうである。その精神的雰囲気のなかでは、右の倫理的諸徳性を正しく実践すれば当然にその効果として貨幣利潤をもたらす、だからまた逆に、貨幣利潤は右の倫理的諸徳性が有効に実践されたという事実ならびにその程度の確実な標識となる、というふうに考えられ、その意味で営利は諸徳をつなぎ合わせる円光ともいうべき地位を与えられているのである。このくらいの説明でも、「資本主義の精神」の内部における倫理(優越な意味におけるエートス)と営利の結びつき方がすでにある程度明らかであろうと思うが、われわれはさらに進んで、「資本主義の精神」のうちにおいては、右の媒介ないし結びつきが他ならぬ生産の場において行われるものであることを指摘しなければならない。というのは、この点を明確に認識してはじめて、「資本主義の精神」における動機の意味理解も、したがって、われわれの問題の核心の解明も十分となるはずだからである。

いったい、「資本主義の精神」の構造諸契機をなしている右の倫理的諸徳性を少し立入って検討してみると、われわれが容易に気づくのは、それらが一般にいちじるしく生産力的な性格——さらにヴェーバーの慣用する特有な術語に従えば、「世俗内的」innerweltlich な性格——を帯びているということである。[7] たとえば、フランクリンの『自伝』および諸短編のなかに特徴的に現われてくる勤労(industry)、質素(frugality)それから周到(prudence)、この三者について考えてみるとよい。[8] まず、「勤労」の徳性が、「生産力」拡充の決定的要因である労働意志の強化を招来するものであることはいうまでもなかろう。ついで、「質素」の徳性はそれを掩護して、あらゆる個人的消費を切りつめつつ、生活余剰をあげて生産力化する方向に作用するであろう。さらに、「周到」の徳性はその両者を支えて、拡充されゆく生産力に合理的・組織的な性格と方向を与えるであろう。[9] そして、それらすべての基底にあって禁欲的訓練にもとづく根強い個人的自発心が右の諸徳性をたえず押しすすめる。[10] こうして、「資本主義の精神」のうちに含まれている禁欲的諸徳性は、まさしく生産力を近代的・合理的な方向に拡充させるという作用をおよぼすのである。

（7） それを確認しうる史料としては、おそらく、ヴェーバーがつとに指摘しているように、ベンジャミン・フランクリンの諸著作にまさるものはないであろう。さらにそれと並んで、ダニエル・デフォウ、アダム・スミスなどの諸著作ももちろんあげねばならない。

（8） なかんずく、前掲の *The Way to Wealth*（「富に至る道」）は、ヴェーバーはとりたてて指摘していないけれども、もっとも興味深いものの一つである。

（9）この目的合理性を、卑俗な意味での人生観的合理主義といきなり同一視することは正しくない。

（10）これを、個人的利己主義と直ちに同一視することもできない。

このようにして、「資本主義の精神」は生産力的性格をもつ一つの特有なエートスであるということができよう。しかし、もとより、「資本主義の精神」は単なる生産力的エートス一般ではなく、むしろさきにも述べたように、そうしたエートスが営利心によって媒介されていることこそがその個性的な特質なのである。それは、どのようにしてであるのか。まず、右の禁欲的諸徳性は、生産力を拡充し、その結果、社会的厚生の増大を招来することによって民衆全体（コモンウェルス）のために貢献する、また貢献するところがなければならない、というふうに方向づけられている。いわば、それらは単に個人的徳性であるに止らず、生産力の拡充を介して社会倫理という意味を負わされている。ところが、「資本主義の精神」においては、それだけではなくて、この社会的「貢献」ないし貢献の程度が「営利」（すなわち貨幣利潤）において客観的に表現されると考えられるのである。すなわち、右の禁欲的諸徳性の有効な実践によって生産力が拡充され、社会的厚生に貢献するところがあるならば、それは当然の結果として貨幣利潤を伴うであろう。したがって、この利潤の獲得(営利)は諸徳性の実践とその社会的貢献に相応した正当な報賞であるばかりでなく、さらにその実践の度合の確実な標識、目印し、であるというふうに解され、こうして営利は実践上もっとも明確な達成目標として、それに諸徳をつなぎ合わせる円光ともいうべききわめて高い地位が与えられることになるのである。

以上述べてきたことによって、「資本主義の精神」にあっては生産力的エートスが営利によって媒介されているということの意味がほぼ明らかになったと思う。そしてわれわれはこの事実を知った以上、いよいよ「資本主義の精神」の歴史的性格の解明にとってもっとも決定的な事実を呈示することができる。すなわち、真実は右のような構造的事態のなかにあって極めて重大な倒錯が行われており、この倒錯こそが「資本主義の精神」の個性的特質を形づくっている、という事実である。それは、要するにこうである。禁欲的エートスの実現によって生産力が拡充され、社会的厚生に貢献し、かつその結果として貨幣利得が生ずる。こうして営利は右の貢献の標識となる。ここまでは、十分に合理的に理解しうるものを含んでいるが、「資本主義の精神」においては、それだけではなく、逆もまた真となる。いや、逆こそ真だと考えられるのである。すなわち、営利はつねに生産力の拡充と結びつき、必ず倫理的諸徳性の実現として社会的厚生に貢献する、いや人類の幸福をさえつねに招来するものと堅く信じられるのである。——これが倒錯であることについては、ほとんど説明を要しないであろう。——このようにして、営利は単なる標識(目印し)から最高の地位へと祭り上げられ、単なる円光ではなくて諸徳の徳と化する。営利がいまや禁欲的諸徳性の体系における絶対者として立ち上がるのである。人々は禁欲的な諸徳性を実践しつつ生産力を拡充する。しかし、それはすべて営利の前に捧げられる。しかも、つねに社会に、人類に貢献しつつあると強く確信しているのである。あの古き営利にはつねに何らかの後めたさが伴っていた。が、「資本主義の精神」においてはいまや営利はこの上もなく強い倫理的な、主観的確信に裏づけられて立ち現われる(11)。さきに「資本主義の精神」のうちにあっては、生産力的エートスの実現が営利によって媒介されているといった。しかしそれだけでは、正確にいえば、実は誤りとすべきであろう。そこにおいては、まさしく、営利の実現が生産力的エートスによって媒介されつつ、その極右のような倒錯に到達しているのである。近代西ヨーロッパにおいて資本主義の形成を基底的に推し進めた精神的原動力は、まさにこのようなものであった、と巨匠ヴェーバーはいうのである(12)。

(11)　倒錯した側からいえば、それは、「倫理と経済の偕調」である。

(12)　以上について、詳しくは拙稿、B論文〔三〕を参照。

（二）

以上、「資本主義の精神」に関するマックス・ヴェーバーの見解を、筆者なりの言葉で説明しつつ、紹介してきた。実に、ヴェーバーはこの精神的雰囲気を発生期における市民社会、すなわち資本主義へと分解しつつあるコモンウェルスの背骨を形づくるいわゆる中産的生産者層ならびにその内部から対極的に分化してくる産業資本家・賃銀労働者両層、それらすべてのうちに共通に――しかしあの古い商人層の営利慾とは対立して――見出されると考え、そして、これこそが中産的生産者層の内部から資本主義を生み出し、コモンウェルスを市民社会へと移行させたところの、主体的・精神的原動力であったと考えたのである。(1) では、近代西ヨーロッパに特有な営利のエートスは、何故に、古い商人層ではなくて、とくに中産的生産者層を適合的な社会的地盤として形成されることになったのであろうか。こうした問いに対して、彼はその個性的原因を精神史の流れに沿うて溯源しつつ、禁欲的プロテスタンティズム(なかんずくイギリスのピュウリタニズム)のもつエートス――歴史にはつきものの複雑さはあれ、プロテスタンティズムがすぐれて中産的生産者層に適合的な宗教であったことは史実の証するところである

——と「資本主義の精神」の間に存する歴史的・個性的な系譜的関連に想到したのである。そして、それこそが、他ならぬ、彼の著名な論文「プロテスタンティズムの倫理と資本主義の精神」Die protestantische Ethik und der »Geist« des Kapitalismus, zuerst, *Archiv für Sozialwissenschaft und Sozialpolitik*, 1904-05[2]の主要なテーマであった。要するに、彼は、近代西ヨーロッパにおける「資本主義の精神」の形成は、プロテスタンティズムの宗教的雰囲気のうちに育まれたエートスを抜きにしては、とうてい深く理解しえないとしたのである。が、それはどのような意味においてなのであるか。本稿では、それをとうてい詳細に紹介する余裕はないが、しかし、この点は資本主義の精神史的批判にとって至要な意義をもつことがらであるから、以下必要な限りで彼の所論の要点を述べて結びとしたい[3]。

（1）　B論文〔二〕一四、二〇頁。
（2）　その紹介としては、大塚久雄著作集第八巻、第一論文「経済と宗教」を参照。
（3）　なお、これについて詳細には、右のほかに Ernst Troeltsch, *Die Soziallehren der christlichen Kirchen und Gruppen*, 1912, Kapitel III 参照。

まず、消極的な方面からいうと、ヴェーバーの所説は、プロテスタンティズムの「倫理」それ自体がすでにあの倒錯した営利を含んでいたとか、あるいは財神の崇拝を教えたとかいった馬鹿げたことを主張したのでは、決して、ない。[4] それどころか、まさに逆に、彼は、プロテスタンティズムの倫理のもつ「反」営利的な性格(いわゆるエビオニズム的性格)を強く指摘し、しかもその歴史上類い稀れな徹底さ、実践的強靭さ——ことにカトリシズムのそれに対比して——を主張して止まなかったのである。このことは十分に銘記されねばならない。それではプロテスタンティズムは、いったいどのような点で、「資本主義の精神」へと系譜的に連続していくことになったのであろうか。ヴェーバーがしばしば用いる一見逆説的な表現に従えば、まさしくそれのもつ「強度に反営利的・禁欲的な倫理(エートス)」によってであったというのである。それを中間項として、とでも表現すれば、われわれに一層理解が容易であるかも知れない。そして、それについては、さしあたって次の二つの点が指摘されねばならない。(一)まず、プロテスタンティズムの倫理のもつ徹底的な反営利的・禁欲的な性格は、あの「人類の歴史とともに古い」営利慾を有効に抑止し、なかんずく中産的生産者層の精神的雰囲気からそれを閉め出したが、かえってそれによって彼らのうちに新しい類型の営利が生れ出る余地(現実的可能性)を作りだした。(二)さらに、プロテスタンティズムの禁欲的倫理は、それ自体は強度に反営利的な性格を帯びていたとはいえ、一つのすぐれて生産力的なエートスであり、これが「資本主義の精神」のうちに継承されつつ、その主要な世俗的構造契機を形づくることとなった。すなわち、さきに見たような勤労・質素・節約・周到・断行・規律・平静・謙遜などの禁欲的諸徳性はそもそもプロテスタンティズムのものだったのであり、そしてそれらが「資本主義の精神」のうちに構造的に組み入れられて、いまや営利のための倫理——もとより主観的にはどう意識されていようとも(5)——と化したのであった。(6)

(4) この点は、ヴェーバー自身が繰返し強調しているところであって、見紛うべくもないのである。たとえば、前掲書、上巻、一一七—八頁〔一一五—六頁〕、下巻、一六八—九頁〔二九二—三頁〕その他を参照。もしこれと反対のことがヴェーバーの見解として紹介されているならば、それは、紹介としては明白な誤りであろう。ただし、プロテスタンティズムの倫理がおよそ商業や貨幣経済を抹殺し、いわゆる自然経済に帰れなどと教えたのでないことはもちろんである。

(5) 主観的には、自分の営みを「義利両全」したものとして意識し、あるいは「倫理と経済の偕調《かいちょう》」を確信していたであろう。しかしそこでは、もはや、あの「神と富とに兼仕ふること能《あた》はず」(マタイ伝、六・二四)の教えが捨て去られていることはいうまでもない。ヴェーバー、前掲書、下巻、二三六—七頁〔三五六頁〕、参照。

(6) A論文、八四—五頁、大塚久雄著作集第八巻一一四—五頁およびB論文〔三〕を参照。

右の二点のうち、第一の意味するところはむしろ自明であろう。しかし、第二についてはいま少し立入った説明を加えておかねばなるまい。そして、この禁欲的エートスの移譲ないし継承の意味は、何にもまして、プロテスタンティズムの倫理的雰囲気のうちに形成されたあの特有な「職業観念」Berufsidee, idea of calling が質的変化を遂げてゆく過程を検討するとき、明らかとなってくるのである。(7) ヴェーバーは、ピュウリタンの典型的な牧師リチャード・バックスター(Richard Baxter)の文章を引用しつつ彼らの「職業観念」を検討している個所で、(8) 彼らが有益だと考えた「職業」の特質をおよそ次の三点に要約している。(一)道徳的標準、(二)その生産する財貨の全体(コモンウェルス)に対する貢献(ここに彼らのもつエートスの生産力的性格が紛れもなく現われている)、(三)その結果として当然に生ずるところの、したがってまたその貢献の確実な標識となる私経済的収利性、この三点である。これでもってもほぼ了解されるように、プロテスタンティズムの「職業」倫理は、一方において古い営利慾を徹底的に否定しながら、他方においては、生産力拡充による社会的貢献に対する報酬としての貨幣利得を十分に正当視したばかりでなく、これを社会への貢献の程度を識別しうる確実な標識と解していた。(9) しかも、この標識としての収利性は、当時の歴史的条件の下においては結局「実践上もっとも重要な視点」とならざるをえなかった。ここに、まさしく、あの倒錯が生じうる間隙が存在した。すなわち、貢献の結果であり標識にすぎなかった営利が、いまや、貢献そのものと同一視され、およそ生産の場において獲得される貨幣利潤はつねに禁欲的諸徳性の実現であり、社会的貢献そのものであると解され始めた。この倒錯を経た禁欲的エートスこそが、まさしくさきにみた「資本主義の精神」に他ならないことはもはやいうまでもないが、宗教的な観点からすれば、これがまさしく「堕落」(ヴェーバーはこうした表現を用いている)であることも明らかであろう。そして、この宗教的に堕落した禁欲的エートスは、イギリスにおいてはピュウリタニズムの支配を排除し――王政復古以後オリヴァー・クロムウェルがどのような評価をあたえられてきたかを想え――またその宗教的実質(外形ではない)を徐々に圧殺しつつ勝利の座へつくこととなった[10]。営利は倫理的義務となったのである。ここでもいま一度、冒頭で指摘した『ガリヴァー旅行記』(フウイヌム国渡航記)における辛辣極まる諷刺を想起すべきである。「神と富《マモン》とに兼仕ふること能はず」は名残りもなく消えうせた。いまや中産的生産者たちは「形式的な正しさの制限をまもり、道徳生活に欠点もなく、財産の使用にあたって他人に迷惑をかけることさえしないなら、神の恩恵を十分にうけ、見ゆべき形でその祝福をあたえられているとの意識をもちながら、営利に従事することができ、またそうすべき」[11]こととなったのである。

(7)「職業観念」について詳しくは、ウェーバー、前掲書、上巻、第一章三、E. Troeltsch,

a. a. O., SS.581–4,625–66 usw. を参照。

（8） ウェーバー、前掲書、下巻、一六八－九頁〔二九二－三頁〕、一八五－八頁〔三〇七－一一頁〕、二三一－三頁〔三五一－三頁〕を参照。

（9） これは流通経済あるいは貨幣経済（厳密な意味で）を正当視し前提とする以上、当然に帰結することであろう。

（10） この過程を媒介した諸要因については、ここで詳細に述べる余裕をもたない。ただ、社会経済的要因については、ウェーバー、前掲書、下巻、二三二－八頁〔三五一－七頁〕を見よ。また「精神史」的要因、なかんずくルネサンスに系譜を引くヒューマニズムの意義については、解放説の代表者であるブレンターノの叙述、たとえば Lujo Brentano, *Eine Geschichte der wirtschaftlichen Entwicklung Englands*, II, 19. Kapitel, Das neue Denken を参照。

（11） ウェーバー、前掲書、下巻、二三六－七頁〔三五六－七頁〕。

このような資本主義のエートスは、その勝利の結果として、必然的に中産的生産者層を分解しつつ、そのなかから近代西ヨーロッパの市民社会に特徴的な二大社会層——利潤目あてに経営に専念する資本家（企業家）と賃銀目あてにひたすら労働にいそしむ労働者——を創出し、形成し、こうして近代資本主義の形成を促進する方向に作用した。すなわち、資本主義の形成を主体的に推し進める精神的原動力となったのであった。(12) この点からみれば、解放説の「資本家精神」kapitalistischer Geist と異なって、ヴェーバーがとくに「資本主義の精神」》Geist《 des Kapitalismus という用語を押し立てていることの意味も全く明らかであろう。ともあれ、禁欲説は、まさしく、この事実を基準として近代西ヨーロッパにおける資本主義（市民社会）の歴史的性格を把握しようとするものに他ならない。

（12）　これについては、なお、ヴェーバーが、「資本主義」の完成とともに「資本主義の精神」は消失して、残るのはその「亡霊」caput mortuum だけだといっていることを付記しておかねばなるまい（前掲書、下巻、二四四―七頁［三六三―六頁］参照）。彼に従えば、現在ではあの倒錯した営利の「倫理」さえ、基本的にはその支配力を失い、すべては機構化され客観化されて、しだいに競技の性質をさえおびつつ、倫理ならぬ資本主義の心理が空しく「かつての宗教的信仰の亡霊として、われわれの生活の中を巡りあるいている」（ヴェーバー、前掲書、下巻同個所、参照）というのである。しかし、ここから何が新たにおこってくるのかについては、ヴェーバーは、科学者としての信念から、何ごとをも予言しないのであるが、彼がこのことを記してから、すでに半世紀が流れた。

Ⅱ　市民社会と民富

経済的繁栄の幻像

――投機による擬制的富の結末――

一

富とか、また富裕とか、さらに経済的繁栄とかいう語は、われわれが日常慣用しているものであり、その意味内容は一見きわめて明瞭で分かりきっているようであるが、実は必ずしもそうではなく、しばしば人びとの間に大きな錯覚や幻像をさえ作り出すことがある。たとえば、富の現実的増大が一般的に行われているなどということが決してありえないはずなのに、どういうものか多くの人びとがどしどし金を儲け、その結果、一般的な繁栄の擬態が作り出されてみたり、また、どうして金が儲かるのか当人たちも理由がいっこうに呑みこめないうちに、どこでもここでもばかばかしく金が儲かり、その結果世間全体が熱狂しはじめるというような事態もありうることは、多分だれしも容易に了解しうるところであろうと思う。ここで経済的繁栄の幻像などといってみたのは、まさしく、そうした擬制的な富の増加を指すのである。

ところで、歴史をさかのぼると、そうした現象についてさまざまな興味深い、また教訓に富む事例を見出すことができる。その中でも一七二〇年は、この点で、ヨーロッパ近代史上もっとも注目に値いする年であった。というのは、この年を中心に、当時西ヨーロッパにおける経済的繁栄の軸心であった三大都市——ロンドン、パリ、アムステルダム——の取引所が、ほとんど時を同じくして空前の熱狂的な株式投機熱にみまわれ、しかもそれがいずれも同じように惨憺たる崩壊と恐慌に終っているからである。通常、ロンドンのばあいは「南洋の泡沫」South Sea Bubble、パリのばあいは「ジョン・ロー体制の崩壊」la chute du système de John Law、アムステルダムのばあいは「馬鹿」Dwaasheid とそれぞれ呼び慣らわされているが、この投機恐慌の顚末を想起することは、歴史上経済的繁栄の幻像という現象がどういう経過でどんな結末に到達したかを知るうえで、きわめて興味ぶかいのである。

二

イギリスでは、周知のように、一六八八年の名誉革命（ウィッグ革命）によって、若い産業ブルジョアジーは、同盟者たるブルジョア化した地主層（ジェントリー）を前面に押し立てながら、終局的に政権を掌握するにいたった。そしてこの政治革命は、当然に、国内の経済過程に対してただちにいくつかの決定的な反作用を及ぼしはじめた。いま、当面のテーマに関するかぎりで、その重要な点を一、二あげてみると、第一は東インド会社の改組（一六九八―一七〇二年）である。それまで政治のうえで後期ステュアート王権に結びつきながら支配者団を形づくっていたトーリー系のジョサイア・チャイルド一派が没落し、それに代ってウィッグ系のトマス・パピロン一派が経営指導の前面に現れることになった。そして、これによって、従来イギリスで仲立ち商業の上に立つ前期的商人層の最後の堡塁を形成していた東インド会社は、ウィッグ的・産業資本家的利害に従属せしめられ、さらにその後、いわゆるキャリコ問題などの政争を経て、イギリス国内における前期的な商人層の生存の余地はいよいよ決定的に狭められてゆく。第二はイングランド銀行の設立（一六九八年）であるが、産業資本家的利害を代表するウィッグズが、政治的勝利を背景としてトーリーズの反対を押し切って、この近代的金融機関の牙城を構築するにいたったため、イギリスにおいては、あのゴウルド・スミスを中心とする前期的な金融業者層の生存の余地もまた、決定的に狭められるにいたったのである。

こうしてイギリス国内にあっては、アンシャン・レジームの完全な崩壊の結果、十七世紀末以降、前期的資本の存在および支配のための前提条件はもはや基本的には消失するにいたったと言ってよいのであるが、しかし、前期的資本家層はその支配権をば産業資本家層——近代的な商業資本家層や銀行資本家層をも含めての——にそうやすやすとは譲渡しなかった。政治的には支配的地位からいちおう追い落されたとはいえ、なお経済過程でさまざまの反撃を試みつつ、その覇権の回復をねらった。なかんずく、まず反撃の的となったのはまだ年若いイングランド銀行で、しかもその鋭鋒は最初は直接その金融力の貨幣的基盤の攪乱に向けられた。サー・アイザック・ニュートンとジョン・ロックの協力がイングランド銀行の危機を救ったのはまさにこの時である。ところで、この直接の攻撃が失敗に終ると、こんどは競争的企業の設立といういわば間接の攻撃が前面に現れてきた。そして、そのような競争的企業の中心としていまや立ち現れてきたのが、ほかならぬ一七一一年に特許状を与えられた「南洋会社」South Sea Company だったのである。「南洋」South Sea とは、当時の用語法では、だいたい南アメリカの太平洋地域をさし、もっとも広義ではあの香料諸島にいたる広大な南太平洋一帯をも含むものであった。われわれが南洋とよびならわしている地域である。ところで、南アメリカの太平洋岸地方といえば、近代経済史上周知のように、あのポトシの銀山の名と結びつけて知られる莫大な「銀」を産出するばかりでなく、他方ではこの「銀」によって、毛織物その他のヨーロッパ工業製品に対して厖大な販路を形づくり、すでに二世紀余にわたって西ヨーロッパ諸国の間で争奪の的となってきた地域であった。しかもイギリスは、このころにはすでにフランスの競争を押えつつ、この伝説的エル・ドラドーに決定的な支配力をふるい始めていた。「南洋会社」は実に、こうしたエル・ドラドーへの直接の商品取引について独占権を与えられた、いわゆる特権会社企業だったのである。このことだけでも、この会社の株式がそもそも思惑の対象となる性格を備えていたということがわかるであろう。

ところで、この南洋会社の商品取引の結果は全くの失敗であった。原因は簡単ではないが、一言にしていえば、早くからイギリス産業資本家層の利害に密着していたスペイン本国の、カディス港を通じて新大陸とのあいだに行われる、いわば間接的な商品取引の繁栄に押されてしまったからにほかならない。そこで、この失敗を見てとった前期的資本家層はいち早く、前期的資本のいわゆる宗教的堡塁たる「投機」に最後の拠点を求めることとなった。すなわち、この南洋会社の株式を「投機」の対象として利用し、それによって形勢を再びもとどおりに回復しようとしたのである。そしてこれが、あの「南洋の泡沫」と呼ばれる経済史上周知の大破綻へと導く結果となってしまった。

「投機」なるものは、いわゆる前期的資本が本来具有している根本的な性格の一つで、したがって前期的な資本が存在し活躍するところ、どこでも多かれ少なかれ「投機」の現象を見出すことができる。しかし、近代に入って産業資本の発達が決定的な域に達し、とりわけブルジョア革命の政治的変革によって前期的な資本の生存の余地が決定的に狭められるとともに、その「投機」的性格はすぐれて前面に現れてくるようになる。イギリスでは、そうした投機熱は名誉革命の直後早くも開始されており、たとえば、すでに一六九二年にはあの『ホートン新聞』*Houghton's Newspaper* が創刊されて株式相場の動きを報道しはじめているほどであるが、それは窮地に追い込まれるにいたった前期的資本家層、なかんずく「南洋会社」重役団の手によって、いまや空前絶後の規模にまで煽られることになったのであった。

一般の投機熱を煽るために南洋会社の重役団がとった金融操作は、何よりもまず、いわゆる fund of credit という方法であった。つまり、南洋会社の出資あるいは増資に際して一定の国債をもって払い込むことを認めるという方法である。それは一方からいえば、きわめて莫大な国債の重荷を背負っていた当時のイギリス政府にとって、器用な財政整理の方法でもあったし、また他方において、利子も低く信用も少ない国債をかかえ込んでいた国債所有者たちにとっては願ってもない利権であった。「南洋」貿易といえ

	イングランド銀行	東インド会社	南洋会社	王立アフリカ会社
1月1日	150.25	200.25	128.25	25
5月20日	204.00	268.00	415.00	100
(+)	36%	34%	225%	300%

	イングランド銀行	東インド会社	南洋会社	王立アフリカ会社
6−8月	265	449	1,050	200
12月13−14日	132	145	121	25

ば、ただちに連想されるのはあのエル・ドラドーの富である。しだいに紙屑に近づいていた国債に代えて、しかも何らの貨幣出資も必要とせずに、あのエル・ドラドーの富にあずかる権利が手に入るというわけで、その宣伝価値は十分である。たちまちに客観的情勢の波にのって、異常な投機熱をよびはじめた。それは周辺へも波及し、南洋会社を波頭として、東インド会社、イングランド銀行、アフリカ会社、ハドソン湾会社などの諸特権会社企業の株式は、一七二〇年に入るとともに異常な高値を示しはじめ、ついにその夏にいたって空前のレベルに到達した。投機が最後のうねりに乗りはじめた一七二〇年一月一日および五月二十日現在で、主要な特権会社企業の一〇〇ポンド払込済株の相場をスコット[1]の研究に従って示すと、上表のとおりである。

ところで一波は万波をよぶ。この投機熱は、右にのべたような少数の特権会社企業の株式だけに止まることなく、たちまちに、社会の到るところへ波紋をえがいて広がっていった。

そのばあい、右にみたような諸特権会社企業はよかれあしかれ現実の経営内容をもっていた。ところが、それらに比して内容のおそろしく不良な、というよりもむしろ、経営内容を全くもたぬ、株式投機のためだけのいわゆる「泡沫会社」bubble companies が、まさしくシャボンの泡沫のように、いまや到るところ無数に設立されはじめ、しかもその株式が不思議なほどの高値を呼び、イギリス社会全体を異常なまでの投機熱のうちに包みこんだ。

こうなると、投機熱はついに広汎な下層民衆までも見事に浮足だたせ、僕婢たちにいたるまで零細な貯蓄を引き出して何かしら株式を買い込んだと伝えられているが、じっさい一時は、経営内容が何であるのか、また現実に儲けがあるのかどうか、何もわからない「泡沫会社」の、しかも一%か二%しか払い込まれていない「泡沫株式」さえ、どうしてそんな高値を呼ぶのか当事者たちにもいっこう呑みこめないうちに、どんどん値上がりをつづけ、どんな株式でもただ持っておりさえすればいつのまにか価格が上がっていくので、当時ロンドンの取引所にほど近い例のコーヒー店——それは取引所の延長でありその外廓となっていた——では、到るところ零細な貨幣をもつ人びとが、どんな株でもどんな値段でもよいからと、向う見ずに頼み拝んで株式を買い漁っている姿が見られたと伝えられている。

中継貿易に結びつく前期的資本の地盤は再び構築された、しかも、イギリス社会全体の異常な経済的繁栄を伴い、国民の熱狂的な歓迎を受けつつ、前期的資本の楽園は回復された、と見えたが、それは文字どおり束の間だった。経済的繁栄の幻像はたちまちにして蜃気楼のように消え始めたのである。投機熱の極度に達した一七二〇年六月には、すでに明らかに天井をつき、前途に暗影がきざしはじめた。このことを早くも察知した前期的な資本家たち、ことに南洋会社の重役団は、無数の泡沫会社を犠牲にしても少数の特権会社を救おうとして議会を動かし、表面上はまだブームの頂点にある四月、すでに「泡沫会社条例」Bubble Act を発布させ、泡沫会社の設立と存続をおよそ禁止せしめようとした。しかし、イギリス社会全体があげて狂瀾の投機熱のうちにひたっている間は、その動きを何ものも阻止することはできなかった。六月の頂点を過ぎるとようやく株価は崩れはじめ、それを救おうとして投機者たちがもがけばもがくだけ、株価の下落はかえって激しくなった。そして、十二月には、ついに総崩れとなった。このばあいも株価の動きをスコットによって表示してみると、前掲上表のようになっている。(2)見られるように、株価はほぼ平常の水準まで急激な下落をみせた。健全な経営内容の特権会社企業はともかくとして、あの南洋会社は、やっとのことで破産を免れることができたようなありさまであった。しかし、ブームの過程にシャボンの泡沫のように無数に現れた、あの根のない「泡沫会社」は全くの総崩れであった。特権会社諸企業を防衛するためにさきに発布された「泡沫会社条例」がいっそう強化されるとともに、恐慌のあらゆる重圧が群小の泡沫諸企業の上に転嫁された結果は、すべてがまさしく泡沫のように消え去り、そのあとには多くの混乱と悲惨の渦巻が残された。以前とは逆に人びとは売り焦った。しかし、どんな値段でもといってさえ、売ることは困難をきわめるにいたった。株式はほとんど紙屑と化したのである。こうして、いち早く機敏に売って逃げた人びとは別として、比較的あとからこの投機熱のうちに入りこんで行った民衆、わけても無知でしかもなけなしの貯蓄を賭して富裕の幻影を追った下層の小市民たちは、ともかく結果として大規模な収奪を受けたわけで、それはまったく悲惨な結末であった。こうして大規模な経済的繁栄の幻像は空中の楼閣のように消え失せた。この投機恐慌は歴史上「南洋の泡沫」South Sea Bubbleと呼び慣らわされている。

ちょうど同じころ、パリの取引所《リュ・カンカンポア》でも、これに劣らずはげしい株式投機熱と惨憺たる瓦解が見られた。このばあいは、スコットランド人で稀代の人物ジョン・ローの創意と企画による推進がいちじるしく前面に現れていたので、通例「ジョン・ロー体制の崩壊」と呼び慣らわされている。このパリ取引所における株式投機熱は、ロンドンの「南洋の泡沫」にくらべて、歴史的性格にいくつかの異なった点をもっている。イギリスの「南洋の泡沫」恐慌がブルジョア革命(とくに名誉革命)以後に生起した現象であるのに対比して、フランスの「ジョン・ロー体制の崩壊」は、あの大革命(一七八九年)に先だつこと約六十年、封建的絶対主義のアンシャン・レジームに内在する矛盾がようやく前面に現れはじめていた頃に勃発したものであった。

フランスでも、十七世紀の末頃から産業資本の成長がようやく顕著になりはじめるとともに、国内での前期的資本の活動の余地はしだいに狭められる傾向を示していたが、それればかりではなく、強力な先進国イギリスの産業資本の側圧がまた、そうした前期的資本の活動に対して、世界市場の到るところで加わりはじめていた。それに加えて、当時のフランスでは、型どおりに王室をはじめ封建貴族諸層の財政的窮乏が激化しはじめていた。ジョン・ローによる経済建直しの努力はこの客観的情勢のなかで、結局、投機の魔杖によって一挙に窮乏とあらゆる社会的矛盾を追い払うことを企画するといった方向に帰結していった。彼は当時存在したいくつかの植民貿易会社を合併させ、それで一般の思惑をあおりながら、その株価をつり上げることを試みたのである。

しかも彼のばあいには、そのための追加的流通手段として紙幣を無法に作り出し、それを購買力として投入することさえあえてするにいたった。このジョン・ローの投機的企画はいちおう的を射たかにみえた。イギリスとちがってあの泡沫諸企業の簇生《そうせい》はみなかったけれども、問題の特権的植民会社の株式は異常な高値を示しはじめ、ついに額面の三六倍にすら及んだばかりでなく、一時はこれを中心として全ヨーロッパが投機熱の嵐の中に捲きこまれるにいたった。こうしてフランス宮廷とその同盟者たる前期的資本は、ついに空前の経済的繁栄に到達したかに見えた。いままで財政的窮乏にあえいでいた貴族たちは、突如としてその地位にふさわしい「富」を獲得し、全宮廷はジョン・ローの前にひざまずいたのである。しかし当然に、反動がまもなくやってきた。根のない、ただ思惑のみの高値が一朝にして消え去ったあとは、イギリスのばあいと同じく、多くの混乱と悲惨の渦が捲き起こされた。宮廷と前期的ブルジョアジーの多くがもとの木阿弥となり、ジョン・ローが失脚したばかりでなく、広汎な民衆がやはりなけなしの貯蓄を失い、激しい収奪を受ける結果となった。

これらとほぼ時を同じくして、オランダのアムステルダムの取引所でも熱病的な株式投機とその崩壊とがみられた。オランダではそれを「馬鹿」Dwaasheid 恐慌とよんでいるが、この「馬鹿」投機は、やはり、ロンドンのそれともパリのそれとも異なったニュアンスをもっていた。オランダで、一七二〇年といえば、もとよりイギリスとちがってブルジョア革命以前なのであるが、それればかりでなく、またフランスとももちがって、そのアンシャン・レジームは自生的に崩壊しようとする傾向をほとんど含まないまま停滞状態を示しつつあった。しかもこの頃、すでに強力なイギリス産業資本の競争によって国内の生産力は惨めな萎縮状態に陥っており、その結果オランダを支配する前期的資本も、ようやくイギリス産業資本の利害の下に押えられて、自己の活動の余地をその圧力によっていちじるしく狭められてゆく傾向にあった。そこへロンドンでもパリでも空前の投機時代が到来したのであるから、以前の絢爛たる繁栄をとり戻そうと待ち構えている「前期的資本の首都」アムステルダムにおいても、投機熱が勃発しないはずがなかった。シャボンの「泡沫」のような無数の「馬鹿」会社がイギリスと同様にあちらこちらで設立され、その株式が人気の対象となったが、そうした投機や思惑のなかに、種々の保険会社の株式がとくに多く含まれていたことは、徹底的な不健全さを如実に物語る事実として興味ぶかい。ともかく、ここでも熱狂的なブームは蜃気楼のように消え失せ、そのあとに混乱と悲惨の渦巻が残されたのであった。

（1）　W.R.Scott, *The Constitution and Finance of English, Scottish and Irish Joint-Stock Companies to 1720*, I, Cambridge, 1910, p.413.

（2）　W.R.Scott, *op. cit.*, I, p.430.

三

ヨーロッパの近世史をかえりみると、いま述べた一七二〇年の大投機熱のほかに、なおいくつかの注目すべき投機熱を見出すことができる。たとえば、その一世紀ほどまえにアムステルダムの取引所では、チューリップの球根を思惑の対象としたあの有名なチューリップ・メイニアがあったし、またその後にも、アムステルダムでは何回かの激しい株式投機熱とその崩壊が見られる。しかし、その程度は、もとより一七二〇年のそれに及ぶものではなかった。ともあれ、あの空前絶後の大投機熱の年――オランダ人の、いわゆる「賭事の年」Dobbeljaar――ののち約一世紀の間に、イギリス、フランス、オランダの三国はそれぞれ政治的、経済的にきわめて異なった変遷の道をたどっている。イギリスではあの「南洋の泡沫」の後、近代的な産業資本の利害を代表するウィッグ党の政治的勢力が確固たる支配的地位を獲得するとともに、それに掩護されながら産業資本(マニュファクチャー)とそれを基礎づける国民的生産力が空前の速度をもって進展を開始し、その極一七六〇年代からあの産業革命とよばれる世界史的過程に突入することになる。また、フランスでは封建的絶対主義の勢力とそれに絡みあう前期的な資本のある程度の後退と、それに反比例する産業資本(マニュファクチャー)の漸次的な進展とともに、アンシャン・レジームの内部的矛盾はますます露わとなり、そのあげく、これまた世界史的意義をもつ一七八九年のフランス大革命という政治的変革に突入することになる。これに反して、オランダではそのいずれとも異なって、自生的に内部から新しい何ものかを産み出そうとするような兆はその影がきわめてうすく、ただただ社会的停滞と生産力腐朽の泥濘《でいねい》のうちに陥没したままで、フランス革命に由来する外からの圧力のためにその社会経済構成が朽木のごとく倒壊し、その結果として、ようやく近代化への道を歩みはじめることになったのである。

さて、一七二〇年以後のイギリス、フランス、オランダ三国におけるそれぞれ異なった政治的経済的変遷のなかに、あの空前絶後の大投機熱とその崩壊はどのような陰影を落しているであろうか。われわれは、そこに、どのような歴史の歩みを読みとることができるであろうか。このことも興味深い問題であるから、いま少し触れておきたいと思う。

まず、イギリスでは、「南洋の泡沫」の大瓦解のあと、民衆の憤怒はあの「南洋会社」を擁して株式投機熱を煽動した、前期的な資本と保守的政治家たちに向けられた。そして相当ラディカルな報復手段までとられた。あらわに前期的資本家と結んだトーリー党の領袖たちはもちろん、当時のウィッグ党内閣の閣僚のうち投機熱を支持した者たちも政界から追放された。その結果は、あのブームの時期を通じて狂気じみた投機熱と富裕の幻影に警告を与えつづけてきたあのウォールポウル、および、彼を中心として近代的な産業資本の利害に緊密に結びつくウィッグ党領袖中の一団の姿が、いまや政界の前面にくっきり現れてくることになった。いわゆる「ウィッグ党の躍進」である。ところで、こうした「ウィッグ党の躍進」が経済史のうえで何を意味したかは、説明するまでもないであろう。イングランド銀行の地位は磐石となった。それにもまして、イギリスにおける産業資本家層の近代的利害は社会的な規模において最後的な勝利を獲得した。そしてまさしくこの時から、いわゆるウォールポウルの重商主義政策とイングランド銀行の低金利政策に呼応して、初期産業資本(マニュファクチャー)の最後の飛躍期——これがアダム・スミスの時代——が開始される。

つぎに、フランスでもあの「ジョン・ロー体制の崩壊」はもとより民衆を混乱と憤怒の中に落し入れた。しかし、イギリスにくらべて初期産業資本(マニュファクチャー)の発達の程度がはるかにおくれていたと思われる当時のフランスでは、一挙にアンシャン・レジームを覆えし、直接に産業革命を指向するというようなことは、まだ不可能であった。しかし、少なくともここでフランスのアンシャン・レジームに大きなひびが入ったことは疑いをいれない。封建的絶対主義勢力と、それと絡みあう前期的資本の支配のある程度の変質と後退に照応して、産業資本(マニュファクチャー)とそれを基礎づける国民的生産力の進展が徐々にその速度をはやめ、到るところに新興の近代的な経済的利害が頭をもたげはじめる。というのは、まさしくこの頃から、フランスの各地方にマニュファクチャーの温床としての農村工業地帯がくっきりと姿を現わしはじめるのを、われわれは跡づけることができる。このことが、絶対主義的アンシャン・レジームに内包されている社会的諸矛盾の決定的な拡大と激化を意味したことはもちろんである。こうして、それ以後のフランスでは、ひたすらこの社会的諸矛盾が政治的に拡大の一途をたどりながら、ついに大革命によって社会的新生がもたらされ、そこからすべてがのびのびと近代を指向して歩みはじめることになるのである。

いま一つのオランダでは、あの「馬鹿」投機熱の崩壊は、何らの新しい方向をも指向することなく、ただただ、民衆のうちに混乱と悲惨を呼びおこすのみであった。というのは、イギリスともまたフランスとも異なって、当時のオランダでは、一方国内の似而非《えせ》絶対主義的な前期的資本の利害の重圧に押しひしがれ、他方国外、なかんずくイギリスの強力な産業資本の競争に耐えかねて、産業資本は完全に逼塞《ひっそく》し、その基礎をなす生産力は衰退と腐朽のどん底に落ち込む気配をみせていたからである。ある程度の農村工業をのぞけば、ライデンをはじめ諸地方における織布業のかつての繁栄はすでに昔日の面影なく、経済的繁栄の名残りとしてはアムステルダム、ロッテルダムなどの前期的資本が、いまやイギリス産業資本の利害に屈服しつつ、かなりの程度国際的仲立ち貿易とイギリス向け金融業を営んでいるに過ぎなかった。こうして国内において国民的生産力が全く消磨され、そしてまた、新たに生産力の近代的再建を指向すべき勤労民衆の利害が旧勢力によって十重二十重に締めつけられているところ、あの大投機熱とその崩壊もなんら進歩の機縁となることなく、ただ混乱と悲惨を捲き起こすに止まるほかはなかった。もちろん、アムステルダムその他の商業都市に盤踞《ばんきょ》する前期的商業資本は、いまや旭日の勢で躍進を開始したイギリス産業資本に対抗して昔日の繁栄を取りもどそうと試み、その後もしばしば株式投機熱——しかもこの頃にいたればイギリスの株式や証券を取引対象として——を煽るという蜃気楼のかげを追いつづけたのであるが、そうした経済的繁栄の幻像と錯覚は当然につぎつぎに潰え、その極、アメリカ独立戦争とフランス革命期の混乱のうちに、オランダの繁栄はひとたびはその息の根がほぼ絶えることになるのである。

四

富とか、また富裕とか、さらに経済的繁栄とかいわれるところのものの実体は、いったい何であるのか。これは一見分かりきっているようで、しかもきわめて曖昧であり、しばしば人びとに大きな錯覚をおこさせるのである。実際、よくいわれるように、「貨幣ほど人を盲目にするものはない」。ところが、この錯覚が単に個々人のそれに止まらず、社会的な規模にまで拡大され、社会全般がこぞって経済的繁栄の幻像に酔っぱらうようになることさえ可能である。その顕著な事例は歴史上かずかず見出されるが、あの一七二〇年ロンドン、パリ、アムステルダムにほとんど時を同じくして起こった大株式投機熱が、その空前絶後のマニアの例であることは、すでに詳説したとおりである。ところで、富裕の錯覚が単に個々人の、また偶然的なそれに止まるばあいには、社会的にみて、それは大して意味をもたないばかりでなく、人びとに笑止の感をさえ与えるに過ぎないであろう。しかし、いったん社会全般があげて投機マニアのうちに捲き込まれ、人びとが群衆的に経済的繁栄の蜃気楼を追うようになると、その影響たるや実に大きく、客観的条件如何によっては歴史の上に画期的な歪みを作りだすことさえありうるのだ。そして、それがひとたび崩壊し空中楼閣と消え去ったあとは、そこに短時日には癒しがたいほどの混乱と悲惨の渦巻をば民衆のうちに残すものであることは、以上述べた事実からしても十分に推測されるであろう。しかも、こうした限りない破壊力をもつ投機マニアがもっとも生起しやすい、いわば典型的情勢が経済発展のどのような段階に位置するかということは、すでに述べた史実のみからでも、ほぼ推測しうると思う。ここではその点について立ち入って論ずることはしないけれども、現在のわれわれには決して縁遠いことではない。そうした経済的繁栄または富の幻像を人びとの心に注ぎこむ者は禍なるかな、である。

ともあれ、ここで結論的に指摘しておきたいと思うのは、何よりも次の一点である。一七二〇年のあの投機熱の史実を省みるだけでも、真実の「富」または現実の「経済的繁栄」の実体を形づくるものが何であるか、また何であるべきかについて、大きな示唆が与えられるということである。真実の「経済的繁栄」の実体を形づくるものは、社会的・経済的に向上しつつある自由な勤労民衆によって担われた「生産力」の建設と拡充でなければならない。この現実的基盤を欠いてはいかなる外見的な富も富裕も経済的繁栄も幻像と幻滅に終るほかはないであろう。この事実がまた、いかに深刻な歴史的意味をもつかは、あの大投機熱の年以後、イギリス、フランス、オランダ三国がたどった歴史的運命を回顧するならば思い半ばに過ぎるものがあるはずである。「生産力」の建設と拡充が健全な社会関係の基礎の上で行われるばあい——かつての軍事的生産増強などを思い出してはいけない、まさに逆である——それは必ずやついに真実の経済的繁栄に到達するであろう。これに反して、健全な「生産力」の基礎を欠くばあい、いかに外見上経済的繁栄が招来されても、それは根のない似而非のものであって、遅かれ早かれ崩壊と幻滅に到達せざるをえない。歴史がわれわれに与える教訓はこれである。経済的に向上する勤労民衆によって担われた、社会的に健全な「生産力」こそ現実的な富であり、富裕であり、経済的繁栄の実体である。この健全な「生産力」の基礎から遊離した富、富裕、あるいは経済的繁栄は、それが「生産力」の基礎から遊離しているかぎりにおいて錯覚であり、幻像である。しかも、この富の錯覚や経済的繁栄の幻像は、それが「生産力」の基礎から遊離する程度が増大すればするほど、その社会的危険性も害悪もまた増大するのである。

経済再建期における経済史の問題

一

想い起こしてみると、昨年〔一九四五年〕八月の降伏から半年ほどの間はなんと目まぐるしい時期であったろうか。アンシャン・レジームの政治的枠のうちでは夢にも考ええなかったような画期的な諸変革が、占領軍の手によって次々に実行に移されていった頃の感激はいまでもなお新しいし、おそらくもはや忘れることはないであろう。なかでもわれわれの心を強く揺り動かしたのは、あの農民解放の指令であった。日本の農民が古い旧い桎梏のうちから解放されるその第一歩が確実に踏み出された。なんとすばらしいことであろう。しかし、長い長いアンシャン・レジームの精神的昏迷のうちにおかれていたわれわれ日本人には、この指令も必ずしも直ちにそうしたものとして受けとられえなかったように思われる。というのは、いまや第一歩を踏み出そうとしている画期的な土地改革と農民解放がもし徹底的に行なわれるならば、新日本の平和的・民衆的建設、なかんずくその経済再建にとって、それはまさに隅《すみ》の首石《おやいし》ともいうべき建設的な意味をもちうるということがなかなか理解されがたかったからであろう。それは一般にはむしろ逆に、過去のミリタリズムの償いのためにわれわれに課せられた懲罰として、苦しいが堪え忍ぶべきものとして、まず受けとられたように思われる。何故であるか。思うに、わが国の民衆はその歴史の上でいまだかつて見るべき土地改革と農民解放の経験をもっていない。したがって、本格的な土地改革と農民解放を経過し、そしてそれをいわば隅の首石として近代の国民的繁栄がうちたてられてきた西ヨーロッパ、なかんずくイギリスおよびアメリカ合衆国の歴史を顧みるならばまことに一目瞭然のことも、意外にわかりにくかったのではなかろうか。

二

中世末から近世初期にかけての西ヨーロッパ、なかんずくイギリスにおける社会的・経済的事情を検するとき、われわれの目を打ついくつかの顕著な事実のうちに、農民解放の自生的なしかも順調な進展過程がある。ギルド的中世都市から流れ出る職人層(スモール・マスターズ)の農村地域への拡散、農村工業の蔓延、それと呼応する農業生産力の上昇と農民層の富裕化、そうした経済的諸過程と絡み合いながら各地に頻発する農民一揆、そしてこの農民一揆は職人層のストライキと手をつなぎつつ行なわれる。こうした動きのうちに、農民層は確実な足どりで古い封建的な土地制度の桎梏から一歩一歩自己を解放しつつ、自生的にあらゆる面においてその地位を向上させていった。かかる農民層の社会的解放、それと手をつなぎつつ進展する生産諸力の上昇、これこそが西ヨーロッパにおける明るい、裕かな近代社会建設のパンだねであった。

この論点をわれわれに最もはっきりと示してくれるのは、なかんずく十五世紀のイギリスであろう。この時期におけるイギリスの経済状態については、従来、繁栄(デントン)と衰退(サロルド・ロジャーズ)と、一見全く相反した二つの評価があった。ところで、ポスタン教授によれば、この二つの見解はいずれも正しい。なぜか。衰退、それは封建的支配者とそれに絡みあう旧型商人層の没落、その結果としての商業の衰退にすぎない。繁栄、それは封建的支配を崩壊させつつ下から盛り上るところの中産的生産者(農民・職人)層の向上、なかんずく毛織物工業の国民的繁栄(コモンウィール)、つまり生産諸力の上昇を意味する。そして、彼によれば、これこそがイギリスにおける近代社会建設のための現実的な第一歩であった。外見的なまたいちおうの経済的衰退を伴いつつ、しかもその内側で新しい健康な歴史の形成力が生まれていった。そしてそれは、ほかならぬ、土地改革と農民解放の自生的な進展だったのである。

西ヨーロッパにあっては、こうした土地改革と農民解放はいわゆるブルジョア革命によって完結する。イギリスのピュウリタン＝名誉両革命とフランスの大革命。これと類型を異にするものとしては、まずその植民地時代をも含めてのアメリカ合衆国。西ヨーロッパ、なかんずくイギリスにおいて成長しつつあった独立かつ自由な自営農民（ヨウマン）たちが、本国における精神的物質的な封建的支配を逃れて、かのピュウリタン的植民地を建設した。そこではこうして世界史上他に類比を見ないほど純粋培養に近い形で土地改革と農民解放が行われえた。そして、これがその後におけるあの巨大な生産力建設へのプリムム・モービレとなったのである。つぎにドイツ、なかんずくエルベ河以東におけるかの農民解放（バウエルン・ベフライウング）。ここでは土地制度の改革も農民の社会的解放も「上から」のものであって、必ずしも農民層自体のイニシアティヴによる自生的なそれではなく、したがってまことに不徹底であり、妥協的であった。にもかかわらず、それはともかくも、その後におけるドイツの近代化のいっそうの進展にとってたしかに一起点となるにいたった。

三

世界史的に見て、たしかに、土地改革＝農民解放は近代社会（＝近代生産力）の建設にとっての社会的礎石となり、また歴史的起動力となっている。言いかえると、あの明るくかつ裕かな近代社会（＝近代生産力）が歴史的に形成されるためには、農民解放は必ず経験しなければならぬ必然的な通過点になっている。つまり歴史上つねに農民解放が達成されてはじめて――そこにはおそらく経過的な混乱は生ずるであろう――明るくかつ裕かな近代社会（＝近代生産力）形成への可能性が生まれてくるのである。

それのみではない。歴史的事実の示すところに従えば、土地改革＝農民解放が典型に近くかつ徹底的であればあるほど、それが広くかつ深いほど、近代社会（＝近代生産力）の建設はますます急速かつ順調であり、その展望はいよいよ明るい。そのことは、しばしばアメリカ型とプロシア型の対比として知られているように、西ヨーロッパ（アメリカ合衆国をも含めて）における土地改革＝農民解放とその歴史的結末と、エルベ河以東の東ヨーロッパ、帝政ヨーロッパ・ロシア（十月革命以降は全く別の様相を呈する）におけるそれを比較することによって、かなりの程度にまで明らかとなるであろう。土地改革＝農民解放が自生的でありかつ徹底的であった西ヨーロッパにおいては、近代社会(＝近代生産力)の形成はより順調かつ典型に近く、全体が明朗であるのに対比して、それが「上から」のものであり、不徹底かつ妥協的であった東ヨーロッパにおいては、近代社会(＝近代生産力)の形成が遅々として停滞的であるばかりでなく、その成果もまたおのずから不具的であり、その限りにおいて到る所に古きものの残滓がいつまでも温存されたのである。

土地改革＝農民解放が、言いかえれば、独立自由な自営農民の形成が、広くかつ深く、徹底的であればあるほど、近代生産力の建設は急速かつ順調であり、平和的な経済的繁栄への展望は明るいといった。しかしながら、実のところ、歴史的事実の示すところは、いまいっそう複雑である。それを如実に物語るものは、イギリス＝アメリカ型とフランス型、この二つの事情の対比であろう。というのは、このいずれの型においてもいちおう土地改革＝農民解放は、他に類比を見ないほどの徹底的な形でもって行なわれた。しかも、その後のそれぞれの経過は、なかんずく近代的生産力形成の度合において、いちじるしく異なっているのを見る。その相違は、イギリスにおいてはピュウリタン革命＝名誉革命以降の、他方フランスにおいては大革命以降の、近代生産力形成の速度ならびに深度がかなり異なった様相を呈しているという点のみからでも、ある程度まで察知しえようが、さらに次のような点について見るとき極めて明らかである。まずイギリスにおいては、すでに絶対主義体制のうちから農民層はあの囲い込み(エンクロウジャー)によって古い共同体的土地制度(オウプン・フィールド・システム)を打ち毀《こわ》し、近代生産力を急速に形成かつ拡充しつつ、自己の胎内から産業ブルジョアジーとプロレタリアート両層を産み出し始めている。しかもこの動向は、ピュウリタン革命を画期として決定的となり、ますますその速度をはやめるようになる。

ところが、これに対比してフランスにおいては、絶対主義体制の内部においてこの動向を見ることは、皆無ではないにしても、極めて少なかったのみでなく、フランス大革命の経過のうちに作りだされたものも、囲い込み地(エンクロウジャー)ならぬいわゆるナポレオン的土地所有、産業ブルジョアジー(とプロレタリアートの対極的分化)的性格のよわい分割地農民であって、したがって、大革命以後においてもボナパルティズム体制のもとに古い共同体的土地制度(ヴェン・パチュール・コレクティーフ)は長く残存せしめられつつ、イギリス＝アメリカ合衆国に比べると、近代生産力の形成と拡充の程度において、はなはだ停滞的であるという様相を示している。つまり、ひとしく徹底的な土地改革＝農民解放であっても、歴史上こうした二つの類型すなわちイギリス＝アメリカ型とフランス型との対抗が見られるのであり、そのうち、いうまでもなく、前者こそより典型的な、また近代への展望のより豊かなものであるということができよう。

四

甚だ大ざっぱなはなしではあるが、近代世界史上、土地改革＝農民解放について以上見たような幾つかの類型が存するようである。これはもちろんすでに研究ずみというのではなく、なお厳密な実証によって検討され、訂正され、さらに深められてゆかねばならない「問題」である。それにしても、この事実はしばしば言われるように、現在のわが国経済の平和的再建にとって多くの示唆を与えるだろうと思う。が、これを公式的に解して、わが国現在の事態を以上の類型のうちのどこかに無理矢理に押し込み「プロクルステースの寝床《ベッド》」的に割切ってしまえというのではない。むしろ逆である。わが国はイギリス＝アメリカでもなければ、フランスでもなく、プロシアでもない。それどころか西洋ではなくして、東洋に属する。しかもその東洋のうちのほかならぬ日本である。いっそう重要なことは、すでに世界史の段階がまたおのずから異なる。このことは、決して忘却されてはなるまい。つまり、厳密な実証によってえられた具体的事実に即しつつ、しかも右に見たような世界史的諸類型を媒介として、真に日本的な――この間までの日本的とはだいぶ異なった意味で――土地改革＝農民解放の類型が析出されねばならぬのであろう。だが、ただ一つ、土地改革＝農民解放が封建的から近代的への社会的進展の不可欠な通過点となるという一般的事実については、世界史がどの段階にあろうとも、どのような特殊性をもつ国民であろうとも、なんらの差異はなかろう。東洋も西洋もあるまい。つねに、独立かつ自由な農民層の歴史的形成が行われるところ、しかも、その経過が典型的かつ徹底的であればあるほど、経済（＝生産力）建設の展望は明るいのである。

近代化の歴史的起点
――いわゆる民富の形成について――

「common weal という語は、おそらく多少古くさい感じがするでしょう。この語のみなもとはたいへん古いところにさかのぼる。というのは、政治の改善のために一再ならず騒擾《そうじょう》をあえてしたケントの農民たちの構想に連なるからであります。われわれに一番よく知られているのは、一三八一年のウォット・タイラーを指揮者とする一揆ですが、これは当時カトリック教会と国家に対して抱かれていた広汎な不満が、激しい形で現れたものでありました。こうした騒乱の根源を見きわめることは実質的に困難な事情にありますが、しかし、さいわいにも、われわれは一揆に参加した人びとの抱いていた積極的な目標のあるものを、少なくともおぼろげながらでも、見分けることができるのであります。彼らが目標としていたのは、それが何であれ、彼ら自身の私的な不都合をただすことだけでなく、国民全体の

common weal でありました。」

W.Cunningham, *The Common Weal. Six Lectures on Political Philosophy*, Cambridge at the University Press, 1917, pp.1-2.

一

近代社会の成立過程において、その近代化という動向がそこから開始されるいわば現実の出発点となったのは、歴史上、どのような社会的事態であったのか。言いかえてみると、歴史上どのような社会的事態が与えられたとき、そこを起点として近代化が現実に進展しはじめたのか。こうした近代化の現実的開始の客観的可能性、それを規定する歴史的社会的条件を批判的に確定することが、近代経済史研究上の一つの基本問題であるに止まらず、いまやいっそう切実な現実的意義をおびて立ち現れていることは、ほとんど詳説を要しないほどであろうと思う。

ところで、問題的視点をいま少し凝縮させてみると、これは、次のように言いうるであろう。

封建的生産様式からの推転は二重の径路によって行われる。生産者が農業上の現物経済と中世都市のギルドの束縛された手工業に対抗して、商人となり資本家となる。これが真に革命的な変革をひきおこす径路である。いま一つは、商人が直接に生産をわがものとする。こののちの径路は歴史上いかに推転として作用するとはいえ、即自かつ対自的に旧来の生産様式を革命するにいたるものではなく、むしろそれを保存し、自己の前提条件として維持してゆくことになる。（傍点――引用者）

これは近代社会のいわば独自な経済的基体をなす産業資本の社会的系譜をば、きわめて直截にえぐり出しているところの、『資本論』における周知の古典的個所であるが、[1] その確かさは、西ヨーロッパにおける正常的な資本主義発達の史実に徴することによって、十分に実証することができるように思われる。[2] が、そのばあい、われわれにとって問題となるのは、言うところの「生産者」がいかにして産業資本家に転化しえたのか、それを可能かつ必然ならしめたところの歴史的社会的条件は何であったのか、という点である。というのは、産業資本家に転化するにいたるこの「生産者」たちは、歴史的にみれば、封建社会の基礎過程のなかから向上してくるいわゆる中産的生産者――農民および小市民――層に属する人びとにほかならないが、彼らが産業資本家（さしあたってはマニュファクチャー所有者）に転化しうるためには、いくつかの基礎的条件がそなわっていなければならなかった。そしてその一つとして、彼らのもとにあらかじめ或る程度の富が、貨幣の形態をとって、蓄積されていることが不可欠であったということは、おそらく自明だといってよかろう。つまり、歴史上産業資本が真に自生的な形で一般的に成立しうるためには、あらかじめ中産的生産者(農民および小市民)層のもとに、まだそれ自体は資本主義的な富ではないが、まさにそうしたものに転化しようとしている貨幣財産が、少なくとも最小限度蓄積されていることが必要であった。言いかえるならば、いわゆる「民富」Volksreichtum が、あらかじめ一般的に成立していなければならなかったのである。(3)

ところで、さらに一歩をすすめて、こうした「民富」はいかにして形成されることができたのか、その一般的な形成はどういう歴史的社会的条件の下において可能であったのか、という点を問おうとする段になると、研究史上、事態は必ずしも自明であるとはいいがたくなってくる。したがって、この点を批判的に解明し確定することが、また当然に、近代社会成立史(当面は資本主義発達史)の正しい理解のための不可欠な鍵となってくるばかりでなく、またそれは、さきにもふれたように、現在のわれわれにとってもある点で直接に切実な意味をもっている。

それはともかくとして、それでは、いったい、言うところの「民富」Volksreichtum はどのような歴史的社会的事情のもとに形成されたのか。あるいは、その形成が可能となったのか。その究明のためには、いくつかの道があるであろう。が、われわれはその確実な一つとして、あの近代社会の成立(当面資本主義の発達)の過程がもっとも典型的な姿で行われたアメリカ合衆国やイギリスの歴史について、その発端期の事情を実証的に検討するという方法をとることとしよう。といっても、もとより、このような小論文では、筆者の力量不足という主観的制約は別としても、このテーマをあますところなく取扱うことはとうてい不可能であり、したがって一つの問題提起的なスケッチに止まるであろうことを、あらかじめお断りしておきたい。

(1)『資本論』第三部第二〇章。なお、次のような個所をも参照。「かくて彼らのもとでは、ある特定の財産を堆積して、自分自身を将来の資本家に転化する可能性がだんだん発展する。かくて、旧来のみずから労働する土地占有者たちそのものの間に、資本制的借地農業者の培養所ができるのである。」同書、第三部第四七章。「〔工業資本家の発生のばあいには〕同職組合の多くの小親方や、さらにより多くの自立的小手工業者とか、または賃労働者さえもが、小資本家に転化し、それから、賃労働の搾取の漸次的拡大およびそれに照応する蓄積によって文句なしの資本家に転化した。」同書、第一部第二四章。

(2)たとえば、拙稿「近代資本主義発達史における商業の地位」『近代資本主義の系譜』前編所収、大塚久雄著作集第三巻、を参照。

(3)『資本論』第一部第二四章を参照。

二

「新大陸における最初の偉大な経済学者」(マルクス)といわれたあの博識無比のベンジャミン・フランクリンが、その晩年、というよりは、アメリカ合衆国の独立がいよいよ成就したその頃に、彼の祖国の社会的経済的現勢について書き記したもので、すばらしく興味深い二つの小編がある。その表題を示すと、一つは「アメリカ移住希望者のための知識」《Information to those who would remove to America》(1)、他は「アメリカの国内事情」《The Internal State of America, being a True Description of the Interest and Policy of that Vast Continent》(2)(以下前者を第一論文あるいは〔1〕、後者を第二論文あるいは〔2〕と記すこととする)。第一論文は、一七八二年にパリでみずから代表として対英講和条約に調印した、あの九月に書き記したものとされているが、その意図するところはこうであった。ヨーロッパの多くの人びとが直接なり手紙なりで彼のもとに、アメリカに移住したいと申し出た。ところが、あまりにも多くの無知と誤解が見られたので、彼らに合衆国に関する知識を与えようとしたのであった。第二論文は、帰国早々の一七八四年あるいはその二、三年後あたりに書き記されたもののようで、当時の国内世論のうちに「景気がわるい、不況だ、金繰りがつかない、など」(hard Times, deadness of Trade, scarcity of Money, &c.)を訴える声が高かったのに対して、アメリカ合衆国の社会的経済的状態を全般的に見通し、人びとに明るい展望を与えようとしたものである。そこでわれわれは、まず、この二つの小編のうちに記されているところに従って、フランクリンの目に映じた独立当時のアメリカ合衆国の姿、とくにその社会的経済的組立ての核心を摘記してみることにしよう。

この二つの小編で、フランクリンの口を通して語られているアメリカ合衆国の姿は、おそらく容易に推測されるように、現在われわれの目前に大写しに現れているあの巨大工業国としてのそれとは、一見おそろしく異なったものである。まず、フランクリンによれば、独立当時のアメリカ合衆国を支えていた大黒柱ともいうべき経済的営みは何よりも「農業」であった[3]。いっそう正確にいえば、富裕な独立自営の「農民」husbandmen〔1〕、farmers〔2〕を社会的基盤とするところの農業の繁栄であった。もとより、その他に「職人」mechanics, artisans や「商人」merchants, shopkeepers がいたし、さらに「労働者」workmen, servants, journeymen も見出された。しかし、「一人の職人あるいは商人に対して、少なくとも一〇〇人の農民がいるように思われる[4]」〔2〕といわれているように、圧倒的な比重を占めていたのは何よりも「農民」であった。

このように、フランクリンによれば、建国当時のアメリカ合衆国は、何よりもまず「農業」国、あるいは「農民」国であった。ところが、彼によると、こうした農業の一般的繁栄の土台の上に、それと相互に支え合いながら、さらに「利潤の多い」〔1〕工業が成立しているばかりでなく、労働者さえも「世界中のどこよりもはるかに高い賃銀を得」〔2〕て、「二、三年のあいだに富裕な農民となり」〔1〕、また「自営者《マスター》となって市民としての尊敬をうけ」〔1〕られるようになる、(5)そんな状態だったというのである。

ところで、フランクリンのこの注目すべき論理――あるいは因果帰属といってもよい――は、西ヨーロッパやアメリカ合衆国の人びとにはおそらく自明のことなのであろうけれども、実はわれわれ日本人には納得することがなかなか困難なことのように思われるから、この論理が現実に成立しうるような社会の機構というか、因果関連というか、そうしたものをフランクリンの叙述に即していま少し見きわめていこうと思う。「農民の圧倒的な部分は、豊饒な自分の土地を耕作している人びとである。彼らの多くは生活に必要な食物をこの土地から得ているばかりでなく、衣料品さえ、他人の供給を待つことがほとんどないほどである。そのうえ生産物の余剰があって、それを売りさばくから、富がこうしてしだいに蓄積されていく」〔1〕。「想ってもみたまえ、アメリカの諸州の内部には〔こうした〕勤勉で質素な農民の大部分が住んでいて、わが国民の主要部分をなしている」〔2〕。ところで、この「合衆国の農業……は富の増大の大きな源泉となっている。一粒の種を蒔く者はおそらく四〇粒の償いを得るだろう」〔2〕。なぜであるか。「……土地の耕作で安定した生計が立てられるから、アメリカでは、出産による人口の自然増加は急速であり、外来者の来住でそれはいっそう速められる。その結果、土地の耕作者たちに家屋だとか、粗末な家具や道具などを供給するような、およそ必要で有用な種類の職人に対する需要がたえず増大してくる」〔1〕。たとえば「……鍛冶屋、大工、轆轤《ろくろ》工、織布工、鞣皮工、靴屋」〔1〕など。こうして、あらゆる「利潤の多い工業」profitable mechanic arts〔1〕が成立することになる。

つまり、広汎な独立自営農民層の労働生産性の高い農耕、そこから生ずる豊かな余剰生産物を購買力として展開されはじめる、広くかつ深い国内市場、さらにこの国内市場にしっかと足場をおいて確実な足どりで成長してゆく工業——アダム・スミスの表現をかりれば「農業の末裔」[6]である工業——こうした産業の組立てである[7]。もっとも、建国当時のアメリカ合衆国にあっては、圧倒的な地位を占めているものはまだまだ「農業」であり、「工業」もそして「商業」もなお萌芽状態、というよりは、いわば母胎である農業からまだ分離しきっていない胎児のような状態にあった。フランクリンのいうところによると、あの重商主義とよばれているような工業保護の政策は「アメリカではほとんど行われていないし、また行われたばあいでも、何らかの工業の確立に成功したことはほとんどない。国土がまだそこまで成熟していないから、民間人を助成して、そうした工業を起こさせることができないのである。この国では労働は一般に高価であり、人手を集めるのは困難だ。というのは、みながみな自営者《マスター》になることを望んでおり、それに土地が安いから、多くの人びとがややもすれば工業《トレイド》をすてて帰農しようとする傾向があるからだ。といっても、中には、うまくいって有利な経営が続けられている工業もあるにはある。しかし、それは一般に、わずかの人手しか要らないか、あるいは仕事の大部分が器械《マシーン》で行われているようなものに過ぎない」〔1〕。それに、富裕な農民たち自身がある程度まで自家用の工業生産をもやっていた。「アメリカの農民《ファーマーズ》たちはじっさい相当の量の羊毛や亜麻を生産している。けれども売却されるのではない。すべて加工されるのだが、自家消費のための家内工業《ドメスティック・マニュファクチャー》という形をとっている。紡毛工や織布工を雇いこみ、大経営を作りあげるという計画でもって、おびただしい羊毛や亜麻を買入れ、多量の麻織物・毛織物品を製造して、それを売りさばくというやり方も、あちらこちらの州で幾度か試みられている。が、そうした企画は一般に失敗に帰している……」〔1〕このように工業(したがってまた「マニュファクチャー」)は、すでに根深いまた展望のゆたかな成長をはじめていながらも(8)、母胎たる「農民」的農業からまだ分離しきっておらず、むしろ、そのうちにまだ半ば姿を没しているという状態であった。

このようにして、フランクリンによると、建国当時のアメリカ合衆国はそうした意味で「農民」の国であった。いっそう正確にいうと、独立自由な中産《ミーディーオウカー》の自営「農民」の国であった。

誰しもヨーロッパ各地を旅行したことのあるものは、そこで富豪で尊大な少数の大地主とそれに搾られて赤貧洗うがごときおびただしい数の小作人たちや、賃銀がおそろしく低く半ば飢えている労働者たち、つまり、貧窮のうちにある人びとに比べて、豊かに暮している人びとの割合がいかにも小さいのをみた経験があるだろうが、それに対比して、ここ〔アメリカ〕で見られるのは、幸福な中産状態《ミーディオクリティ》が各州の到るところに広がっているということ、この国の耕作農民が独力で働き、健全で何不足ない家族生活の資を得ているということである。そして、わが国が摂理の恩恵を明白にまた格段に多く受けているということを納得するだろうし、また、われわれの知る限りで人類の幸福のこれほど大きな分け前にあずかっている国民は他にない、ということを確信するようになるだろうと思う。〔2〕

ありていにいえば、あちらでは、ヨーロッパの貧民のような惨めな人びともまずいなければ、ヨーロッパで富豪とよばれているような人びともまずいない。むしろ、全般の幸福な中産状態《ミーディオクリティ》が広がっている。大地主もほとんどいなければ、小作人もほとんどいない。たいていの人びとは自分の土地を耕作するか、何かの工業や商業に従事している。地代や所得で何もせず暮せるような金持はまずいない……。〔1〕

こういうふうにして、アメリカでは、ほとんど全般的な中産状態が支配的であるため、怠惰のために起こりがちな悪徳はいちじるしく阻止されている。勤労と不断の就業が国民の道徳の大きい防腐剤となっている。こう述べながら、フランクリンの語調はまぎれもなく誇らかになってゆく。「アメリカでは他人のことを聞くのにWhat is he?(どういう人か)とはいわないでWhat can he do?(どういうことの出来る人か)という。有用な技能があれば歓迎されるのだ。……あちらでは農民、いや職人も尊敬をうけている。というのは、彼らの仕事が役に立つからだ。……アメリカ人のこういう考え方からすると、系譜研究家がおり、誰かアメリカ人の系図をあきらかにしてくれたとして、祖先が地主《ジェントルマン》、つまり値打ちのあることは何一つせず無為に他人の労働に寄食する人間だったことが分かったばあいよりは、祖先なり親戚なりが十世代ものあいだ、農夫・鍛冶屋・大工・轆轤工・織布工・鞣《なめし》皮工ないしはへぼ靴屋でさえあったこと、つまり社会の役に立つ人間だったことが分かったばあいの方が、よけいに謝礼しなければならぬと考えるにちがいない」〔1〕。こういう事情だから、アメリカでは「人びとは、お偉方の子分になる必要はさらになく、誰びとも勤労の収益を確実に享受する。けれども、何の財産ももたぬ者は働かねばならないし、生活するために勤労せねばならない。……要するに、アメリカは労働の国土であって、あの街路にはでっかいパンを敷きつめ、家々はパンケーキの瓦を葺き、焼鳥がさあ食べてくれ！と鳴きながら飛びまわっているという、英語でいえば Lubberland、仏語でいえば Pays de Cocagne、アメリカは絶対にそんな国ではない」[1]。中産的な自営「農民」の「勤労」の土台の上にうちたてられた国、そのような組立てで「全般的」な繁栄が展開されようとしている国、ベンジャミン・フランクリンの目には独立当時のアメリカ合衆国はこのようなものとして映じていたのである。

（1）*The Writings of Benjamin Franklin*, collected and edited by Albert Smyth（以下 *The Writings* と略す）, Vol.VIII, pp.603–14.

（2）*The Writings*, Vol.X, pp.116–22.

（3）「この大陸での最大の営みは農業だ。」（The great business of the Continent is agriculture.）

（4）アダム・スミスの次のような言葉を想起してほしい。「実にこのようにして、ヨーロッパの大部分においては、都市の商業および諸工業は、農村における農業の進歩と開発の結果ではなくて、その原因となり誘因となっていた。しかし、この順序は事物自然の径路に反するがゆえに、どうしてもその歩みは遅くかつ不確かである。その富が商業および工業にもとづくことが大きいヨーロッパ諸国の遅々たる進歩を、その富が全く農業の上に築かれているわが北アメリカ植民地の速かな進歩と比較せよ」(傍点――引用者)。『国富論』第三編第四章。

(5) このことは、いうまでもなく、当時のアメリカではきわめて重要な意義をもっていた。「この国では土地が低廉で、……辺境に行けばあちこちで、木材がゆたかで地味のよい土地が八ギニーで一〇〇エイカーも手に入るので、若くて丈夫で、そして穀物の栽培や家畜の飼い方――それはヨーロッパとほとんど同じだ――を知っている労働者《レイバリング・メン》たちは、楽に身を立てられる。他人に雇われてえた高賃銀の一部を蓄えて土地を買入れ農場《プランテイション》を始める。近隣の人が親切に助けてくれたり、金を貸してくれたりする。……こうして二、三年のうちに豊かな農民《ファーマーズ》となる」〔1〕。

(6) 『国富論』第三編第三章の末尾。

(7) この国内市場における農=工生産物の相互売買を媒介する「商業」もまた、いわば「農業の末裔」であり、なおそのうちに半ば吸収されていた。たとえば、農民や職人たちによる「商業」shopkeeping の兼営。「〔商人の数が多すぎて不況がくると、彼らは容易に帰農する。〕そしてそのばあい、商業兼営の農民や職人(shopkeeping farmers and mechanics)たちがみな犂や道具に帰るとしても、寡婦だとかその他の婦人だとか、仕事に事欠かないだけの数の商人が残っていて、それで十分な生計を立ててゆくことができるのだ」〔1〕。こうした点も、はっきりと指摘しておかねばなるまい。

（8）　この点に関して、フランクリンがおこなっている次のようなヨーロッパとの比較を想起しておきたい。「大工場経営(great establishments of manufacture)は、おびただしい数の貧民の存在と彼らが低廉な賃銀で労働することを必要とする。こうした貧民は、ヨーロッパでは見出すことができるが、アメリカでは、土地がすべて占有し耕作しつくされ、土地を得られない過剰人口が雇傭を求めるようになるまで、見出されないであろう」〔1〕。このいわゆる「労働貧民」の稀少と世界に類比をみない高賃銀は、当時のアメリカ合衆国において、たしかに資本主義(＝近代的労働関係)の発達をある点で阻止していた。にもかかわらず、この同じ事情が、結局においては、かえって、アメリカ型のあの巨大な生産力の発達(＝機械化)、したがって資本主義の無比に順調な成長をすでに準備しつつあったことは、本文における引用文にも示されているとおりである。

三

以上、フランクリンの二つの小編から煩《はん》をいとわず引用しつつ、彼の目に映じた独立当時のアメリカ合衆国の姿を大づかみに描き出してみた。かりにこの私の試みがほぼ正《せい》鵠《こく》をえているとして、ここでただちに問題となってくるのは、彼が二つの小編で書きしるしているところが当時のアメリカ合衆国の実状をどこまで正確に伝えているかということであろう。そこには確かに批判の余地がある。きわめて大づかみに見ても、たとえば、当時のアメリカにおける奴隷使役とそれに結びつく前期的な商人の存在がある。周知のように、それはまもなく、南部諸州であの棉花栽培のための巨大プランテイションへと成長し、ついに南北戦争によって粉砕されるにいたる。(1) フランクリンは、この事実を決して看過したり無視したりしているのではないけれども、以上の二つの小編の中ではそれに全然触れていないことは確かである。

けれども、私は、彼がこの二つの小編を書きしるした問題観点からするとき、そのことは必ずしも誤謬であるなどと言いきれないように思う。さらにまた、冒頭で述べておいたようなわれわれの問題意識――すなわち近代社会(＝近代資本主義)成立の歴史的起点をなす「民富」の形成――からするときにも、このフランクリンの描写は、たとえ彼の目には資本主義への両極分解の事実がまだ明らかに映じていないとしても、決して誤謬であるなどとはいえないと思う。また、ある程度の抽象性や誇張などがあるとしても、(2) むしろそのために、事実の指摘がいわば純粋培養的な正確さをおびているとさえ言いうるのではないだろうか。というのは、たとえば、さきの奴隷使役とその巨大プランテイションへの発達という事実をとってみても、アメリカ合衆国における近代社会（＝近代資本主義）の成長と確立という歴史的過程に対して、それはある点では決してプラスの意味をもたなかったばかりか、明白に大きなマイナスとなっているからである。すなわち、民富の形成を起点とする近代社会（＝産業資本）の成長にとっては奴隷制は強いブレーキとして作用したのであり、したがってまた、南北戦争によって奴隷使役が粉砕されたのち、近代社会（＝産業資本）の成長はいよいよ本格的な軌道にのることとなった。そうした事実を考慮に入れるならば、われわれが近代社会としてのアメリカ合衆国の成長、とくに近代化の歴史的起点をなすところの社会的事態を確認しようとするばあいには、むしろ奴隷使役のような事実をいちおうは捨象——決してその存在を無視したりするのではない——した方が、かえって、決定的な事実を純粋培養的につかみうるという、そうした意味での正確さをもつのではないか、と私は考える。

　ともあれ、ベンジャミン・フランクリンの伝えているところによると、独立当時のアメリカ合衆国は何にもまして自営「農民」の国土であった。言いかえてみれば、近代社会（＝資本主義社会）としての成長をまさに無比の順調さで開始しようとしていた。つまり、そうした近代化の歴史的起点に立っていた頃のアメリカ合衆国の基本的な相貌は、まぎれもなく、「中産的生産者《ミーディオクリティ・オヴ・フォーチュン》」層、なかんずく自営「農民」層を根幹《ボディ》として組立てられ、そうした人びとの繁栄の上に構築された社会、すなわち「中産的生産者」層の繁栄と国家のそれとがまさしく一致するような社会だったのである。そしてフランクリンが、種々な用語法上の細かいニュアンスの相違はあるにしても、そのような社会を《commonalty》(3)とか《nation》〔2〕と呼び、また、そのような社会の精神的・物質的繁栄をば《public good》〔2〕、《common good》(4)、《national wealth》(5)などと呼んでいるということも、付言しておこうと思う。

さて、いま少し論点を進めるために、ここでいちおう目を転じて、世界史上近代社会(＝近代資本主義)の発達がもっとも典型的であったと思われる国、しかも、周知のように、そうした社会的系譜からいえば、アメリカ合衆国の母胎あるいは原樹とも考えられるイギリスの事情について見ることとしよう。では、イギリス近代史のうちにも、さきにアメリカ合衆国について見たような社会的な事態や、フランクリンのそれに近似した観念形態が見出されるであろうか。もちろんイギリスは、原樹というか母胎というか、そうした歴史的位置に立つものであるから、時代はずっとさかのぼらねばならない(6)。けれども、基本的にはまさに同一の事情が、まぎれもなく見出されるのである。たとえば、あのピュウリタン革命期の指導者によって語られている、次のような言葉に接したときのわれわれの感銘はどうであろうか。

「乞う、一切の職業の濫用を改革せられよ。もし少数者を富ますために多数者を貧困にするものがありとせば、かかることは、コモンウェルスにとってふさわしからぬことである」(ダンバーの戦闘ののちオリヴァー・クロムウェルが長期議会に与えた書簡[7])。「思惑的企業や独占はその源泉たる宮廷《コート》(裁判所)ともども除去せられ、経済の自由化は工業の助成と貧民の救済とともにコモンウェルスにとり、コモンウェルスの手によって遂行されるであろう。かかることがらはコモンウェルスにとり、まことに似つかわしきものであるが、旧政府はこれを有効に行おうともしなかった」(一六四八年、イングランド議会の布告[8])。「われわれが知っているように、イングランドは、すべての貧しい人民《コモナーズ》が土地を使用収益しうるのでなければ、自由なコモンウェルスとはなりえないのです」(一六四九年、ウィンスタンリーのフェアファックス宛書簡[9])。

これらの引用文に見える「コモンウェルス」という語のうちに、さきにみた、フランクリンのいわゆる《public good》と何か共通するものが存在するのを感得しえないであろうか。

ところで、さらに一世紀さかのぼって十六世紀に入ると、あの「羊が人間を食う」といわれた囲い込み運動の社会的激流のさなかに「コモンウェルス」commonwealth とか「コモンウィール」commonweal という語が、それとはややニュアンスを異にしながらも、激情をおびて語られているのに出会う。何よりもまず忘れてならないのは、あの『イギリス王国のコモンウィールに関する一論』という表題をもつ対話編[10]であろう。その冒頭で、匿名の著者は「騎士《ナイト》」にこう言わせている。「確かにそうです。しかし、王に対して奉仕しなければならないように、コモンウィールに対しても同じでしょう。というのは、神でも王でも、われわれにいまのような貧しい生計を許してい給うわけではなく、ですから、われわれは隣人のうちにあって奉仕を行うべきです[11]」。それから、たとえば、ヒュー・ラティマーの『エドワード六世の御前での説教[12]』。「またコモンウェルスが増し加えられ、わが王国の諸財が臣民たちをしてその業にいそしみ怠ることなからしむるよう用いられますならば、それは国王の御威光であります。そして、……ある人々の言うごとく、国王の御威光は人民の数のおびただしきにのぼることに存する〔からであります〕」。また、あのトマス・モアの『ユートピア』。「実は枢機卿様、お国の羊です。あれは、元来やさしくおとなしい小食の動物でしたが、今は噂によるとひじょうに大食となり乱暴になって、人間たちまで食いつくし呑みこんでしまうそうです。彼らは原野、家屋、都市を食いつくし、破壊してむさぼり食います。だから、ごらんなさい。お国で一番上等の、したがって一番高価な羊毛が産出される地方ではどこでも、貴族《ノウブル・メン》や準貴族《ジェントルメン》、そうです、僧院長《アボット》たち……が、祖先伝来の土地から生ずる年々の収入と利益に満足せず、……コモンウィール（weale publique）を益しないで、かえって大いに妨げ、羊の家を建てるために耕作地を少しも残さないで、その周囲に囲いをめぐらして牧場とし、家々を取りこわし、村々を引き倒す。……そのために、農民たちは自分の土地から投げ出され、さもなければ……すべてを売払うまでに疲弊します(13)」。「プラトン〔によると〕、法は、すべての人びとが富と財のひとしい部分を享有しうるようなものでなければなりませんでした。というのは、これこそが、コモンウィール（wealth of a communaltye）への唯一の道であることを、この賢者は容易に見とおしていたからでした(14)」。それから、いま一つ、イギリスのヨウマン（独立自営農民）に関するフラーの記述(15)。「善きヨウマンは地主《ジェントルマン》の鉱石で、次の時代には精錬される。……フランスとイタリアは、五と一の間にほかの目のないさいころのようなもので、貴族と小農だけだ。ドイツには、わがヨウマンに似たブーア〔バウエル〕がいるにはいるが、少数の旧家が貴族の地位を独占しているので、かの国のヨウマンは地位を高め、家柄をよくすることができない。イギリスでは、名誉の殿堂は善徳の殿堂を通過した者すべてに開かれている。……〔ヨウマンは〕身にまとうものは手織の衣服だが、黄金で支払いをするし、ボタンは錫、ポケットに銀を忍ばせている。ヨウマンこそ、外国人がイギリス古来の風習の見当をつけるには、もっとも確かな標識だ。地主はヨウマンにくらべると外国の流行になびき従いやすいから」。

ますます時代をさかのぼって、ついにイギリス「農民」の黄金時代とよばれる十五世紀にまでいたると、いよいよ、あのカール・マルクスによって「民富」Volksreichtumの成立を「雄弁に描写している」という折紙をつけられた(16)最高法院長ジョン・フォーテスキューの『イギリス法の讃美(17)』の叙述があらわれてくる。以下、煩をいとわず、問題の部分(18)を引用してみよう。

イングランドはきわめて地味肥沃で、一エイカー、一エイカーくらべてみても、他国にその比をみない。人間の勤労がほとんどなくても自然に物を産出する。畑、野原、林、森、どんな土地でもじきに芽が出て茂り、おそろしく繁茂するので、未耕地が、占有者にとって、施肥し耕した土地より利潤の多いことさえある。といって、後者にしてもきわめて豊饒で、多くの穀物を産するのだが。牧地もまた生垣や小溝で囲い込み、木が植えてあって家畜の群に寒風や暖熱をふせいでやるし、たいていは水が豊富なので、昼でも夜でも、常雇の男が見張っている必要がないくらいである。

イングランドには狼も熊もライオンもいない。それで羊は一晩中羊飼なしに外の羊柵に入れて寝させておくから、同時に土地も肥えることになる。こうして住民たちはほとんど過激な労働で疲れることもなく、信仰深く品位の高い生活をつづけているが、あたかも、農耕など労働のはげしい仕事によって心の平和をみだされるよりは羊の群を飼うのを喜んだという、昔の〔イスラエルの〕族長たちそのままである。このために、イングランドの庶民たち(common people)は、あの、畑に住み日常農耕にのみたずさわっているために物の考え方が田舎じみている人びとに比べると、むずかしい判断の要るようなことがらを見わける性向とか能力がずっと大きいのである。

イングランドでは、どこへ行っても富裕な土地所有者がきわめて多いから、小さな村でもたいていナイト、エスクワイヤー、それから一般にフランクリンとよばれる豊かな世帯主がいて、みな相当の土地を持っている。また、フリーホウルダーとよばれるものもいるし、実力のある陪審官になれるほどの土地をもっているヨウマンも多い。イングランドには、年々一〇〇ポンドあるいはそれ以上も支出できるようなヨウマンさえ幾人かいる。陪審官は普通こういうヨウマンをもって構成され、重大事件に際してはナイト、エスクワイヤーをもって構成される。そうだからといって、こうした人びとが豊かであるがために、おだてられたり、説き伏せられたりして、偽誓するだろうなどと考えてはいけない。彼らは、宗教的信念によって、さらにまた名誉や信用を尊ぶために、自制するものとの信用をうけている。……

この十五世紀後半におけるイギリス「農民」についてのフォーテスキューの叙述をば、さきに紹介した建国時代のアメリカ合衆国の農民に関するフランクリンの描写と比較してみるとき、われわれの脳裡に浮かぶものはいったい何であろうか。もとより時代の古さに相応して、その叙述や表現には非合理的なものがあり、ことにそうしたたぐいの誇張ははなはだしい[19]。にもかかわらず、そこに何か両者に共通なものを感得しえないであろうか。つまり、独立自由な「中産的生産者」、とくに自営「農民」たちの精神的・物質的な繁栄、そしてそうした社会層の繁栄を根幹として組立てられているところの社会、古めかしい語を用いてみるならば、あのコモンウィールあるいはコモンウェルスである。もとよりこのコモンウィールは、十五世紀のイギリスでは、のちの独立当時のアメリカ合衆国ほどの純粋培養型では現れておらず、また、現れている限りにおいても、フォーテスキュー的な誇張を大きく割引きすることを怠ってはならないであろう。けれども、それにもかかわらず、イギリスで近代資本主義(だから産業資本)が社会的な規模で、また真に変革的な径路をもって、まさに成長を開始しようとしていたあの十五世紀後半には、コモンウィールがともかく押しも押されぬ形で形成されつつあったということは、現在の研究史的成果によって確認されているといってほぼさしつかえあるまいと思う。[20]

(1) ベンジャミン・フランクリンは『奴隷制廃止促進協会』《The Society for promoting the Abolition of Slavery and the Relief of Free Blacks》の会長であった(*The Writings*, X, p. 86 f.)。その他彼が奴隷使役や奴隷売買に言及した文献については、*Ibid.*, X, Index of Places and Subjects のうちの《Slavery》(p.626)という項目を見よ。

(2) われわれはもちろん、この点についても、いっそう根本的な史料について網羅的に検討してみる必要がある。しかし、それが本稿の意図の外にあることは別としても、右に紹介したようなフランクリンの描写が、ある点では粗雑であり、また誇張が見られるにもかかわらず、基本線として正しいものであることは、現在における研究史的成果からしても、ほぼいいえて誤りのないところではなかろうか。ここではそうした文献を詳細に掲げえないけれども、さしあたっては、たとえば、鈴木圭介「アメリカ独立戦争の経済的背景」(論文集『アメリカ経済史研究序説』日本評論社、一九四九年、所収)、小原敬士「アメリカ資本主義の型」(論文集『アメリカ資本主義の形成』時潮社、一九四八年、所収)〔さらに、大塚久雄著作集第六巻、第三部、一〕などを参照。

(3) たとえば Some Good Whig Principles, *The Writings*, X, pp.130-1. なお、そこでは《the whole body of the freemen》という表現も見られる。

(4) たとえば Principles of Trade (J.R.McCulloch, *A Select Collection of Scarce and Val-*

uable Economical Tracts, London, 1859, pp.210–1)、ただし、この論文は通例フランクリンのものとされているが、実は George Whatley の手になったもののようである。Cf.*The Writings,* X, p.264. けれども、フランクリン自身もこの論文を熟知し、かつその趣旨に十分な賛意を表していたというのであるから、右のような引用は必ずしも不当ではなかろうと思う。

(5) たとえば Positions to be examined concerning National Wealth, *The Writings,* V, p. 190 f.

(6) もっとも、フランクリンの同時代人であり深い交際があったとされているアダム・スミス(*The Writings,* X, p.202)やフランクリンに大きな影響を与えたといわれるダニエル・デフォウ(*Ibid.*, p.148 f.)の労作のうちにも、きわめて複雑な形ではあるが、同じものを探し求めることができよう。たとえば、あの《middle station》や《middling and inferior station of life》、またそれに関連する諸観念を想起してみるがよい。しかし、ここではただそれを指摘するに止める。

(7) この一句は Max Weber, Die protestantische Ethik und der 》Geist《 des Kapitalismus, *Gesammelte Aufsätze zur Religionssoziologie,* I, S.73 f.(梶山力・大塚久雄訳『プロテスタンティズムの倫理と資本主義の精神』岩波文庫、上、一一八頁〔一一六頁〕)にも引用されている。なお、Margaret James, *Social Problems and Social Policy during the Pu-*

ritan Revolution 1640–1660, London, 1930, p.303 をも見よ。

（8） M.James, *op. cit.*, p.131.

（9） To my Lord Generall and his Councell of Warr, *The Works of Gerrard Winstanley*, ed. by G.H.Sabine, 1941, p.348.

（10） 《*A Discourse of Common Weal of this Realm of England*》. その初版は、周知のようにW.S. の匿名で一五八一年に公けにされた。現在では、その著者をJohn Hales とするE. Lamond の学説がもっとも有力となっている。ここではその Elizabeth Lamond 編集の Camb. Univ. Press 版（一九二九年）によった（出口勇蔵監訳『近世ヒューマニズムの経済思想――イギリス絶対主義の一政策体系』有斐閣）。

（11） *Op. cit.*, p.14.

（12） *Sermons by Hugh Latimer*, Everyman's Library, p.84.

（13） *The Utopia of Sir Thomas More* (ed. by G.Sampson), p.39 f.（トマス・モア、平井正穂訳『ユートピア』岩波文庫、二六〇―八頁）。

（14） *Op. cit.*, p.75. その他たとえば、R.H.Tawney, *Religion and the Rise of Capitalism*, London, 1926, pp.144 ff.（出口勇蔵・越智武臣訳『宗教と資本主義の興隆』岩波文庫、下、一九頁以下）を見よ。

（15） T.Fuller, *Holy and Profane State*, quoted: R.H.Tawney, *The Agrarian Problem in the Sixteenth Century,* London, 1912, p.35 f.

(16) 『資本論』第一部第二四章。

(17) Sir John Fortescue, *De Laudibus Legum Angliae.* その英訳本として *Sir John Fortescue's Commendation of the Laws of England,* translated by Francis Grigor. その執筆の時期については英訳本の Introduction を見よ。

(18) *Op. cit.*, Chap. XXIX.

(19) フォーテスキューが、当時しばしば見られたように、フランスとの対照において事情をいちじるしく誇張していることは確かであろう(*Ibid.*)。なお James E. Thorold Rogers, *A History of Agriculture and Prices in England,* IV, Oxford, 1882, pp.748-9 を参照。

(20) Thorold Rogers, *ibid.*; W. Cunningham, *op. cit.* のほか、戸谷敏之『イギリス・ヨーマンの研究』御茶の水書房(一九五一年)、二九一三九頁や拙稿「ポスタン「十五世紀」」(『近代資本主義の系譜』後編、大塚久雄著作集第三巻)を参照。さらに、十五世紀がイギリス農民の黄金時代であったというマルクスの古典的規定の存することも想起すべきであろう。「大法官フォーテスキューの著作とトマス・モアの著作を比較してみると、十五世紀と十六世紀の間における間隙が明瞭になる。ソーントンの適切にいうごとくイングランドの労働者階級は一切の中間的過渡段階なしに、その黄金時代から鉄の時代へ転落したのである。」『資本論』第一部第二四章。――なお、フォーテスキューから約半世紀もくだると、イギリス「農民」に関して彼の表現に似た叙述をあまた見出すことができる。その興味あるものとしては、たとえば John Coke, "The Debate between the Heralds of England and France", 1549, *Tudor Economic Documents*, III, pp.1-11 などを見よ。

四

以上の叙述はまことに粗雑なものであるが、ともかく、われわれが問題としていることがらの焦点をある程度まで見通しうるようになったのではないかと思う。それは、こうである。近代社会(=近代資本主義)が社会的な規模で自生的に、すなわち、真に変革的な径路をとって成長を開始するためには、その出発点において、あらかじめ、中産的生産者層のもとに貨幣形態をとった富(トレジャー)の蓄積がある程度まで行われている、という事態が必要だということなのである。が、それは歴史上どのようにして可能であったのか。この点を検出するために、近代社会(ないし資本主義)の発達がもっとも正常かつ典型的であったと思われるイギリスとアメリカ合衆国について、近代化開始の時期における事情を検討してみた結果、われわれはそこに、あのコモンウェルスとよばれる社会関係、そしてそういう社会関係のうえに蓄積されるところの「中産的富の一般的形成」mediocrity of fortune すなわちコモンウィールを見出したのであった。これこそが、経済学でいうところの「民富」Volksreichtum の形成にほかならない。逆にいってみれば、この「民富」(コモンウィール)の形成をまさしく起点として近代社会は全社会的な規模における真に変革的な成長を開始した。つまり、「民富」の担い手たる「中産的生産者層の広汎な形成」(コモンウェルス)を起点として、近代化過程は典型的な展開を見ることになったのである。

さて、われわれは当面のテーマについて一応の結着にまで到達したようであるが、終りに、そうした「民富」なるものの歴史的な性格について、なお二、三の点をとりまとめて指摘しておきたいと思う。

まず、「民富」は封建的な土地所有(＝地主)制度の崩壊過程のうちにそれとうらはらに形成されてくる。したがって古い封建的な土地制度の崩壊が徹底的であればあるほど、その形成と蓄積は順調となる。この事実を逆に見ると、「民富」は封建的な土地所有(＝地主)制度を下から崩壊させながら向上してくる中産的生産者層、それもなかんずく農民層のもとに、彼ら自身の富として形成される[1]ような、いわば「生産者」の富なのである。それは、端的に、彼らのもとにおける新しい生産諸力(つまり労働生産性)の高まりを表示しているといえよう。ところで、この新しい生産諸力の高まりは、とりもなおさず、社会的分業(なかんずく局地内的分業)の一段の進展であって、具体的には商品生産＝流通の進展という形をとって現れてくる。したがって、「民富」は「貨幣」形態をとった富であり、中産的生産者層のもとに蓄積されるところの「貨幣」treasure にほかならない。このことは、さきに見た『イギリス王国のコモンウィールに関する一論』という対話編のなかで、コモンウィールがつねに「貨幣」treasure として表示されているこ(2)とを想起するならば、よくわかるであろう。

「民富」はこのような歴史的条件のもとで形成され、そして、それを歴史的起点として近代化の過程が自生的に、つまり十分な内的必然性をもって進展を開始することになる。これが歴史の法則である。

(1)　この論文の冒頭にかかげた、カニンガムの著書 W. Cunningham, *The Common Weal* からの引用文のうちに見えるように、カニンガムはコモンウィール形成の出発点を一三八一年の農民一揆に求めている。そこには、なにほどかの曖昧さがあるにもせよ、これはきわめて暗示に富むことといわねばならない。さらに一三八一年の農民一揆といえば、そのころその指導者たちの間でひろく知られていたといわれるあのラングランドの詩『農夫ピアズの夢』(Langland, *The Vision of the Piers Plowman*)が想起されるであろうが、その中で、すでにこのコモンウィールという語が、まさに本文で論じてきたような意味合いで現れてくるということも指摘しておかねばなるまい。しかも、それとならんで、それに対応する人民の意識を示すものとしてコモンセンスが、またそれを攪乱する反社会的貪欲を攻撃するために《common whore》という表現さえ見出されるのは、まことに興味深い。Cf. *Piers Plowman*, Everyman's Library, pp.8, 16, 58, 71–2 etc.

(2) 二、三の個所を指摘してみると、たとえば「農民」については、*Op. cit.*, pp.125–31. なお、同様のことがらがフランクリンの文献のいたるところに見出されることは、ほとんど改めて指摘するまでもないほどであるが、前述の二つの小編のほかに、あの「時は貨幣《かね》なり」の有名な言葉の出てくる《Advice to a Young Tradesman》*The Writings*, II, p.370 や、《Hints to those that would be rich》II, p.211, 《The Way to Wealth》III, pp.407–18 などを参照。

Ⅲ　近代化と人間類型

自由主義に先立つもの

「キリストは自由を得させん為に我らを釈《と》き放ちたまへり。然れば堅く立ちて再び奴隷の軛《くびき》に繋がるな」(ガラテヤ書、五・一)。「汝らの召されたるは自由を与へられん為なり。ただ其の自由を肉に従ふ機会となさず、反つて愛をもて互に事《つか》へよ。それ律法の全体は「おのれの如く、なんぢの隣を愛すべし」との一言にて全うせらるるなり」(同書、五・一三―一四)。

一

しばしば指摘されているように、自由主義は暗黙のうちに一つのオプティミズムを前提としている。人間は不合理な束縛から解放されるならば、紆余曲折はあろうとも、結局において、人格の完成を目指しつつ無限に向上しゆこうとする傾向を示すであろう。自発性はおのずから生まれ、適当な知識さえ与えられるならば、おのずから自己の醜い利己的な感性的慾求を押えて、社会的意識に目覚め隣人愛に生きるようになるであろう。そして結局において「公道は水のごとくに正義はつきざる河のごとくに流れる」ようになるであろう。自由主義においては、意識されていると否とはしばらくおき、こうした人間の善意に対する楽観的な信頼——念のためにいうが、この信頼は必ずしもあの人間の人格的尊貴への尊敬と信仰ということと全くの同一事ではない——が前提されているように思われる。

ところで、考えて見ると、われわれはこの数年間これと全く逆の、人間の善意に対する極端に悲観的な態度、いや人間の悪意に対する確信をさえ基調とした精神的雰囲気のうちに生きてきた。この事実は、おそらくセンスのある人々には説明するまでもなく、よくお分かりのことであろうと思うし、またそういえば、おそらく「人間は結局殴らなければ駄目だ、おどかさなければ良いことはしない」というような露骨な表現をさえ、しばしば耳にした経験を想いおこされるであろう。ところが敗戦、そしてポツダム宣言の受諾とともに事情が一変したのである。自由主義は至上命令となった。少々皮肉ない い方をすると、いまや人々の間に自由主義は批判を超えたタブーとさえなりつつある。そして人間の善意に対するあの楽観的信頼が逆に当然の前提とされるようになった。人々は声を大にして「束縛から解放せよ」「殴るな」という。しかも通例は「束縛からの解放」または「殴らぬこと」自体が、それだけで、おのずから人格完成への道を指し示すかのようであり、そこには「肉に従う機会」へと転化しうる可能性など皆無であるかのようである。アンシャン・レジームの不合理な束縛から人々を完全に解放し、自由に言わしめ、自由に行動させるならば、そのことだけでわが民衆はおのずから旧来の陋《ろう》習《しゅう》と人間的低さから脱却し、人格的完成の道を驀進《ばくしん》しはじめるであろう。そうしたオプティミズムが、いまやわれわれを取巻く精神的な雰囲気となりつつあるように思われる。

まことに大きな変化である。しかし、人間の善意に対する窮極における全き不信頼と信頼、こうしたふたつの全く相反した人間観のうち、どちらが正しくまた現実に即したものなのであろうか。筆者の見るところでは、わが国の民衆は、意識的にせよ無意識的にせよ、多くの自由主義的指導者たちの啓蒙的解説に対して、実は半信半疑のていで、このふたつの相反した人間観の間にとまどいしているのが実状であるように思われる。わが民衆はこうした「問題」を抱いている。もとよりそれは、現在民衆の抱いている問題の一つにすぎないであろう。けれども、「自由」が民衆の不滅の光栄であるならば、それはきわめて重要である。であるとすれば、知識人はこの民衆の問題を自己の問題として取り上げる義務があるのではないか。

二

人間は、もし不合理な外面的束縛から解放されるならば、紆余曲折はあれ、おのずからにして人格的向上の道を辿り、結局において、社会的文化水準の上昇と公共的福祉の増大が招来されるであろう。このようなオプティミズムが自由主義の根底に横たわっている。が、われわれは人間性一般に対してこのような楽観的信頼を無批判に寄せてよいものかどうか。また、われわれはこのような楽観的人間観をとって、はたして現実につねに誤りないことを期待しうるかどうか。この問題を解決しようとしてわれわれが採るべき最も確実な道は、まず事実に聴くことであろうと思う。もっとも、事実といえば、われわれにとっては、わが国における、なかんずくこの数年間われわれがじかに経験した事実こそ最も確実なものであるが、それは種々の意味で今後の課題として残しておきたい。むしろ、ここでは、自由主義が世界史上ただ一回きり自生的にかつ健康な姿で成長した近代西欧の史実に照らして考えてみようと思う。

十七世紀のオランダにこんな話が伝えられている。アムステルダムにベイラントと呼ばれる貿易商がいた。当時独立して間もないオランダ(北ネーデルラント連邦)は、なお南ネーデルラント諸州を鉄蹄《てってい》下に置くスペイン軍と軍事的に対立していた。ところで、ベイラントはアントウェルペンにある敵軍に武器や弾薬を供給したのである。これを洩れ知ったオランダの民衆――彼らこそ軍事的＝封建的なスペイン絶対王制に反抗しつつあった当の主体である――は激昂した。非難の矢は彼に集中した。が、そうした世論にこたえてベイラントは昂然とこう語ったといわれている、「商売で利潤を獲るのに地獄へ船を乗入れる必要があるというのなら、たといその火で帆が焼け焦げたって俺は勇ましくやるだろう」と。武器・弾薬を敵軍に供給した云々の事実はここではさしあたり度外視してもよい。むしろ問題となるのは、彼の不敵なまた捨鉢な放言のうちに、自己の個人的利害のためには公共の福祉や、そして隣人愛・友情・公平・公明、およそ内面的・倫理的な諸徳性を敝履《へいり》のように踏みにじって顧みない、またそれらを敝履のように捨て去ることをあえてしようとするむき出しのエゴイズム、そうしたエートスが表明されているということである。そこには、個人的エゴイズムがなんらの束縛もうけることなしに、自由に、ふるまっているのを見るであろう。

ひとはあるいは彼ベイラントのようなエゴイストは例外的な性格であったろうと考えるかも知れない。そして、おそらく、個人的エゴイズムを彼ほど勇敢に露骨に表明した人間が例外であったことは事実でもあろう。しかし、ベイラントがかもし出しているようなエートス(精神的雰囲気)は当時の西ヨーロッパ諸国においても、多かれ少なかれ、類型的に見出されるものだったのである。すなわち、小ベイラントはそのほかにいくらもいたのである。マックス・ヴェーバーは彼らを表現するために、たとえば「政商的廷臣や投機的企業家」「独占的買占人、御用商人、御用金融業者、投機的企業家などの大資本家」「特権的独占の上に立つ商人=問屋的資本主義」(ウェーバー、梶山力・大塚久雄訳『プロテスタンティズムの倫理と資本主義の精神』岩波文庫、下巻、第二章二)などの語を用いているが、さしあたっては次のように言うことができようか。一部特権階級や富裕層の利害だけを念頭におき、「国民の厚生」や「民衆の富裕」——英語の commonwealth や commonweal、オランダ語の gemeenebeste はなによりもまずそうした意味合いをもっている——とりわけ名もない民衆一般の繁栄などいっさいおかまいなく、あるいは買占的独占や投機によって民衆の必需品の価格を釣り上げ、また民衆の勤労の果実である生産物の価格を押し下げ、あるいは貨幣に困窮する民衆を高利貸的金融によって搾取する、さらにまた封建的な政治権力に結びつき、そうした権力の特権的庇護を背景として、民衆の窮乏と顚落《てんらく》をよそに、むしろそれに反比例してあたかも「妊《はら》まざる胎《こ》」[ホセア書、九]のごとくに「飽くことを知らず」利潤の追求に専念する人々、がそれであろう。が、しかし、そうした商人や金融業者のほかにも、たとい利潤追求の形はとらずとも、それと本性上同一のエゴイズムにみたされている人々があることも容易に了解していただけるであろう。つまり当時の西欧においてもベイラント型の人間は、多かれ少なかれ、類型的に見出されたのであり、決して単なる例外ではなかったのである。

それはともかく、右のようなベイラント型の人間の類型的存在を確認したばあい、われわれが当面問題としているところは次のようになってくるであろう。すなわち、ある社会における民衆の決定的な部分がベイラント型の人間であるか、あるいは、少なくともそうした生活原理に対して批判的でなく雷同する小ベイラント型の人間であるばあいに、もし、旧来の伝統的な束縛――たといそれが明らかに不合理なものにもせよ――がすべて取り去られ、個人の「自由」が与えられたとしたならば、結果はどうなるであろうか。はたしてそれだけで紆余曲折はあれ、結局において、民衆の人格的向上と物質的福祉と繁栄がおのずからにして招来されるであろうか。答はもとより明白である。「正直な者は馬鹿な目にあう」であろう。各人の個人的エゴイズムが極度に発揮される結果、おそらく、一部の有能な(?)人々は同輩を凌いであるいは特権的な地位にありつき、あるいは巨富を堆積するという現象は見られるであろう。しかし、名もない民衆一般の物質的福祉(コモンウェルス)の増大や繁栄、さらに彼らの人格的向上などは問題外として放置されるばかりでなく、阻止されるであろう。およそ「建徳的」な精神的雰囲気の欠如する結果は、近代社会を特徴づけるところのあの巨大な生産力＝産業経営体の建設のような、社会的協力と協調を必要とする「事業」も、とうてい期待することができないであろう。＊ともかく、そこから生じてくるのは単に利己心の憚るところなき解放であり、いいうべくんば「エゴイズムの自由」であるにすぎず、したがって真の社会的「自由」はかえって圧殺される。「自由主義」はとうていその予期された正しい効果をもちえないであろう。

＊　際立って事態の明瞭な、したがってある点では極端なばあいを指摘するならば、たとえば、アルベルト・シュワイツェルのアフリカにおける「道徳的」活動に対比しつつ、彼の周辺に群がる原住民たちの精神的雰囲気を観察するのがよいと思う。ともかく、ヴェーバーは前掲書のある個所で、この点に関連して次のような叙述を行なっている。ただし、引用文中の「資本主義」という語は、さしあたって「近代的産業経営」というほどの意味に読んでいただきたい。「資本主義に先立つ時代には――しばしばいわれてきたように――営利衝動(Erwerbstrieb)が未知あるいは未発達であったのでもなく、また近代のロマンティーケルが幻想したように、当時は、auri sacra fames(呪われたる黄金慾)が市民的資本主義の埒外《らちがい》にある人々の間では、特殊資本主義の埒内にある人々に比してより少かったのでもない。……中国のマンダリンや古代ローマの貴族や近世では農場経営地主(おそらくユンカー――引用者)のHabgier(所有慾)は比較に絶したものである。ナポリの馬車屋や船頭、さらに同様な仕事

に従うアジアの人々、また南ヨーロッパやアジアの諸国の職人たちの auri sacra fames は、経験した人には誰にもわかることだが……おそろしく徹底的であり、ことに skrupellos でさえある。市民的資本主義の発達が「立ち遅れて」いる……これらの国々では、利潤追求に際しての利己的振舞の絶対的な Skrupellosigkeit、そうしたものの一般的支配がまさしく固有な特徴をなしていたのである。工場主といえばその誰もが知っているとおり、これらの諸国、たとえばドイツに対比して、イタリアでは労働者たちの coscienziosita の欠如が、そこにおける資本主義の発達を阻止した主要原因の一であり、ある程度まで現在でもそうである。資本主義は訓練のない liberum arbitrium の実行者を労働者として使用しえないのである」(前掲邦訳書、上巻、五二—四頁[五三—五頁]参照)。

このように、ベイラント型ないしは小ベイラント型のエートス(人間類型)が民衆の決定的な——その全体の動向を決定するほどの——部分を占めているばあいには、自由主義は、それ自体どのようにすぐれた原理であろうとも、正しい結果を楽観的に予想することはできない。むしろ、そうしたオプティミズムに対する反証を、当時のオランダだけでなく、世界史は到るところでわれわれに示しているといえる。ところで、十七世紀といえば最も正しい意味での近代的「自由主義」の揺籃期であるが、その頃の西ヨーロッパには、もとよりベイラント型の人々のほかに、それと正に逆の類型に属する人々もまた存在したのであった。実際、そうでなければ、そこを揺籃として近代的な民衆の「自由」や「自由主義」は、あきらかに成長しえなかったであろう。ベイラントは、前述したようにアムステルダムの商人であったが、その頃オランダ連邦においては宗教上二つの教派が鋭く対立していた。一つは自由派《リベルテイン》(アルミニウス派)、他はカルヴァン派(ホマルス派)、そして後者は当時のイギリスにおけるピュウリタンに相当するものであった。ところでこの両者の対立は、現実においては、単に宗教上の対立だけに止らず、政治的・社会的・経済的な諸事情にも深く絡み込んでいた。大づかみにいうならば、一方ではアムステルダムその他の都市に本拠をもつ富裕な封建的＝都市貴族的商人層は自由派(リベルテイン)と絡みあい、他方では民衆の基軸を形づくる中産的な生産者(農民および中小工業者)層はカルヴァン派にしかと結びついていたのである。以上のことがらだけでも、この両派のうちベイラント型人間類型により親近な関係をもつものが前者、すなわち自由派(リベルテイン)であったことはほぼ明らかであろう。もとより、われわれは、自由派(アルミニウス派)の教義がなんらかあのベイラント的エゴイズムを正面から教えたとか、是認したとかいうのではない。むしろ、その反対であって、自由派の教義のなかにも美点の存したことは承認しなければならない。しかし、自由派(寛容派、レッカリッケとも呼ばれた)に見られるところの、あのベイラント的個人的エゴイズムに対する否定的批判の弱さと不徹底、つまりある程度の寛容が結果において都市貴族的商人層を自由派（リベルテイン）に結びつかせ、全体として自由派が都市貴族的商人層の利害を代表して立ち現われることとなったと見るべきであろう。それはともかくとして、これと反対に、カルヴァン派（厳格派、プレシーゼとも呼ばれた）の人々——彼らこそほかならぬあの「預定」の教説をば「戦闘の教会」の旗幟《きし》としてかかげつつ、決然として「悪しきものの道」を歩むを肯《がえ》んじない人々であったことは周知のとおりである——は、あのベイラント的エートス（精神的雰囲気）を真向からかつ徹底的に批判し、その「エゴイズムの自由」に対立して、「良心」による厳格な自己規制を個人の正しい行動基準として、公然と表明していたのであった（これらの社会的背景については、拙稿「ウィルレム・ウセリンクスの眼に映じた東インド貿易」論文集『近代資本主義の系譜』所収、大塚久雄著作集第三巻を参照）。

以上の簡単な史実の指摘だけからでもおそらくすでに明らかであろうと思うが、十七世紀の西ヨーロッパ——それはさきにも指摘したように正しい意味における近代自由主義の揺籃期であった——には、ベイラント型＝小ベイラント型ならぬ、むしろそれとは正に逆のエートス（倫理的雰囲気）を示すような人々が、すでにある程度の強さと広がりをもって存在していたことが分かるであろう。しかもわれわれは、きわめて容易に、十七世紀を中心として幾人かそうした人間類型に属する世界史的個人を数え上げることができる。たとえば、ベイラント輩に先立つこと約一世紀、西ヨーロッパの各地に宗教改革と「良心の自由」の烽火をあげつつあった改革者たち、わけてもマルティン・ルッターとジャン・カルヴァン。さらにベイラント輩がオランダにおいて反動の触手を逞しくしつつある頃、対岸のイギリスにおいて、ピュウリタン革命をとおして、内面に「良心の自由」をもつ人間の建設力(Erbaulichkeit)を世界に顕示し、近代社会の礎石を据えたオリヴァー・クロムウェルやジョン・ミルトンなど。さらに降ってはアメリカ独立戦争や南北戦争のうちに偉業をのこしたジョージ・ワシントン、ベンジャミン・フランクリン、そしてエイブラハム・リンカーン。わが国では例外的「前衛」が存するにすぎないが、たとえば明治二〇年代にくっきりと姿を残している幾人かの人々、内村鑑三、植村正久など。もっともここでもわが国における史実はなお課題として残しておきたい。ともあれ、こうしたベイラント型と正に逆の人間類型――かりにカルヴァン型ないし小カルヴァン型と呼んでおこう――の存在、しかも民衆の決定的な部分、すなわちその全体の動向を決定するほどの部分がカルヴァン型＝小カルヴァン型のエートス(精神的雰囲気)に打ち出されているところ、始めて、「自由主義」が正しくかつ健康な意味で成立し、期待されたとおりの効果をもたらしえたのである。たとえば、カルヴァン派がフランス革命にいたるまで、ついに社会的束縛のうちに圧しひしがれていたオランダと、ピュウリタン革命と独立戦争を経て、ピュウリタンを主体的推進力に民衆一般の動向が決せられていったイギリスおよびアメリカ合衆国と、十七世紀以降における両者の歴史を対比してみるがよいと思う。

三

「公明 rondeur とは、人間に偽りも偽善もなく、内心のままに自分を外に表わすばあい、また神から遠ざかるための何の隠れ場所も持たず人がその心と全思想と全感情とを顕わに示すばあいをいう」。そして「われわれの心は公明でなければならない……」。「神に服従することこそ真の自由！」「自由を欲しないことは「荷騾馬《らば》」「牛」「驢馬《ろば》」であることだ。自由のなんたるかを知らずして飲食だけで満足しているこれらの「肥った賤民」は軽蔑さるべきである」。さらに「人民が公明に統治されること……は望ましい事柄である」。「人民の共通の声に従って〔長官が〕選挙されるとすれば、それこそ最も望ましい状態である」（以上は、E・ドゥメルグ、益田健次・山永武雄訳『ジャン・カルヴァン』四三、二〇二―三頁その他より引用）。こうした語のうちに表明されているところの中心的エートスは何であろうか。ほかならぬ「良心の自由」である。内面的「自由」、これこそがあのベイラント的な「エゴイズムの自由」――それはなんらの「自由」ではなくまさしく「奴隷の軛」だ――と正反対に真の「自由」である。内面に「良心の自由」をもつ人々は、「心を尽し、精神を尽し、思いを尽して神を愛する」であろう。そして「神を愛する」ことは「隣人愛に生きる」ことにおいて全うせられる。しかも隣人とは、家族や身内や知合いなどではなく、むしろ正反対に「善きサマリヤ人の譬話《たとえばなし》」のうちに見られるように、全く見知らぬ人、名もない民衆の最後の一人にほかならぬ。彼らは自己の利己的な感性的欲求、「肉の思い」をひたすら抑制して、民衆一般への隣人愛に心を尽して生きようと努めるのである。

さて、こうしたカルヴァン型＝小カルヴァン型のエートス(人間類型)が民衆の決定的な部分を占め、その一般的動向を方向づけるほどの広がりと強さをもっているばあい――まさしくそうしたばあいに、民衆をあらゆる伝統の不合理な束縛から解放し、彼らにあらゆる外面的「自由」を与えたとすれば、その結果はどうであろうか。このばあいにも答は明白である。読者はおそらく、数年前に邦訳されて、わが国知識人の間に親しまれたアンドレ・モーロアの『英国史』に次のような印象的な一節のあったことを容易に想起されるであろう。それはクロムウェル革命期のイギリスにおいてピュウリタニズムが民衆にあたえた圧倒的な影響を述べた個所であるが、引用してみればこうである。「ピュウリタニズムの教義は、それを信奉する者を著しく剛健にした。ルネサンスの人間が快楽もしくは幸福と呼んだところのものすべてを喜んで犠牲にすることが、人々を謹厳かつ剛毅にした。彼らが罪過を恐れることは非常なものであった。それゆえ彼らは紀律正しい兵士、実直な商人、勤勉な労働者となった。他人に求めるところは、自身に対してもまたこれを求めた。クロムウェル麾下《きか》の老兵たちが後年解雇された時、「彼らのうち一人として浮浪人や野盗の群に入ったものは無かった」。王党派の連中ですら次のように告白している。「正しいなりわいのどの分野においても、彼らは他のもの以上に成功した。彼らのうち一人として窃盗もしくは強盗のかどで告発されたものはいなかった。パン屋なり、石工なり、荷車挽きなりで、実直で、よく働くものがあったら、まずオリヴァーの老兵の一人と思ってたいていは間違いはない」」（アンドレ・モーロア、水野成夫・浅野晃・和田顕太郎訳『英国史』下巻、一二一―三頁）。こうした類型の人々が民衆の決定的部分を占めているところ、自由主義が暗黙に前提しているあのオプティミズムが、なんら正鵠を失することなく、期待される客観的効果を招来しうるであろうことは、もとより明らかであろう。そうした民衆を不合理な伝統的束縛から解放し、彼らに社会的な「自由」をあたえたとすれば、もちろんなんらかの紆余曲折はあれ、結局において、民衆一般の人間的向上と物質的福祉と繁栄はおのずからにして結果するであろう。そしておよそ「利己的」ならぬ、この「建徳的」(コリント前書、一〇・二三—五、一四・一—三三)な倫理的雰囲気の横溢するところ、近代社会を特徴づけるあの巨大な生産力＝産業経営体の建設と正しい経済的繁栄は急調に実現されてゆくであろう。そしてこうしたオプティミズムの正しさに対する証明もまた、世界史は明白な史実によってこれをわれわれに啓示しているのである。たとえばピルグリム・ファーザーズが近代史上にのこした足跡を見よ(これらについては、マックス・ウェーバー、前掲書。および拙稿「マックス・ヴェーバーにおける資本主義の「精神」」『経済学論集』三〇の三、四、大塚久雄著作集第八巻所収、などを参照)。ともあれ、「自由主義」が正しい意味において成立しかつ期待された客観的効果をあげうるためには、その前提として、民衆の決定的部分があらかじめカルヴァン型＝小カルヴァン型のエートス(人間類型)に打ち出されていることが必要である。このことは読者がすでにほぼ了解されたところであろうと思う。

四

さて、「自由主義」が暗黙のうちに前提しているところのオプティミズムが現実にその正しさを証明しうるためには、それに先立つものがなくてはならない。そしてそれは、ほかならぬカルヴァン型＝小カルヴァン型人間類型（エートス）の創出である。まことに「貴きは新しき創造」（ガラテヤ書、六・一五）であって、民衆一般の動向を決定する程の人々がこの人間類型に打ち出されて、始めて、「自由主義」はすぐれた客観的効果を発揮しうる。そうでなくてこの先立つものを欠くときには、ついにかの「エゴイズムの自由」に、すなわちおよそ真の「自由」の全き喪失に結果するであろう。それはさきにも指摘したとおりである。それではカルヴァン型＝小カルヴァン型の類型の人間とはなにか。彼らはその内面に真の「自由」を、「良心の自由」をもっており、これに内から動かされて自己の思想と言論と行動を律しようとする人々である。もとよりカルヴァン型＝小カルヴァン型の人間の内面にもかの「原罪」と「肉の思い」すなわち彼らをたえず誘って、反社会的な行動に出させようとする感性的欲求が深くも根を下ろしてはいる。しかしながら、彼らは「心を尽し精神を尽し思いを尽して」また自己の「体を打擲《ちょうちゃく》して」それを押え、ひたすら「良心」の声に従う内面の「自由」を失うまいと努める。そして隣人愛に生きようとするのである。ともかく、民衆の決定的部分が、こうした、内面に「良心の自由」をもつ人間類型へ打ち出されてゆく、いわば社会的な「新しき創造」を経過して、始めて、自由主義が正しい意味において成立しうるのであり、また事実、近代史上自由主義を正しい姿で産み出した国々においては、その社会ないし民衆が一時期としてのこうした創造と産みの痛苦の時代を経験している。自由主義に先立つものは、まさにこれなのである。ただここで一言付言しておきたいが、こうした時期以降、当初の宗教的熱情と信条はしだいに失われてゆき、「良心の自由」はいまやそうした宗教的内実とはなれ、いわば secularize されつつ、自由主義のレジームを内側から支えている。したがってわれわれもカルヴァン的＝小カルヴァン的人間類型といったキリスト教的内実と結び合っている表現を一応はなれて、もっと一般的な、あるいは secularize された「近代的な人間類型」という表現を用いることとしよう。すなわち、自由主義に先立つものは、ほかならぬ、この近代的人間類型の創造である、と。

ところで、ひるがえってこの事実は、ポツダム宣言受諾によるわが国の平和的再建に対してどのような意味をもつであろうか。「自由主義」は平和再建への一つの道しるべとしていまは至上命令とさえなっている。が、周知のように、この命令は外からきたものであって、内から盛り上がったものではない。そうしたばあい、わが民衆の側にいわば受入態勢としての人間的条件はすでにでき上がっているのであろうか。換言するならば、わが国民衆のうちに右の「先立つもの」はすでに存在しているのであろうか。彼らはすでに近代的人間類型として打ち出されているであろうか。わが国民衆の示す人間類型について詳細には他日を期したいと思うが、大づかみにみてその決定的部分がいまだに近代的なものではなく、むしろ近代「以前」的な段階にあると思われることは、かつて指摘しておいたとおりである（「近代的人間類型の創出」『大塚久雄著作集第八巻』参照）。もとよりわが民衆のうちにも、例外的にいわば「前衛」的な近代人の群を見出すことはできる。しかし、その一般的動向を左右するほどの決定的部分はとうてい近代的な人間類型を示しているとはなしがたく、一般に近代「以前」的であり、しかも古典的な意味においてはいちがいに「封建的」とさえいい切れぬほどに、いっそう古くかつ――歯に衣を着せずに言ってしまえば――低いものを残しているようにも思われる（そうした見解を示唆しているものとしては、たとえば西尾実「ふたりの留学生」『展望』八号。加藤周一「逃避的文学を去れ」『大学新聞』九八八号、一九四六年六月。拙稿「いわゆる「封建的」の科学的反省」『潮流』八号、大塚久雄著作集第七巻）。であるとすれば、自由主義が正しくかつ健全な意味において成立しうるための主体的・人間的条件はまだ殆んど欠如しているといわなければならない。

それでは「われらなにをなすべき」なのであろうか。秩序一般を失わないために、古い人間的・主体的条件に即応して、古いいわゆる美風を可能な限り温存すべきであろうか。否々、まず、世界史の現段階的必然がもはやそうした反動を許さないのであって、そうした方向に向かう限り、わが国の将来はもはや「秤《はか》られて」いるであろう。加うるに、また、ひとがもし「パンのみにて生くるものでなく」さらに「自由」なくしてありえぬものであるならば、とうていこの方向に同意することもできぬであろう。逆にまさしく人間的・主体的条件の変革へ、わが国民大衆のうちにおける近代的人間類型の創出へと向かわねばなるまい。まことに「貴きは新しき創造!」である。それでは、わが国における近代的人間類型の創造は、どのようにしてまたいかなる道によって実現されるであろうか。

思うに、このことはわが国の平和的再建過程における最も緊要な課題の一つであろう。したがって総ての知能と経験を凝集して十分に熟慮されねばなるまい。が、筆者も貧しいながら筆者なりの一つの見通しをもっているので、いま極めて簡単にその要領を述べて結びとしたいと思う。それは、まず最広義における「教育」の問題である。最広義というのは、第一に環境の創出、そうした意味での社会制度の変革を含むことを指している。農地改革、農民組合・労働組合の結成、大いに結構であって、徹底的にこれを行わねばならない。民衆の労働生産性が現在のように低く、このように貧窮であっては、彼らのうちにおける近代的な人間類型の創出などとうてい望みえないからである。第二に「教育」は学校教育というような狭いものでなく、家庭をはじめ社会生活のあらゆる部面において民衆の人間類型の近代化が押しすすめられねばならない。農民組合も労働組合も教育機関とならねばならない。しかしながら、筆者のみるところによれば、それでも、「なお一つを欠く」のであって、第三に、わが国民衆の決定的部分が一時期として魂の奥底から揺り動かされるような内面的体験を経過することが必要である。敗戦であるか。それは確かにきわめて高価ではあるが貴重な経験ではあろう。しかし、それでもなく、もっと奥深い、いわば最広義における Religiosität あるいは faith（丸山真男「ラスキ、信仰・理性および文明」『思想の科学』二号参照）の獲得にほかならぬ。――それでは現在のわが国の平和的再建のためには、いったい、どのような Religiosität を必要とするのであろうか、そうした資格をもつ Religiosität はどのようなものであるのか、また、歴史上特定ないし既知の Religiosität がそうした役割を現在なおはたしうるのであるかどうか、といったことは主観的・客観的のあらゆる側面から十分に検討しなければならぬし、ある程度までなしうるであろう。が、少なくとも、世界史の現実はすでにわれわれに次のことだけは確実に教えていてくれる。自由主義がただ一回きり自主的にかつ健全な姿で展開しえた近代西ヨーロッパ（北アメリカ合衆国をも含めて）において現実にこの役割をはたしたのは、ほかならぬ、禁欲的プロテスタンティズム、なかんずくピュウリタニズムだったのである。

魔術からの解放

一

私は今でもときどき、ふとあの幼児の頃に感じた暗闇の恐怖を想い出すことがある。圧し迫るような、また胸元を締めつけられるようなわけの分からない怖れ、内から突き上げてくる良心の痛みとはまったく異なって倫理的な意味などおよそ伴わないあの非合理的な恐怖感は、おそらく、多くの人々もなお記憶しておられるところであろう。私はいまでもときにこの暗黒の恐怖を想いおこして、記憶の薄らぎのためにあるほほえましさと懐かしさをさえ感じながら、しかも、いまだにあの非合理的な圧迫感に対する憎悪を禁ずることができない。

さて、マックス・ヴェーバーの宗教社会学における基礎概念の一つに「魔術からの解放」Entzauberungというのがある。ある方々はとっくにご承知のことであろうと思うが、一口にいってしまえば、非合理的な心理的束縛から民衆を解き放ち、彼らをして自己の内面から合理的な自発性をあたかも「活ける水のごとく湧きいづる」(ヨハネ伝、四・四―一四)ことをえせしめる過程であって、ヴェーバーはこうした事実を基軸として世界史上における人間類型の、したがってまた社会的生産力の進展を解明しようとしているのである。それではむしろ簡明に「合理化」と言いかえた方がよいではないかと、人々はあるいは考えるかも知れない。そして彼自身もまた場合によってはそうした用語をもちいている。しかし、やはり「合理化」だけではなにか表現しきれないものが残されるようである。私はちょうど『朝日新聞』にこんな記事があるのをみた(一九四六年十月十二日『朝日新聞』「青鉛筆」欄)。面白いから煩をいとわず引用してみよう。

むりやりにお金をくれたがる「福の神」が長野地方のリンゴ村をお歩きになっている。この「福の神」一見修験者風のタダの男だが、秋祭で賑わう農家の庭先を訪れては、まず恭々しくズダ袋の中から拾銭札をとり出してお百姓に与え「ワシは奥山からおりて来た福の神じゃ、この十銭をおふだとして戴けば五穀豊穣、家内安全疑いなし」と経文、呪文とりまぜて物々しい。おがまれたお百姓、まんざら悪い気もしないのでツイ縁先のリンゴの一つも寄進する。十銭の札四、五十枚もあれば紅玉やデリシャスの豪勢なのを一貫や二貫軽く集めるというから、コノ福の神チョット仙人ばなれしている。

この記事を読んで、ただちに分かる二つの確実な事実がある。一つはこの記事を記した記者――どなたか知らないが失礼お許し願いたい――に対しては、こうしたマギーはいっこう効き目がないということ、いま一つは、リンゴを寄進して福の神を喜ばせた民衆に対しては、こうしたマギーが依然として十分に効き目をもっているということである。つまり記者はもとよりこのマギーから解放されている。が、これに反して、民衆がなお一般にマギーの呪縛のうちにあることは明らかであろう。いっそう正確に考えてみると、一人二人の福の神が現われてその時はじめて民衆がマギーに呪縛されるのではなく、平常から彼らのうちにマギーの受入態勢がちゃんと整っている。つけつけいえば、民衆が平常からマギー一般を信じ、いつでも呪縛に応ずるような心理的雰囲気(エートス)のうちに生活している。いわば始めから呪縛されているのである。ヴェーバーはこうした社会を》Zaubergarten《(魔術の園)と呼んでいるが、実によく感じが出ていると思う。

ところで》Zaubergarten《といえば、もとより長野地方のリンゴ村だけではない。あのお百姓さんたちの間だけの出来事としてひとごとのように考えるのは虫がよすぎると思う。東洋社会には到るところにある。われわれの周囲に、身辺に、否われわれの心のうちにも姿をかえ形をかえてひそんでいる(ルカ伝、一四・二〇―一参照)。たとえば、中国の風水《フンシュイ》やわが国の家相を、しかもそれらが民衆のうちに振う「力」の根強さを想起してみるがよい。いちおうマギーを軽蔑し、それから解放されているとみずから信じている人々でも、一たび》Zaubergarten《の雰囲気のなかに置かれると、その魔力に押されてたじたじとする経験を多分もっているであろう。私は数年前一命にかかわるような大病をしたが、その時周囲の人々が代る代る、それ家相が悪いの、それどこの窓をいじったからと忠告を与えてくれたり、また冷静に考えると実にいかがわしい療法を親切に紹介してくれ、しかも、病気のための弱気からでもあろうが、彼らのまじめさと真剣さにしばしば押されがちであったことを想い起こす。しかしながら》Zaubergarten《の見紛うべからざる、したがって、ある点では極端な姿を知ろうと思うならば、なによりも原始社会の、なかんずくそのいわゆる宗教的雰囲気に接するにしくはないであろう。そうした事情について、われわれはさいわいに多数のすぐれた宗教学的・社会学的研究の成果によって教示を受けることができるが、なかんずく、すでにわが国の知識人層にある程度まで親しまれているアルベルト・シュワイツェルのアフリカの原住民に関する叙述をあげておこうと思う(これについては竹山道雄氏および野村実氏の翻訳や紹介、羽仁五郎氏の「人間の死について」『世界』一九四六年七月号などを参照)。読者は、おそらく原始社会においてマギーが民衆の心理的雰囲気のうちで、さらにそれを通じて社会の全機構の上に、いかに強大な「力」を現実に振いつつあるかを知って一驚《いっきょう》されるにちがいないと思う。

さきに私は、「魔術からの解放」Entzauberung という事実を「合理化」という語でもって言い表わそうとすると、そこになおなにか表現しきれないものが残るように思う、といったが、それはまさしく、マギーが単なる無知や愚昧といったものでなく、そのように強大な現実の「力」であるという事実に関連している。つまり「魔術からの解放」は、ただ無知が啓発され愚昧が啓蒙されるといった単なる知性の領域のことがら——もとよりそれがさほど重要でないなどというのではない——にとどまらず、内面的にも、マーギッシュな「力」に対する血みどろな抵抗と戦闘と勝利を意味しているからである。より高い合理的な倫理的「力」による非合理的な魔「力」の圧服を意味しているのである(使徒行伝、八・九—二四、一三・四—一二、その他を参照)。たとえば、次のような詩篇記者の表現はそうした気持を如実に示していないだろうか。

　至上者《いとたかきもの》のもとなる隠れたるところにすまふその人は全能者の蔭にやどらん
我《われ》ヱホバのことを宣《の》べてヱホバは我避所《わがさけどころ》我《わが》城我《わが》よりたのむ神なりといはん
そは神なんぢを猟人のわなと毒をながす疫癘《えやみ》よりたすけいだしたまふべければなり
かれその翅《つばさ》をもてなんぢを庇《おほ》ひたまはん、なんぢその翼の下にかくれん、その真実《まこと》

は盾《たて》なり干《こだて》なり
幽暗《くらき》にはあゆむ疫癘《えやみ》あり昼にはそこなふ励《はげ》しき疫《やまひ》あり、されどなんぢ畏るることあらじ
千人はなんぢの左にたふれ万人はなんぢの右にたふる、されどその災害はなんぢに近づくことなからん
なんぢの眼はただこの事を見るのみ、なんぢ悪者《あしきもの》のむくいを見ん
なんぢ曩《さき》にいへりヱホバはわが避所《さけどころ》なりと、なんぢ至上者《いとたかきもの》をその住居《すまひ》となしたれば
災害はなんぢにいたらず苦難《なやみ》なんぢの幕屋《まくや》にちかづかじ
そは至上者《いとたかきもの》なんぢのためにその使者輩《つかひたち》におほせて汝があゆむもろもろの道になんぢを守らせたまへばなり……
彼その愛をわれにそそげるがゆゑに我これを助けん、かれわが名をしるがゆゑに我これを高処《たかきところ》におかん
かれ我をよばば我こたへん、我その苦難のときに偕《とも》にをりて之をたすけ之をあがめん
われ長寿《ながきいのち》をもてかれを足《たら》はしめ且わが救をしめさん（詩篇、九一）

ともかく、巨匠ヴェーバーはこうした「魔術からの解放」という事実、しかも単なる個々人においてではなく、また単に支配者の内部においてのみ――たとえば古典古代を想え――でもなく、民衆のうちにそれが massenhaft に行われるという事実を基軸として、世界史上における人間類型の、したがって社会的生産力の進展過程を解明しようとしているのであって（たとえばウェーバー、梶山力・大塚久雄訳『プロテスタンティズムの倫理と資本主義の精神』岩波文庫、下巻、二六―七頁〔一五六―七頁〕を参照）、全面的に賛成すると否とを別にしても、それはわれわれのうちに限りない興味をよびさますのである。

二

原始社会においてマギーはもっともひろくかつ深く社会生活をつかみ、むしろそれを覆いつくしている。ところで、マギー（魔術）とはいったい何であるのか。さきにも引き合いに出したマックス・ヴェーバーは、次のように記している。「魔術的（マーギッシュ）な行為は、その原始的な状態においては、現世的な性質のものである。魔術的命令によるもろもろの行為は「地上において汝の幸多く命長からんがために」なされねばならない。……さらに、魔術的な行為はその原生的な姿においては、少なくとも相対的には合理的な行為であって、もとより必ずしも目的と手段の〔関係が明晰な〕それではないが、ともかく経験上の規則に依拠するものである。摩擦によって木片から火花がとび出すのと同様な意味合いで、その道に精通した者の「魔術的」なミミックは天空から雨を誘致する。そうして、摩擦した木片から出た火花も、雨乞師のいんちきによって作り出された雨と全く同様な意味合いで「魔術の」産物なのである。したがって「魔術的な」行為あるいは思考は決して日常的な有目的行為の圏外にあるものではないのみか、とりわけその目的が実に大多数経済的なものだということに注意しなければならない。ただそのばあい、現今におけるわれわれの自然観の立場からして、客観的に「正しい」因果帰属と「誤った」因果帰属を区別しうるのであり、また両者のうち後のものを非合理だとみ、そうした行為を「魔術」Zaubereiとみることができるのみである。魔術的行為を行う者自身が始めは諸現象のもつ日常性の多寡によってこれを区別しているに過ぎない」(Max Weber, *Wirtschaft und Gesellschaft*, 4. Aufl., S.254. 傍点および括弧は原文)。すなわち、マギー(魔術)は最低度の、しかし最低度ながらそれなりの合理的行為であり、とくに合理的な「経済」行為なのである。ただ少しばかりわれわれの補足的説明を付加しておくならば、ここでいう「経済」とは、近代社会にみられるような「生産力」(生産⇅消費)の運動を取巻くところの厖大かつ複雑な媒介的諸契機を含めてのそれではなく、原始社会に見られる単純なそれであり、したがってほとんど「生産力」そのものである。右の引用文中に見られた雨や火がすでにそうであることは特に説明する必要をも見ないであろう。したがって、マギーは最低度の、しかし最低度ながらそれなりの「生産力」であり、一層正確にいえば、そうした最低度の「生産力」を構成するところの主観的契機なのである。

このようにマギーは、それ自体としては、一定の発達段階における「生産力」を表示し、したがってその限りにおいて何ほどかの「合理性」を包含してはいる。しかしながら、右の引用文からでもすでに明らかなように、逆に最低度の「生産力」を表示する限りにおいて、それはひろくかつ深く「非合理性」をも同時に包含せざるをえない必然性をもち、しかもかつ一定の条件の下においては恐ろしく強い「非合理的」な性格さえ帯びて立ち現われうるという可能性をもっているのである。すなわち、マギーはそれ自体としてはともかくも「生産力」として何ほどかの「合理性」を帯びているにもかかわらず、一定の条件の下においてはその「非合理的」な性格が、あるいはそれのみが、きわめて強く前面に押し出され、むしろ怖るべき魔「力」として立ち現われるにいたる。が、それはどのような条件の下においてなのであろうか。われわれはさしあたって、次の二つの点に注意しなければならない。

第一。マギーのうちに含まれている「合理性」が、ともかくも一つの「合理性」であっても、最低度のものであって、したがって近代のそれにみられるような的確な因果帰属の上に立つものではなく、単なる外面的な反覆の見聞に基づく経験的規則(Erfahrungsregeln)に無批判に依拠するに過ぎないことはすでにみたとおりである。したがって「マギーは技術および経済のステレオタイプ化を意味する」(ウェーバー、黒正巌・青山秀夫訳『一般社会経済史要論』下巻、二四六—七頁、傍点は原文)。加えるに、「魔術的なたたりを怖れるためになんらか伝来の生活様式に変革を加えることを極度に忌み嫌う」という心理状態がそれを一層強度化し、その結果マギーはあの伝統主義と呼ばれる「伝統の神聖化、先祖から継承してきたままに行為し経済することのみを目標とする生活態度」(同書、下巻、二三八頁)に、この上もなく強固な根拠を与えることとなる。すなわち、マギーは、ともかくもそれ自身一定度の「生産力」を指し示しながら、しかもその下においてはなんらかの合理化と革新、したがって社会的生産力の進展は極度に阻止されざるをえないという歴史的性格を具えているのである。

第二。以上に述べたような意味において、マギーはそれ自体すでに保守と停滞の原理であるが、それが一定の生産関係、とくに階級関係と絡み合い、支配者層の階級的利害と結びついたばあい、その保守的性格はマキシマムとなり(ウェーバー、同書、下巻、二二三八―九頁を参照)、すぐれて非合理的な魔術的な側面がもっぱら前面に押し出されてくる。周知のように、原始的な無階級社会が消失して以来、人類社会の経済的構造はおよそアジア的・古代的・封建的・資本主義的という継起的発展諸段階を経過しているが、マギーがなににもまして素面の支配力を振るったのは右のうち第一の発展段階であったと思われる。ところで、その段階では「社会構成は家族の拡大たるに止っている」(マルクス＝エンゲルス、古在由重訳『ドイツ・イデオロギー』岩波文庫、二六頁)のであり、社会関係一般が家族関係に擬制されて現われている。歴史的には家族が氏族からまだ十分に分化せず、それを揚棄しきるにいたっていない状態である。そこではすでに家父長的首長・一般成員・奴隷へと社会層の分化が始まってはいるが、社会関係の構成原理はなおあらゆるつながりの自然的・血族的関係への擬制であり、全社会があたかも家族関係の拡充(家族主義!)として立ち現われているのであって、階級関係はとくに親子関係の形によって表示される。そして、そうした社会構成のうちにおいて秩序を支えるところの心理的雰囲気は、ほかならぬ、とくに親子の間柄にあらわれる「家族的恭順」Familien-pietät の精神(家族主義!)であり、それは時として absolut な形にさえ到達する(ウェーバー、世良晃志郎訳『支配の社会学』上、一四三―五六頁参照)。マギーとそれに基づく強固な伝統主義がそのマーギッシュな「力」を最大限度に発揮するのは、実にこうした社会構成のうちにおいてその階級利害に結びついたばあいなのであり、これに応じてすぐれてマーギッシュな「魔術師」Zauberer という社会的範疇もまた、そこにおいてくっきりと姿を現わしてくることになる（ウェーバー、黒正・青山訳『一般社会経済史要論』上巻、一四二頁、その他を参照）。

三

さて、こうした社会構成を支えている氏族＝家族関係が消失しつつ奴隷制社会へと移行し、さらに進んでそのうちから高度なゲノッセンシャフト的共同体が発達することによって封建社会へと上向的に移行してゆくに伴って、マギーはその支配「力」をしだいに弱められてゆく。もとよりマギーは一挙に消失するものではなく、姿をかえつつ長く支配「力」を振い、その名残りは近代にまで及んではいる。が、ともかく、社会的構成が段階的に上向的発展を遂げるに伴って、マギーはしだいに排除されてゆく。これがさきに指摘した「魔術からの解放」Entzauberung の過程なのである。ところで、この「魔術」からの解放過程は、これまたさきに示唆したように、内面的にも外面的にも、坦々たる道ではなく、むしろ歴史上血みどろな抵抗と闘争の過程であった。「人もし我に来りて、その父母・妻子・兄弟・姉妹・己が生命までも憎まずば、我が弟子となるを得ず」（ルカ伝、一四・二六）。「我は火を地に投ぜんとて来れり。此の火すでに燃えたらんには、我また何をか望まん。……われ地に平和を与へんために来ると思ふか。われ汝らに告ぐ、然らず、反つて分争なり。今より後、一家に五人あらば三人は二人に、二人は三人に分れ争はん。父は子に、子は父に、母は娘に、娘は母に、姑嫜《しうとめ》は嫁に、嫁は姑嫜に分れ争はん」（同、一二・四九―五三）。民衆（マッセ）の心のうちに「神の国と其の義」を、そして真の父にある「愛」と「平和」を植えつけようとして、イエスは何故にこのように激しいしかも逆説的な言葉を彼らに投げつけねばならなかったか。その意味をわれわれは十分に反省してみる必要があるであろう（ウェーバー、黒正・青山訳『一般社会経済史要論』上巻、一二八頁、下巻、二四八頁以下その他を参照）。ともあれ、こうした「魔術からの解放」の進展過程のいわば人間的・主体的側面を解明すべき鍵鑰《けんやく》として、マックス・ヴェーバーが「預言」Prophetie と「魔術」Zauber, Magie（ないし「預言者」と「魔術師」）という二つの対抗的な宗教社会学的基礎範疇を提出していることはまことに興味深いことである。が、ここではもとよりその詳しい紹介を割愛しなければならないが（ウェーバー『一般社会経済史要論』下巻、第四章第九節、その他を見よ）以下必要な限りにおいて、少しばかりその要領を記しておこう。

民衆を「魔術」から解放するものは「預言」であり、なかんずく「倫理的」な「合理的預言」であって、その解放の先頭に立つものは「預言者」である。そこで「魔術師」Zauberer と「預言者」Prophet の間に激しい闘争が行われるが、ついに後者が前者を圧倒することによって解放は完成する。が、世界史上この段階的な進行過程は古イスラエルから、ギリシアの合理的思惟と結びつきつつ、原始キリスト教を経て宗教改革にいたる宗教史のうちに正常かつ順調な経過をとっているのをみる。といっても、それはきわめて複雑な道を辿ってはいるが、私のみるところではおそらく次の三段階に要約されうると思う。まず第一段階は、あの古イスラエルにおける預言者運動という独一な Religiosität の昂揚である。たとえば、カルメル山に「農耕の呪神バアル」の偽預言者たちを屠《ほふ》ったヤハウェ（エホバ）の預言者エリア。「我イスラエルの中に七千人を遺さん。皆其膝をバアルに跼《かが》めず、其口をこれに接《つけ》ざる者なり」（列王紀略上、一八・二〇—二〇・一八）。そして、このバアルに膝をかがめない人々のうちから、次々に現われる唯一神ヤハウェの預言者たちはバアル、アシラ、アシタロテ、モロクなどの呪神を完全に悪魔の地位に貶してしまったのである。第二段階は、原始キリスト教における使徒たちの高き Religiosität である。たとえば、自分の足下にひれ伏すコルネリオを引き起こしつつ「立て、我も人なり」と言うペテロ（使徒行伝、一〇・二五—六）、あるいは、ルカオニアで自分たちをゼウス、ヘルメスとよんで犠牲の牛をささげようとした群衆のなかに馳せ入りつつ「人々よ、なんぞ斯《かか》る事をなすか、我らも汝らと同じ情を有てる人なり」と叫んだパウロとバルナバ（同、一四・八―一八）。彼らの創りだす Religiosität のうちにあっては、一方では人間の神化と偶像化が厳に拒否されつつ、他方では「ギリシヤ人にも夷人にも智《さと》き者にも愚かなる者にも」（ロマ書、一・一四）区別なく福音は述べつたえられ、人類は一つと成ったのである。第三段階は、宗教改革における改革者たちによる Religiosität の深化である。たとえば、あらゆる迫害と危険のうちにあって、あの免罪符の販売を黙視しえなかったマルティン・ルッターの罪責感の深刻さと良心の鋭さ。

わたしは言ふ、私を撃つには
　聖書をもてせよ、もしくはせめて
白日のごとき論証をもて。
有謬《ゆうびゅう》の法王、何の権威か。
　聖書に私は縛られてある、
げにわが良心は神の言に。
私は取消をなすべきでない、

またなさうと思はない、良心に
そむきて直き安けさはない……

（藤井武『羔《こひつじ》の婚姻』中篇第二十四歌）

この「良心」の自覚による内面的意識の深化は、さらにジャン・カルヴァンの流れを汲《く》むカルヴィニズムと、そしてバプティズムの絡み合う禁欲的プロテスタンティズムの精神的雰囲気のうちにいたって、ついに徹底化される。たとえば、ジョン・バニヤンの『天路歴程』を想え。そして、ここにいたって「魔術からの解放」はほぼ成就されたのである。「真のピュウリタンは埋葬にさいしても一切の宗教的儀式を排し、歌も音楽もなしに近親者を葬ったが、これは心にいかなる「迷信」をも、つまり呪術的聖礼典《サクラメント》的なものが何らか救いをもたらしうるというような信頼の心を生ぜしめないためであった」（ウェーバー、梶山・大塚訳『プロテスタンティズムの倫理と資本主義の精神』下巻、二七頁〔一五七頁〕）。ピュウリタンにとっては、一切の「呪術」「顔」「儀式」、そうした魔術はすでになんらの魅力でも恐怖でもなく、むしろひたすら憎むべきものと化していたのである。

このように、マギーは古代アジア的な社会構成——この概念規定に関してなお多くの論点が残されていることはもちろんである——のうちにおいて最も本来的な姿をとる。それはまさしく》Zaubergarten《であり、それを構成する民衆の人間類型は押しも押されぬ homo divinans である。が、奴隷制的へ、さらに封建的へと社会構成が段階的に上向・発展するのとまさしく歩調をともにして、民衆のうちに「魔術からの解放」過程はしだいに進展し、そして近代的・資本主義的な社会構成にいたってそれはほぼ完成する。近代社会を構成する民衆の決定的部分は、ただ「貨幣」の Fetischismus を除けば、もはやなんらのマギーを知らず、なにものにも呪縛されるところがない。少なくもマギーは社会事象の決定的起動力とはなっていない。そして、これこそがいうところの「近代的人間類型」にほかならない。

ただここで、いま一つ大切と思われることがらを付記しておきたい。それは、こうした「魔術からの解放」という世界史的過程のうちにあって、本来の姿のままの、あるいはいいうべくんば最も「呪術的な」マギーがまず分解し始めたのち、さらにおよそマギーが払拭しつくされつつ、ついに自由な近代的人間類型がひろく出現するにいたるまでのいわば中間段階においては、マギーはすでにある程度までその呪縛「力」を失いつつも、なお形をかえ姿をかえて相当の支配「力」を維持してきたという事実を看過すべきではない、ということである。そこではマギーは、本来の姿を失い、時にはおよそ「魔術的」とは考え難いような形をとりつつ、しかもそれだけにかえって根強い呪縛「力」を振うのである。こうしたいわば変貌したマギーの具体的な姿はおそらく千変万化といいうるほどの複雑なニュアンスを含んでおり、したがってもとより簡単に捉えることは困難であるが、やや過度と思われるまでに抽象化してみると、わたくしは次の二つの類型がえられるように思う（なお Max Weber, *Wirtschaft und Gesellschaft*, 4. Aufl., SS.124, 550, 590 を参照）。

第一はいわば「人間」のマギー。あるいは「顔」のマギーといった方がよく感じが出るかも知れないが、権威がなんらか「人間」を超える客観的な法則への畏敬に由来するのでなく、逆に特定の感性的な「人間」――念のためにいうが、これは「人格」と正反対のものである――そのものが非合理な権威として民衆を呪縛するのである。極端なばあいは、たとえば、主人の権威の前に立たされた奴隷である。奴隷は彼が奴隷制的人間類型に打ち出されている限り、たとい彼の主人が「立て、我も人なり」と言おうともおのずから主人の前にひれ伏すであろう。いや彼は時には主人に擲《なぐ》られることをすら、主人に近接しえたという意味で、その同輩に誇るというのであって、したがっておそらく、「立ち」上がったばあいにもかえってみずから一個の「顔」と化し、同輩に対して再び非合理的な権威を振うにいたるであろう。

第二は「伝統」のマギー。ここでは権威は、もはや「人間」にではなく、なんらかより客観的な法則には依拠するが、その法則とはまだ「伝統」にほかならない。すなわち、

「良心」の確信に基づく理性的な権威ではなく、いわば「もろもろの古き伝統の神聖とそれによって権威を与えられた人間の正統性への日常的信頼」(Weber, *a. a.* O., S.124)から流れ出るものであるに過ぎない。その権威の根拠——むしろ無根拠——は理性の批判を絶したパリサイ的「言伝」なのである。「禍害《わざはひ》なるかな、パリサイ人《びと》よ、汝らは薄荷《はくか》・芸香《うんかう》その他あらゆる野菜の十分の一を納めて、公平と神に対する愛とを等閑《なほざり》にす、然れど之は行ふべきものなり。而して彼もまた等閑にすべきものならず。禍害なるかなパリサイ人よ、汝らは会堂の上座、市場にての敬礼を喜ぶ。禍害なるかな、汝らは露《あらは》れぬ墓のごとし。其の上を歩む人これを知らぬなり」(ルカ伝、一一・四二―四)。したがって、そこでは、慣習と儀礼と手続きが人倫的価値を僭するばかりでなく、さらに民衆に対してマーギッシュな呪縛「力」として立ち現われる(Weber, *a. a.* O., S.321 f.)のである。たとえば、古典的な西ヨーロッパ的封建社会においても Flurzwang や Zunftzwang その他の慣習的「強制」が農民や職人の上にいかに強い精神的・経済外的支配「力」を振いえたか、また、それが合理的技術の採用や近代的産業経営のための前提条件の成立(たとえばエンクロウジャー)をいかに頑強に阻止しつづけたかを想うべきである。そして、こうした「伝統」のマギーが呪縛「力」を振うような精神的雰囲気のうちにあっては、真に客観的な科学的合理性とそれを内面から支える批判的精神は窒息させられ、ただ批判を知らぬ解釈学的教義学や文献学が学問として支配力を振いうるということも事のついでに付言しておきたい。

四

さて、「魔術からの解放」は他人事ではない。現在わが国の民衆のうちで、どのようなマギーがどの程度に「力」を振るっているかは、おそらく読者がすでにほぼご承知のことと思うが、もとより、あの「福の神」や「家相」に止るものでないことは明らかである。ところで、他方において、わが国の平和的再建が民主主義の方向においてなされねばならぬことは、ポツダム宣言の受諾という世界史的必然もさることながら、いまや国内的にものっぴきならぬ必然的事態となりつつある。しかし、このわが国の民主的再建が単なる魂のない形骸の整備に終らず、真に自主的な本格的な姿で進行するためには、他のいくつかの基礎的諸条件と並んで、民衆のうちにおける「近代的人間類型の創造」が一つの不可欠な前提条件となっていることは、すでに指摘したところである。すなわち「近代的人間類型」の創出の成否如何が、少なくも一つの不可欠な条件として、わが国の平和的再建の成否を、したがってわが国が世界史上再び国際的な名誉を回復しうるか否かを、まさしく、左右することになるであろう。ところで、われわれがすでに見たように「近代的人間類型の創造」は、裏から見れば、あの「魔術からの解放」という世界史過程の最後の一歩であり、その徹底化を意味するものにほかならない。「魔術からの解放」が他人事でないといったのは、まさに、この意味においてなのである。

　このように、現在のわが国の民主的再建過程において、「魔術からの解放」しかもその徹底がのっぴきならぬ必要事となっていることは、おそらく明らかであろう。それに基礎づけられてはじめて、わが国経済の民主的再編制とその物質的土台である近代生産力の構築が可能となるからである。したがって、問題はただ、この「魔術からの解放」の徹底がどのようにすれば現実に効果的に進行しうるか、その方途を歴史的現実に即して合理的に確定することに存すると思われる。

現代日本の社会における人間的状況
——一つの感想風な回顧と展望——

八月十五日が近づいてくると、終戦直後二、三年間のできごとの記憶がしぜんによみがえってくる。といっても、すでに二十年にも近い時の隔たりが記憶のこまかなひだを洗いおとしてしまったし、またその間に、なかんずくいわゆる経済の高度成長の影響によって、われわれ国民の社会的生活の諸条件もいちじるしく変化している。しかし、というよりも、むしろそのために、当時の日本における問題のありかが、かえってわれわれにとって判然としてきたといえないこともない。

そこで記憶の糸をたどってみると、さっそく自分自身のことをもち出してははなはだ恐縮だが、そのころ私は近代的人間だとか、近代的エートスだとか、また近代化の人間的基礎だとかいうことをしきりに論じていた。ときにはそれを、社会変革は少なくとも同時進行的に人間変革を伴っていなければならない、などと表現したこともある。それには当時もちろん好意的な反響もあったが、また他面強い批判もあり、一時は雑誌などをみていると四面楚歌の感じさえあったように思う。そういうわけで、いまでも、ときどきひとに聞かれもするし、自分でも思いかえしてみることがある。なぜ、自分の専門の分野からはみ出してまで、そんなことがらをむきになって論じつづけたのか、と。

その当時はまだある程度漠然としたものを残していた私の問題関心を、現在の地点から見返し、現在の言葉で表現してみると、こういうことにもなるだろうか。一口に言って、一つの新しい思想が民衆をつかみ、いわば肉体化するという事態は、どのようにして開始され、どのように経過するかということであった。

ある与えられた社会的条件、とくに経済的利害状況のもとにおかれた民衆に対して、さまざまの思想的立場から——いわゆる反体制の側からにせよ、あるいは体制の側からにせよ——の呼びかけがおこなわれ、そのうちの一つの思想が、ついに他の立場を凌駕して民衆をつかみとり、いわば肉体化することに成功したとする。そうしたばあい、民衆はその肉体化するのに成功した思想のためにいわば思想的共鳴盤の役割をはたしたという意味で、その思想と民衆の両者は互いに適合的な共鳴関係に立ったということができよう。ここらまでは私にとっても自明だったといってよい。ところが、これをもう少しすすめて、思想と民衆のあいだにこうした適合的な共鳴の関係を成り立たせるものが、ほかならぬ、その民衆のおかれている客観的な経済的な利害関心、そうした外的な状況だといい切ってしまうような立場——それは当時有力だったし、現在でも同じだと思う——に面したときに、私はその前で、どうしても立ち止まらざるをえなかった。というのは、もちろん、両者の共鳴の関係をそう簡単には割切って考えることができなかったからである。

というと、おそらくある人々は民衆のおかれている政治的な支配や関心の状況などの重要性もまたあわせて指摘する必要があると言われるにちがいない。私もまたその見解に決して反対ではない。いや、反対どころではないのだが、当時私が思想と民衆の経済的利害状況の関係をそう簡単に考えることができなかったというのは、実はもっとちがったレヴェルでの問題が、終始念頭にあったからにほかならない。これを現在の私の表現をもってするならば、こうもいいえようか。——民衆に対して呼びかけるある思想と、そしてその民衆のおかれている政治・経済的な外的利害状況とのあいだには、もう一つ重要な中間項として、民衆の内的な関心状況ともよぶべきものがある。われわれの問題意識としては、このものをいっそう前面に押しだすことが緊要である、と。実際のところ、私が終戦直後の二、三年間にエートスとか、人間類型とか、社会変革の人間的基礎とかいった表現をもって、むきになって論じていたのは、いわばこうした民衆の内的な関心状況ともいうべきものにほかならなかった。

そこで、こうした点について、もう少し説明をつづけてみることにしたい。ある思想の呼びかけに応じて、それの社会的共鳴盤としての役割をはたすのは、直接には、決して民衆のおかれている外的な政治・経済的利害の状況自体ではなく、むしろ彼らの内的な関心の状況である。このことも明らかだといってよい。ところで、この民衆の内的な関心の状況も、ある意味では外的な政治・経済的利害の状況によって隅々まで深く規定されており、このことは十分強調されてよいのだが、しかし、そうかといって、前者が後者の単純な反映であるなどと言いきってしまってはいけないというのが、私の言いたいところであった。というのは、こういうことである。

民衆の内的な関心の状況はもちろん外的な利害の状況によって隅々まで規定されているにしても、それはまた同時に、他の諸要因、とくに内的な人間的——知的・情緒的・美的・性愛的・倫理的——諸要因、さらには最広義での宗教的諸要因つまり思想の呼びかけそのものによっても、深く規定されている。そこで、民衆の内的な関心状況なるものは、外的な利害の状況によって規定されているにしても、それは必然的あるいは一義的に決定されるわけではなく、そのほかさまざまな諸要因、とくに人間的な諸要因によってても規定され、さらに思想的呼びかけそのものの衝撃によっても影響と変形をうけながら、それ自体さまざまな構造のものとなる。そして、この、思想と民衆の政治・経済的利害状況の中間に介在する内的関心状況の構造の如何が、ある思想の呼びかけをさまざまに屈折させ陰影を変化させせつつ、外的な利害状況のレヴェルにまで伝える。また逆に、ある外的な利害状況がさまざまな屈折や陰影の変化をうけつつ、思想のレヴェルにまで到達し、そこでさまざまに異なった方向や解釈を伴う表現をあたえられることになる。私にはこのように考えられるのである。

ともあれ、こうしたところから、たとえば次のような事態が生ずることになるといえよう。㈠ある利害状況のもとにある民衆とある特定の思想のあいだには、一義的なあるいは必然的な関係といったものが本来的に存在するわけではない。二つ以上の別々の思想が、ばあいによっては、同一の民衆をつかみとりうる可能性をそれぞれそのうちにはらんでいることがしばしばで、しかも、そのうちのどれが民衆をつかみとるかが、その後の歴史に往々にして重大な影響をおよぼしていること。㈡逆に特定の思想が、ほぼ同一の外的利害の状況のもとにある民衆に対して思想的な呼びかけをするばあいにも、彼らの内的関心の状況の如何によって、あるいは肉体化するのに成功し、あるいはそれに失敗することがありうる。こうしたばあいには、思想にとって、その民衆の歴史的に規定された、独自な、内的関心状況の構造の正確な認識と、ばあいによっては、そうした関心状況の変革の方法（因果関連とその糸口）の発見とが、一つの死活的な重要性をもつことになると考えられること。

実はこの二つのうち、とくに第二の問題点こそが、終戦直後の二、三年間、私が近代的人間類型の創出とか、近代化の人間的基礎とかの、当時あまり熟さない用語法で表現しようとしたものに他ならなかった。さきにもいったが、私のこうした見方には当時かなり強い批判があった。それどころか、私の表現方法の未熟さにもよろうが、たとえば、過去のイギリスを現代日本の理想像として設定し、それとの距離で現在の日本の歴史的位置を計ろうとしているといった類の奇妙な曲解が生じ、それがいまだにひきつづき見られるのは少々残念だが、しかし、私のいいたかったのは案外に簡単なことがらだったのである。㈠まず、内的な関心状況が逆調であるばあい、たとえば、心まで奴隷化されている人々を自立させることとか、また心そのものが共同体的生活様式に埋没しきっている人々に近代的フェア・プレイの精神を注入することなどが、外的な政治・経済的利害状況からの操作だけでは、どんなに困難なことがらであるかということ、これが一つ。㈡いま一つは、内的な関心状況が順調であるばあい、たとえば、外的な経済的利害の状況の極端な不利が見通されるにもかかわらず、「人はパンのみにて生くるものにあらず」とか、「自由か、しからずんば死か」といった行動の仕方が実際に生じえているということ。ともかく、こうしたことが歴史上生起しえたという事実を十分念頭におきながら、われわれ自身の周辺の人間的状況を見きわめていこうではないか、というほどのことなのであった。

さて、いままでおそろしく簡単に述べたことだけからでも、私が何故に民衆の内的な関心の状況とその変革(いわゆる人間変革)の問題をたえず重要視してきたか、ということの理由が、ある程度は分かっていただけたのではないかと思う。こうした意味での民衆の人間類型の問題、ひいては人間変革の問題は、もちろんそれ自体きわめて多面的な問題点を含んでいて、この小論ではもちろんつくしえない。*が、ここでは、終戦直後の状態を思い起こし、また現在の日本社会の状況をかえりみながら、そのうちのただ一つ、しかしいま決定的に重要な一つ、と私には考えられる禁欲(Askese, asceticism)あるいは禁欲的生活態度という問題に少しばかりふれながら、その角度から、現代日本の社会における人間的状況についての展望を簡単に感想風に述べてみたいと思う。

* 残念ながら、寡聞にして、私はこうした問題を取扱った文献に精通していないのだが、少なくとも現在の私の学問的関心を深くとらえているものとして、マックス・ヴェーバーの宗教社会学の諸研究、とくに Max Weber, Religionssoziologie, *Wirtschaft u. Gesellschaft*, 4. Aufl.(最近 E. Fischoff のすぐれた英訳 *The Sociology of Religion* がでた)と Ders., Die

Wirtschaftsethik der Weltreligionen Einleitung u. Zwischenbetrachtung, *Gesammelte Aufsätze zur Religionssoziologie*, I をあげておきたい。

さて、そのようにいったばあい、禁欲あるいは禁欲的生活態度とは、いったいどのようなことがらを指しているのか。実のところ、それに的確な定義をあたえることは現在の私にとって、まだかなり困難な点を含んでいるが、あえてそれを避けることをせず、いわばこのあたりまでは確かだというほどの最小限の定義を試みることで、ここでの叙述をつづけていくことにしたい。というのは、一つには、かつて終戦直後の論考のなかで、無意識的にせよ、私がそれの定義を怠ったために、かなり無用の混乱や誤解をひきおこした責任を感じているからである。

では、禁欲(Askese)とは何か。それは、まず、ただ人間の自然の欲求を抑制し禁圧するということを意味するだけではない。いや、もし自然の欲求の抑制あるいは禁圧ということが消極的な、非行動的な生活態度を連想させることになるとしたら、むしろその正反対のものだと答えた方が正しいように思う。それでは、禁欲はいったいどのような生活態度だと説明すればよいのか。あえて試みると、いちおう次のように定義してよいのではないかと思う。——ある客観的な目的あるいは理想の実現をめざして、そのために自己の精神的ならびに肉体的エネルギーのすべてを集中的に放出しようとする、訓練された生活態度である、と。これを裏側から表現すれば、自己のエネルギーをそれ以外の用途、なかんずく無目的な享楽のために浪費することを極力抑止し禁圧しようとする、訓練された生活態度ともいえようし、またそうした鍛練され、自己抑制・自己統御の内的能力をそなえた人間類型だともいうことができよう。こうした禁欲的生活態度は、合理化の低い段階では呪術的・非合理的なものと結びついて現われたし、また条件によってはある程度まで現在でも非合理的なものと結びつきうる可能性をつねに残しているが、本来的には、すぐれて目的合理的で、組織的・方法的な生活態度をよびおこす性格をそなえているといってよい。また、それはある意味では観想的な生活態度と結びつきえないこともないが(たとえば、とくに知的禁欲のばあい)、本来的には、たえずきわめて積極的・行動的な生活態度に帰結する傾向を示し、その点で禁欲は、およそ正反対に消極的・非行動的な生活態度に帰結する傾向をもつ観想(Kontemplation)と対比されるわけである。

それでは、こうした禁欲的生活態度が、何故に、民衆の内的な関心状況の構造諸要因のなかでも、とくに(現在とくに)重要な意義をおびて現われることになるのか。ここでは説明を簡単にするために、一つの例示として、エルンスト・トレルチが社会思想のレヴェルで試みているルネサンスと宗教改革のみごとな対比を想起することにしたいと思う(トレルチ、内田芳明訳『ルネサンスと宗教改革』岩波文庫)。

彼によると、ルネサンスの知的に洗練された解放の思想は、知識人に対してもつあの魅力にもかかわらず、現実には社会思想としての文化形成力(soziologische Bildungskraft)がいちじるしく弱かったのに対比して、宗教改革の知的にはむしろ粗野な面をふくむ職業の思想は、逆に、古い伝統的束縛の解体においても、新しい近代社会の建設においても、社会思想として無比に強烈な文化形成力を発揮しえたが、それは、ルネサンス思想の方が、伝統的カトリック的な禁欲からの解放は意図したにしても、同時に、およそ禁欲的生活態度をすべて解消させてしまうような方向に作用したのに対して、宗教改革思想は、逆に、禁欲的生活態度そのものを強化したばかりでなく、カトリシズムとは異なって、それを世俗の政治・経済生活自体を指向するようないわゆる世俗内的禁欲の形に変えて、そうした方向に押しだすというふうに終始作用したからに他ならなかった。宗教改革思想のこうした作用の内面的過程は、周知のようにヴェーバーやトレルチによってつぶさに分析されている(とくに、ウェーバー、梶山力・大塚久雄訳『プロテスタンティズムの倫理と資本主義の精神』岩波文庫、下巻参照)。が、ともかく、カルヴィニズムや再洗礼派系諸教派の信徒において一つの頂点に達した世俗内的禁欲と、それに支えられた職業思想は、職人や農民など広汎な小生産者的勤労民衆をみごとにつかみとり、肉体化することに成功したといってよい。それは、こうして彼らを旧来の伝統主義的な束縛の社会的枠組から解放するばかりか、さらに新しい近代社会の枠組の形成のために強力な思想的推進力として作用した。

これに対比して、いまいったようにむしろ一般的反禁欲の色彩を色濃くおびていたルネサンスの解放思想は、その限りで古い伝統主義的束縛からの解放を意図しえたものの、文化形成力としての能動的な行動力や生活力をいちじるしく欠いていた。まず、自由思想的知識人たちはいつしか、商人的都市貴族を通じて、絶対王制の宮廷に寄生していき、しだいに旧秩序の維持の方向に同調していった。というふうに見れば、イギリスのピュウリタン革命のさい、国王側がルネサンス思潮を代表し、議会側が宗教改革的禁欲を代表するという形で現われてくる意味も分かるのではなかろうか。

いや、それればかりではない。ルネサンス的反禁欲は、それが民衆に影響をもつ限りでは、むしろ彼らの文化形成力の成長を阻止し、あるいはその社会的掘進力をいちじるしく弱め、そのことが結局封建的・伝統主義的な束縛の社会的枠組を永続させるに役立ったことは、十七世紀共和国時代のオランダ民衆の動向がその間の事情を生き生きと物語っている。その点は、たとえば、ピーター・ド・ラ・クールやレンブラントの思想的動揺を想起するだけでも、ある程度まで理解できるのではなかろうか。

主としてトレルチによりながら、近代初期のヨーロッパにおける禁欲的プロテスタンティズムのいわば社会思想としての軌跡を、この小論としてはやや不相応なまでにながながと述べてみたのは他でもない。歴史上禁欲的生活態度が、民衆の内的関心状況の一つの構造要因として、思想の社会的掘進力、文化形成力を生みだすのに、どのようにあずかって力があったかということを、あるいは思想が民衆をつかみ肉体化する過程で、禁欲がどのように重要な役割をはたしたかということを、いちおうはっきりと見きわめておきたいからであった。もちろん、禁欲はさまざまな形で——何よりもまず歴史的進歩の側に結びつき、しかし時にはその逆の側にも結びつきながら——その他の国、その他の時代にも存在したし、また相似した条件が存在するかぎり相似した作用をおよぼしてきたにちがいない。が、禁欲の社会的・思想的意義を正確に認識するためには、研究史からいっても、史実からいっても、どうしても最初に禁欲的プロテスタンティズムの問題をいちおう通過しておかねばならないと考えたからであった。

ただ、この点について、さきにもちょっとふれたが、いまだに奇妙な誤解があるように思われるので、ここで一言つけ加えておきたい。私がしばしば禁欲的プロテスタンティズムの史実を範例にとってきたのは、もちろん、近代初期のヨーロッパの事情を現代日本の模範としようとしたり、それとの距離で現代日本の歴史的位置を計ろうとしているのでは、さらさらないのである（ついでながら、私の表現の不備な点についてはお許しを願うとともに、今後この種の誤解はぜひやめにしていただきたいと思う）。そうではなくて、私の意図してきたところは、むしろ、そうした史実の分析を通じて、禁欲の社会的掘進《くっしん》作用、文化形成作用の重要さを知り、かつ、そこから、禁欲に関する一般的な経験法則とでもいうべきものを導き出そうとしたにすぎない。なぜなら、日本を含めて、あらゆる国々において、一定の歴史的条件が存在するばあい、禁欲は現在でも同様な強烈な作用をおよぼす可能性を依然もっていると十分に想定されるかぎり、その現象の分析基準として、そうした禁欲思想とその行動の一般的な経験法則をあらかじめ知っておくことが、どうしても大切だと考えられたからである。

さて、以上のような視角から見るとき、現在の日本社会における人間的状況は、どのようなものというべきであろうか。専門的調査の結果をもってこの問題に十分に答える準備など、いまの私にはもとよりないので、以下一つの簡単な印象的な概観を感想風に記すことをもってそれに代えることを、お許しいただきたい。――明治維新以前の問題もなかなか面白そうだが、それは別として、明治維新以降の日本民衆の生活態度のなかに、すぐれた禁欲精神の伝統がなかったなどとはとうてい言えないように思う。体制あるいは保守の側にも、幕末以来の伝統がある種の禁欲をつたえていて、それが明治期の人々のいわゆる骨を形づくったと考えられるし(たとえば軍隊)、さらに反体制あるいは革新の側には、また別に立派な禁欲精神が躍動していたと言うことができる。たとえば、明治から大正にかけてのプロテスタンティズムにみられたもの。しかし、大正期にプロテスタンティズムにおける禁欲的傾向が色あせはじめたあと、その末期あたりから、それにかわって、広義での社会主義者、あるいはいわゆる革新陣営のなかに禁欲のいちじるしい、むしろ典型的な高揚があらわれたことは、改めて指摘するまでもなかろう。

ところで、戦後はどうか。いわゆる百八十度の転換によって俄かに神聖視されはじめた「自由」の思想は、伝統主義的な旧体制の束縛から民衆を解放したという一面の正しさにもかかわらず、このばあい、あたかもルネサンス思想と同じように、伝統主義的束縛とともに禁欲一般を断罪し、湯水とともに赤子を流しさった嫌いがないではない。私は終戦直後このことを強く感じていたのだが、その感じはいまでは強まるばかりである。そこへいわゆる経済の高度成長とともに、レジャーとか、バカンスとかのよび声に支えられて、シニカルで反禁欲的な享楽的消費の高揚が出現した。ただ、保守の側では伝統主義への郷愁に支えられてある種の禁欲を復興しようとする動き(道徳復興!)がみられなくはないし、また新興宗教のなかにも別種の、これはかなり強烈な禁欲運動の前進がみられるほかは、保守の側でも、革新の側でも、右でも、左でも、いまや禁欲はいたるところ、いちじるしく姿をひそめるにいたったという感じが強い。こうした現状は、おそらく大衆社会現象とひろくよばれているものなのであろう。

さて、私はおそれるのだが、こうした人間的状況のもとで、もしある種の反時代的な非合理的な社会的内実を目ざす禁欲運動――日本では宗教的外被を伴ってくる可能性がある――が出現したとすれば、ばあいによっては、それは無人の野をゆく勢で伸びひろがる可能性もあることは明らかだ、といわねばならない。そこで、こうした動きに対して対応する態度をとろうとするのならば、そしてまた、現在のこうした人間的状況が自由を禁欲一般と抽象的に対立させた思想動向の帰結だとするならば、いまや自由をふたたび禁欲にむすびつけるような思想的立場こそ、今日もっとも緊要なものといえるのではあるまいか。

Ⅳ　資本主義と民主主義

巨万の富
――歴史における富豪と民衆――

一

『アラビアン・ナイト』に「シンドバットの航海」という有名な物語がある。誰しも幼いころ一度はこの物語をよみながら、荷担ぎの貧しいシンドバットと一緒に、怪奇をきわめた冒険譚と航海ごとに集められていく巨万の富に驚きの目をみはったことがあるだろう。内容はむろん空想にみちみちたものであるけれども、こうした物語が作られていったその背景には、なにかああしたやり方で大金持となった冒険商人たちが確かにいたにちがいないと想像される。たとえば、同じ『アラビアン・ナイト』にみえるコジア・ハッサン・アルハバルの物語のはじめで、巨万の富はいったいどうして作られるのか、と二人の青年がたがいに議論しあっているところなどにしても、そうした点を生き生きと推測させてくれてまことに面白い。このような物語はもちろん『アラビアン・ナイト』にだけみられるものではなくて、読者たちは多分、ほかにも幾つかを記憶しておられることだろう。

ところで、こうしたことだけからでも、巨万の富とか、富豪とか、そうした大金持の存在が決して資本主義とよばれる近代社会にのみに特有なものでないことは、容易にわかるはずだと思う。実際大金持は大昔からどこにもいた。商業という営みやそれを手段とする金もうけが「人類の歴史とともに古い」ということは、しばしば指摘されていることだが、どの国のどの時代にも、なんらか貨幣を用いて商取引や金貸がおこなわれる、そうした「貨幣経済」がある程度の発達をとげているかぎり金持はいつでもいたし、そのなかからは、多かれ少なかれ巨万の富を積む大金持も現われたといって大過はあるまい。たとえば、『旧約聖書』をみても、こういう諸句が目につくだろう。

「かれらのなかに東のかたの風俗《ならはし》みち……黄金白銀《こがねしろかね》みちて財宝《たから》の数かぎりなし」（イザヤ書、二・六）。また「禍《わざはひ》なるかな、彼らは家に家をたてつらね田圃《たはた》に田圃をましくはへて余地をあまさず己ひとり国のうちに住《すま》んとす……禍ひなるかな、かれらの酒宴には琴あり瑟《しつ》あり鼓《つづみ》あり笛あり葡萄酒あり、されどヱホバの作為《みわざ》をかへりみず……」（同五・八―一二）。たぶん、ソロモン王の賦役制国家の「栄華」からあと、イスラエルにはこのような傾向が、だんだんと強まっていったのだろう。そののち、「バビロン捕囚」のころから彼らはさらにいわゆる「商業民族」の性格をしだいにおびるようになった。ことに、ローマ軍のためにエルサレムの神殿を完全に破壊されてからあとはヨーロッパの各地に散住し、いわゆる「ユダヤ人」として中世を通じ、今にいたるまで商業や金融の営みと巨万の富をもって知られていることは、とりたてて述べるまでもないことだろう。

古典古代のギリシアやローマでも、ひとの知るように、商業や金融、ひろくいえば貨幣経済が相当顕著な発展をみたが、大金持の名まえも数多く伝えられている。たとえば、紀元前五―四世紀にアテーナイで活動した金融業者パシオンがそうだ。もともと金融業者の奴隷だった彼は、解放されてから独立で金融業をはじめ、金ばなれのよさで人望をあつめて、とうとうアッチカの市民権さえ手にいれた。四世紀の初頭には早くもギリシアで一流の家柄となったが、事業から隠退したときには、莫大な預金をうけいれていたし、ギリシア人の貿易地でもいたるところ無制限の信用をあたえられていたといわれている。そのほか、楯の製造のために、大きな奴隷制マニュファクチャー(エルガステリオン)も経営していたという。目を転じて、発展期のローマも貨幣経済に深く捲きこまれていた。ローマの騎士階級(エクイテース)といえば「かれらの一人の来るところ、いずこでも、万人にとって正義と自由があとを絶った」といわれ、「その貪欲は比較に絶していた」とされる人々だが、キケロの友であり稀代の大金持として知られたアッティクスもそうした騎士階級の出だった。父から莫大な遺産をうけついだ彼は、ことさらに中央の政争をさけてアテーナイに赴き、そこで美学者としての教養にみがきをかけるとともに、大金もうけの思索をもこらした。小アジアやバルカンの辺境地方で土地を買いあつめる一方、たくみに表面を飾りながら、公有地や税金取立ての請負から月三、四分という高利貸などをやって巨富をつみ、しまいには闘技(奴隷に殺しあいをさせる見せ物)の興行者になって闘奴(グラディアトーレス)を養成する学校まで建てた。ローマに帰ってのちは学者と書物蒐集家になりすまし、人目につかぬようにして、莫大な財産の管理をしていたという。ローマには当時こうした富豪が二千人ほどもいたと伝えられている。

　中世のヨーロッパに目をうつしても、一時衰えていた遠隔地間の商業が復活し、さらにいっそう繁栄しはじめるころから、土着の金持の姿もしだいに現われてくる。たとえば、遍歴商人の頭目からついに王様にまで成り上ったサモだとか、無一文の孤児から身をおこして貿易商人になり、しかも蓄積した巨額の富を惜しげもなく捨てさって、修道院に身をかくしたという聖ゴドリックだとかがまず想起されるだろう。時代をくだってルネッサンス期に近づくと、それこそ文字どおりに巨万の富を擁した富豪たちの姿がヨーロッパの各地に続々とあらわれてくる。ルネッサンス期のイタリアといえば、フィレンツェだけでも、幾多の巨商、富豪が数えあげられるが、そのいわば頂点にたつメディチ家の名はおそらくあの絢爛《けんらん》たる美術の粋とともに忘れられることはないだろう。前後してフランスではジャック・クールの姿が目につくし、イギリスでも有名な「ディックと猫」の伝説で知られるリチャード・ウィッティントンそのほかの巨商の姿がでてくる。さらに一時期あとの宗教改革期には、南ドイツのアウクスブルクやニュルンベルクの諸都市が「フッガー家の時代」とよばれる空前の繁栄を現出するが、それらの都市にも巨商、富豪が輩出し、その頂点にたつフッガー家のごときは、イタリアのメディチ家のあとをうけて、まさに一時代全ヨーロッパの金融界に君臨した。しかも、ちょうどこの「フッガー家の時代」が頂点にあるころ、すでに西ヨーロッパの各地では、イギリスやフランス、オランダを先頭として、資本主義経済の初期的な発展が開始されており、時代はいよいよ近代に入りこんでいくのだった。

二

近代以前にも、いや世界史のいたるところに、巨万の富を擁する大金持の姿がみられるということはいま見たとおりだが、いよいよ時代が近代に入って、とりわけ産業革命以後の時代のイギリスやアメリカに目をうつすと、富の集積はもちろん他のどの時代にもかつて見られなかったほどに厖大なものとなり、富豪たちの姿も比べものにならぬほど顕著になってくることは否みがたい。

近代社会――その経済体制は資本主義とよびならわされている――では、貨幣経済が極度にまで発達して社会全体を根底からとらえるにいたったという事実を考えあわせると、このことはきわめて当然な現象だといわねばなるまい。ところが、このように産業革命をすでにすませた、いわば爛熟した近代社会ではなくて、もっと以前の、つまり発生期というか、資本主義の初期的な発展がおこなわれようとしていた頃にさかのぼってみると、こんどは問題は必ずしもそう簡単ではなくなってくるのだ。少しばかり理窟めいてくるが、歴史上の富豪をとりあつかうばあい、どうしてもこの点を素通りにしていくわけにはいかないので、ここでいちおうのメスを入れておくことにしなければならない。

まず問題点をはっきりさせてみよう。近代の西ヨーロッパにみられる資本主義発展の渦中にあって、つねにその波頭にたち、無比に順調なコースをたどったのがイギリスであることは周知のとおりといってもよいだろう。イギリスがときに「資本主義の本場」

などといわれるのもこのためだ。ところがこのばあい、ちょっと常識的に考えると、あの中世末期に輩出したような巨商、富豪たちの姿は、他のどの国よりも、まずこのイギリスで、ますます明らかに前景にたちあらわれ、後になるほどますますその数を増していったと推定するのがいかにも自然に思われるだろう。ところが、事実は全然そうでなく、むしろまさに逆なのだ。そして問題はまさしく、これが歴史上どのような意味をもつのかということにある。

さきにも少しふれたように、中世末期から近世初頭にかけて、イタリアのフィレンツェだとか南ドイツのアウクスブルク、ニュルンベルクは空前の経済的繁栄を現出し、数多くの巨商、富豪たちが歴史の上にその名を止めることになったが、なかでもその先頭にたったのはまずフィレンツェのメディチ家、ついでアウクスブルクのフッガー家だった。十六世紀前半の最盛期、とくに「富豪」と綽名《あだな》されたヤーコプ二世のもとで、フッガー家は押しも押されぬ国際的勢力にまでのし上ってくる。フッガー家の厖大な営みは手びろい商品取引、織物製造や鉱山経営（いわゆる問屋制前貸をも含む）から金融業、とくにいわゆる封建的支配権力への莫大な高利貸付におよび、その金融的威力はまさしく法王庁、神聖ローマ皇帝（ハップスブルク家）をはじめフランスやイギリスの国王の財政を圧したといわれ、史家をして「フッガーのまえにはハップスブルクもヴァロアもテューダーも操り人形にひとしかった」(トーニー)といわしめるほどであった。そればかりでなく、メディチやフッガーともなると、もはや単に大金持というだけではなく、一種の財閥ともいうべき企業構成をさえとっていたことを指摘しておかねばなるまい。最盛期のフッガー家の鉱山経営(問屋制前貸をも含めて)はそれ自体国際的に独占の触手をひろげる一種のトラストであったばかりでなく、銅などの販売にカルテルを結成し、さらにまた数多くの企業——なお合名会社の形をとっていた——を出資と貸付によって支配するコンツェルンの相貌をさえおびていた。

ところで、このようにイタリアや南ドイツ諸都市の繁栄はメディチやフッガーをはじめとして数多くの巨商、富豪を歴史の前面に押しだしたが、そうした繁栄も十七世紀に入るころにはすでに終りをつげ、初期的財閥の姿もその渦巻のなかに消えていった。それと反比例して、いまや経済的繁栄の中心はイギリス、オランダ、フランスにうつり、なかでもイギリスを波頭として資本主義の初期的発展がいよいよ力づよく進行しはじめることとなる。それはそうと、このばあいわれわれの観点からとくに注意をひくのは、いまや資本主義発展の主導的地位にたつようになった国々では、イタリアや南ドイツの事情とまさに逆に、経済的繁栄は巨商型、財閥型の富豪の姿を前景に押しだすことがなかった、少なくともそうした富豪の姿はきわめて影のうすいものだった、ということとなのである。とりわけ、資本主義の発展がいちばん順調だったイギリスで、このことはもっとも目立っている。

もっとも、イギリスにもメディチやフッガーに似た富豪が全然いなかったというのではない。百年戦争が勃発した十四世紀半頃から十五世紀後半の薔薇戦争にいたる頃までのあいだに次々と姿をあらわした成金たち《ヌーヴォー・リッシュ》がそれで、なかでも著名な富豪としては、エドワード三世の財政に寄生し、百年戦争のための軍需品調達でしこたま金もうけをしたハルのウィリアム・デ・ラ・ポウルだとか、「ディックと猫」の物語で子供たちにもその名を知られているロンドンのリチャード・ウィッティントンだとか、これまた百年戦争の末期にランカスター家の財政に寄生したブリストルのウィリアム・キャニングズ兄弟などがあげられよう。リチャード・ウィッティントンにまつわる猫の伝説はそのままの形ではもちろん信じがたいものだが、彼はまさしく実在の人物で、ロンドンの市長として大きな業績を残した。ことに彼については、そのほか南ドイツのアントン・フッガーのばあいと全く相似的な物語さえ伝えられていることは、それがほとんど信じがたいものであるにもせよ、たいへん興味がふかい。——彼は、おそらく市長の職を退くころだと思われるが、騎士に列せられた。その際、感謝の意を表して、国王ヘンリー五世と王妃をギルド・ホールに招待した。くさぐさの饗応を王が賞讃しているうち、ウィッティントンはつと立ち上って小部屋に入り、一束の借用証文をたずさえて現われた。これは、百年戦争のあいだに国王が多くの商人・金貸たちに手わたしたもので、ウィッティントンはいつのまにかそれを肩替りしていたのだった。この上もなく高価なこの燃料は燃える薪のなかに投げこまれた。ようやくその意味するところを知って、狂喜したヘンリー王が「かつて国王でかかる臣下をもった者を聞いたことはない！」と叫んだとき、彼は即座に「臣下にしてかかる国王をもった者もございませぬ」と答えたというのである。——しかし、これらの富豪たちは、フッガーにみるような財閥的構成の相貌をほとんどとることもなく、薔薇戦争の渦巻のうちに消えていくのだった。

三

資本主義の初期的発展が萌芽のまま萎縮し停滞してしまう、中世末期から近世初期のイタリアや南ドイツで、メディチ家やフッガー家などの巨商型、財閥型の富豪が空前といってよいほどの絢爛たる姿を前景に現わしたのに対し、むしろ、資本主義の発展が無比に順調であったはずのイギリスで、そしてまた程度はおとれ、フランスでも、そうした富豪の存在がかえっていかにも影のうすかったのは、いったいどうした理由によるのか。その事情は、さきに見たイギリスの成金《ヌーヴォー・リッシュ》たちが薔薇戦争の渦巻の中につぎつぎに姿を没していく経緯を少しく検討してみると、ある程度までわかる。

「ディックと猫」の物語で知られているリチャード・ウィッティントンが、先輩のジョン・フィルポットやその盟友ウィリアム・ウォールワースのあとをうけて、ロンドン市長の椅子についたのは一三八四年だった。ジョン・フィルポットといえば、海賊の巨魁ジョン・マーサーの討伐のために巨財を投じて私製海軍を編成し、功を争う大貴族たちに対抗して一歩も譲らなかったという豪の者だが、ウィリアム・ウォールワースの事績にいたってはいっそう勇ましい。一三八一年ウォット・タイラーたちの指揮のもとに、イギリスに勃発した大農民一揆は、たちまちにして東部諸州を席巻したうえ、ロンドンをも開城せしめるにいたった。農民たちは直接国王リチャード二世に「農奴の解放」を迫り、王も止むなくこれに同意した、その二度目の会見の折である。群がる農民たちをまえにしながら、単身一揆の最高指導者たるウォット・タイラーをば斬り殺し、鎮圧のきっかけをつくったのが、ほかならぬこの「秩序の友」ウォールワースだったといわれている。

リチャード・ウィッティントン――孤児として貧窮のうちに育ち、貧しい人々に理解の深い「慈善家」として知られるあのウィッティントンは、実は、こうした政治的立場にたつ人々の衣鉢《いはつ》をそのままうけついでロンドン市長の椅子についたのであり、さきにも見たように、彼がその後ランカスター家の諸王にとくに親近の関係に立ったのもそのためだといえるだろう。それはそうと、あの大農民一揆は形の上では農民側の敗北におわり、彼が市長に就任したときにはいちおう秩序も回復されてはいた。しかし、イギリスの歴史は決してウィッティントンたちの希望するような方向には動いていなかった。

農民の反抗はイギリスの各地に根づよくつづけられ、次第に成功を収めていった。種々のジグザグな迂路をもちろんたどりながらだが、いままで農民のうえに重くのしかかっていた賦役(領主のための無償労働の義務)が十四世紀末あたりから比較的軽い貨幣地代にぐんぐんかえられていった。あの地代「金納化」の事実などはその重要な現われだといえよう。農民の地位は高まり、経済的余裕ができてくるにつれて、広い農民層の営みにむすびついて、いまや毛織物工業がイギリスの国民的産業として根づよい発達を開始した。こうした事情に応じてやや性質をかえながら、一四五〇年ジャック・ケイドの指揮のもとにいまいちど大一揆が勃発する。そして、このたびの鎮圧者もこれまた他ならぬ富豪ウィリアム・キャニングズ兄弟だったのだ。一揆はこのたびも形の上では敗北におわった。しかし、このころまでにイギリスの古い「農奴制度」の基礎はすでに完全に揺がされており、農民たちにはいわゆる「黄金時代」が訪れつつあった。そしてキャニングズたちの運命も、こんどこそウィッティントンと異なって、もはやすでに「数えられていた」のだった。農民たちの利益にいっそう結びつこうとするヨーク家の君臨とともに、ウィリアム・キャニングズは次第に圧迫され、ついに自ら修道院のうちに身をかくすほかなきにいたった。そして、テューダー王朝がヘンリー七世の即位によってうちたてられるとともに、イギリスは絶対王制期に入っていく。

「ウィリアム・キャニングズは、プランタジネット王朝治下のイギリスの富豪《マーチャント・プリンス》を代表する者としては、最後の人となった。……プランタジネット王朝を終末にいたらしめた薔薇戦争が、ウィリアム・キャニングズと同様に、多くの商人たちを一挙に追放するにいたったということは紛れもない事実だ」と史家は述べることを忘れていない。

このような事情を背景として、十五世紀のうちに、いままで羊毛の輸出国だったイギリスは毛織物輸出国へと相貌をかえ、またそれに応じて、従来国際貿易に重きをなしていたマーチャント・ステイプラーズ組合(羊毛輸出商)にかわって、マーチャント・アドヴェンチャラーズ組合(毛織物輸出商)が、ヘンリー七世の庇護のもとに歴史の前景に登場することとなる。こうして、イギリス史上に巨大な足跡をのこしたマーチャント・アドヴェンチャラーズ組合はテューダー絶対王制の成立を背景に強固な基礎をうちたてるのだが、しかも、その経緯も必ずしも簡単なものではなかった。まず一四九七年の条例によって、旧来のマーチャント・アドヴェンチャラーズ組合は、廃止こそされなかったが、特権の一部をとりあげられたうえ、一〇マークスの権利金さえ支払えばイギリス人すべてに加入がゆるされることとされた。ついで一五〇五年には、こうして以前よりもいっそう自由な構成をもつにいたった組合に対して、新しい特許状が賦与されることになった。こうしたジグザグな変遷の背後には、さきにみたように農民層にしかと結びつきながら成長してくる毛織物生産者たちの下から突きあげてくる力が容易にみとめられるだろうと思うが、ともかくこの頃のイギリスでは財閥的な構成をとる個人的な富豪の出現がなぜ困難であり、なぜその後商人たちが制規組合《レギュレイテッド・カムパニー》そのほかのギルドの枠に結付けられていったかという理由もわかるだろう。これと反対に、南ドイツではフッガーなどの強大な大財閥の支配におしひしがれて、資本主義の初期的発展のなけなしの萌芽さえも踏みにじられ、その結果国民経済全体が衰退に落ちこんでいったことはいうまでもない。

このようにしてイギリスでは、ひろい農民層とそれに結びついた職人層の「下からの」繁栄は、巨万の富を擁する大富豪の出現を阻止したばかりでなく、さらにすすんで、いまみたようなマーチャント・アドヴェンチャラーズ組合やこれに類する性格の商人たちさえも、次第に足をすくわれて、十七世紀のピュウリタン革命や名誉革命を機に、つぎつぎに姿を没していくこととなった。こうした、ひろい中小の生産者層を基盤として形づくられていく経済的繁栄をイギリス人はコモンウィールとよんだが、イギリスにおける資本主義の無比に順調な初期的発展は、基本線からみれば、実にこのコモンウィールを基盤として行われたものだということができよう。同じことは、すでに早くアダム・スミスが指摘しているように、アメリカ合衆国の初期の経済的発達についてもいうことができる。たとえば、ベンジャミン・フランクリンは、独立当時アメリカに移住しようとするヨーロッパの人々にむかって、合衆国の事情をこう説明したものだった。「ありていにいって、アメリカには、ヨーロッパの貧民のようなみじめな人々もいなければ、ヨーロッパで富豪とよばれているような人々もまずいない。むしろ全般の幸福な中産状態がひろがっており、……たいていの人々は自由に土地を耕作するか、なにかの工業か商業に従事している。……誰人も勤労の収益を確実に享受するが、財産をなにももたぬ者は働かねばならぬし、生活するためには勤労が必要だ」と。こうしたフランクリンの言葉にはもちろんある限定をつけねばならない。――たとえば奴隷制農業をおもえ。――それにしても、当面われわれの問題としているところを実に生き生きと物語ってくれているといわねばならない。

それはそれとして、イギリスでも、アメリカでも、資本主義のいっそうの発展に伴ってこんどはこのコモンウィール、つまり中小の生産者層のなかから、ふたたび、大富豪が現われてくることになる。しかし、それらの富豪の性格はさきにみた近代以前のものとはかなり異なって、直接間接に近代的な大産業の基礎の上に足をおくようになっており、したがっていまや大工場主、大産業資本家といった歴史上全く新しいタイプの富豪がわれわれの目をひくようになる。ことに産業革命はそうした大工場主、大産業資本家の巨姿をつぎつぎに前景に押しだすにいたったが、そうした有名人としては、たとえばイギリスだけをみても、綿業関係ではサー・ロバート・ピール、ウィリアム・ラドクリフ、ジョン・フィールデン、リチャード・アークライトだとか、製鉄関係ではベンジャミン・ハンツマン、ジョン・ウィルキンスン、エイブラハム・ダービー、マシュウ・ボウルトンだとか、容易に数多くあげることができる。さらに、一八七〇年以降の大不況を通過してのち、九〇年代あたりから巨大独占資本のいわば本格的成立期に入ると、イギリスにも、ドイツにも、アメリカにも、いよいよ世界史にかつてその比をみないような大富豪、巨大財閥が姿をあらわしてくることになる。

四

さて、おわりに、経済の歴史のうえで巨万の富はいったい民衆の生活に対してどのような地位を占めてきたのか。もう少しいいかえると、巨万の富の形成は民衆の貧富の問題といったいどういう関係にたってきたのか。こうしたことについて、いままで述べてきたところを少しばかり取りまとめておきたい。

一見したところ、巨万の富の形成は民衆の一定度の富裕を土台としておこなわれ、両者のあいだにはなんらか正比例の関係があるように思われるかもしれない。もちろん、歴史の曙にみられる人類の物質的生活にくらべて現代の勤労民衆の物質的生活の方がいちおうはるかに内容ゆたかであり、またある意味ではそうした事実を前提してはじめて現代の巨大産業経営の形成も可能となっているのだから、世界史の動きをきわめて大づかみに縦に見わたしてみたばあいには、そこになんらかの意味で、両者のあいだに正比例の関係を認めないわけにはいかぬだろう。しかし、観点をかえて、それぞれの歴史時代について事情をもう少し具体的に点検してみると、すでにみたような世界史上の大ざっぱな事実からだけでもだいたい想像できるように、巨万の富はしばしば民衆の生活の向上をよそに形づくられてきたし、むしろ巨万の富の蓄積がしばしば民衆の貧困をもたらし、また民衆の貧困を土台として遂行されてきたという、いわば反比例の関係さえみられるということもほぼ明らかだと思う。その昔イスラエルの預言者が、豪富をつみ貧者をしいたげる金持たちに対してはげしい叱責の声を叩きつけたのもそのためだし、ローマの騎士たちの「比較に絶する」貪慾と致富がそのかげにいかに民衆の貧困を生みだしていったかは、その当時辺境地方で「取税人《みつぎとり》」(プブリカーニ)が人々の呪詛の的となっていたことを考えるだけでも分かるはずだ。ルネッサンス期から宗教改革期のヨーロッパに輩出した巨商、富豪、初期「財閥」のばあい、その代表的人物の行状がしばしば宗教的敬虔や芸術的教養の外被につつまれ、またしばしば慈善家の外観をも呈しているにしても、本質的にローマの騎士たちと異ならぬ方面を具えていたことは見まがうべくもない。たとえば、サヴォナローラがメディチを烈しく攻撃したばあい、また、たとえば、ルッターがヤーコプ・フッガーに対して粗野にすぎると思われるほどの激烈な言葉をなげつけ、「人一代のあいだにこんなに莫大な、国王にもひとしい財産が集積されるというのは公正でも高貴でもありえない」ときめつけたばあい、ひとのいうごとく、そこになにほどか農民的なまた小市民的な視野の狭さがあるにしても、やはりことの真相をついていたといわなければなるまい。じっさい、メディチやフッガーの経済力の磐石の支配に押しひしがれて、イタリアや南ドイツの中小の生産者たちは経済的向上への道をふさがれてしまい、その結果として全体が共倒れ的な衰退に落ちこんでいったということもできよう。

これとはまさに逆にイギリスでは、そして速度こそおとれフランスでも、このような民衆の広範囲な貧困に寄生するような巨万の富の集積はいちはやく阻止され、そのため財閥型の富豪のいちじるしい出現をみることもなかった。そして、その対極に民衆の富(コモンウィール)が形づくられてゆき、そのなかから新しい富豪の姿があらわれてくることになった。そのかぎりで、近代社会――その経済体制は資本主義とよばれている――成立の出発点において、一度は巨富の形成が民衆の富裕度に従属せしめられた、ということができるだろう。いや、敢えていうならば、世界史のうえで或る新しい時代の力づよい発展がはじまろうとするときには、いつでもなんらかの姿で民衆の富の形成がみられたとすべきかも知れない。それはともかく、こうして新たに出発した近代社会においても、もちろん貧富の乖離はふたたび次第に開始された。そして、産業革命にいたってこの乖離は画然たる形をとり、新しい巨万の富がそこここに形作られるようになってきたことは、さきにも触れておいたとおりだ。もちろん、そうした新しい富豪や財閥は種々の点で近代以前のものとは異なった歴史的性格をおびてはいる。しかし、このばあいにも巨万の富と民衆の富裕度とのあいだになんらかの形でふたたび反比例の関係がつよく押しだされてきていることは、もはや見紛うべくもないものとなっている。つまり、歴史のうえからみれば、このようにして巨万の富の形成の問題は他面においてつねに民衆の貧困の問題と深く関連してきているのだ。

民主主義と経済構造

一

およそ考えられるもっとも広い意味に解するとすれば、議会制民主主義なるものは、古代奴隷制や中世封建制に見合うような社会経済的条件のうえにも成立しえた、といえるかも知れない。けれども、一九六〇年の五、六月以降数カ月の間、わが国においてきわめて鋭い形で国民的争点を形づくるにいたったような意味での議会制民主主義――この語を以下こうした厳密な意味に用いることとする――が、近代史の産物であり、社会経済的事情についてみても、すぐれて近代に独自な歴史的諸条件と適合的な関係に立っているということは、ひとまず、自明の事実だといってよいと思われる。

ところで、議論をいっそう具体化して、議会制民主主義はいったい、どのような点で、近代の社会経済的諸条件と適合的な関係に立ったのか、あるいは立つことが可能であったのか――逆の側からいってみれば、そうした社会経済的な諸条件のうち、どのような条件（ないし諸条件）が欠如しあるいは消失するばあいに、両者のあいだの適合的な関係がこわれて、議会制民主主義の成立や存続が本質的に困難な問題に直面することになるのか――といったことがらが問題にされるようになると、事情はまだ必ずしも自明だとは言いがたい。このことは否みがたいように思われる。そこでこの論文では、主として歴史的な観点から、そうした議会制民主主義の存立を支える社会経済的基盤はいったいどのようなものであったのか、そういった問題に――さしあたっては、きわめて概括的な指摘に止まらねばならないが――ともかく分析のメスを加えてみることにしたい。

ところで、そのように、議会制民主主義の存立を支える社会経済的諸条件を歴史的な観点にたって究明してみようとするばあい、そこには大づかみに、次のような、少なくとも二つの重要な局面があるように思われる。その第一は、議会制民主主義の形成期にその動向を支える基盤としての役割をはたした社会経済的諸事情が、そもそもどんなものだったかを、とくに議会制民主主義がもっとも順調に成長した国々のばあいとそうでなかった国々のばあいとの比較のなかから、検出してみること。第二は、議会制民主主義がすでに体制化されている国々で、現代を特徴づけるような新たな経済的諸条件、たとえば資本集中のいちじるしい進展や独占の形成に伴って、議会制民主主義の機能が本質的に困難な事情に逢着するにいたった事情を究明してみること。この二つのうち、私がここで検討してみたいと思うのは、第一の論点である。ただ、現在のわが国においてこうした問題をあえて提出することについては、かなりの反対が予想されないこともない。つまり、資本集中と独占形成のいちじるしく進展をみている現段階では、そうした問題提起はほとんど現実的な意味をもたないのではないか、というのである。

　こうした反論のなかには、もちろん、きわめてもっともな一面も含まれている。けれども、私はいまのところ、それに全面的には、とうてい賛同しえない。この小論でそうした点にまでくわしく立ち入ることは、もちろん割愛するほかはないが、その理由は、要するに、資本集中とか独占とかよばれる現象の社会経済的意味を歴史的にどのようにとらえるか、そうした歴史的理解の相違にかかっている（この点については、さしあたって拙稿「初期独占論」『河西太一郎先生還暦記念論文集』所収、大塚久雄著作集第三巻、を参照されたい）。結局のところ、比較史的な観点からするならば、最新型の資本集中や独占は、現在のわが国の経済において、たしかにきわめて重要な体制的意義をもっているけれども、やはり問題の一半であって、それと独自な仕方で絡みあう他の一半として、かつて西ヨーロッパの一角における議会制民主主義の形成期にみられた独占と相似した事情が、もちろんいちじるしく異なった条件と外観のもとにであれ、なお生きつづけていて、独自な緊張と課題をつくりだしているように私には思われるからである。この小論の背景には、このような歴史的視角が前提されていることを、あらかじめご了承いただきたい。

二

さて、議会制民主主義の形成期にその動向を支える基盤としての役割をはたした社会経済的諸事情は、いったいどのようなものだったか。それを、とくに議会制民主主義がもっとも順調に成長していった国々について比較史的に検討してみようとするとき、さしあたって取り上げられねばならぬのが十七、八世紀のイギリスであることは、ひとまず異論のないところであろう。そこで以上のような問題視角から、そのころのイギリスの社会経済的事情の特徴的な点を析出してみようと思うが、論点を明瞭にさせるために、とくにほぼ同じころのオランダの社会経済的事情と対比しながら、行論をすすめていくことにしたい。

そのばあい、このようにオランダとの対比においてイギリスを見るという方法をとる理由は、さしあたって次の点にあるといってよい。――十七世紀末ないし十八世紀前半のイギリス、オランダ両国にみられる政治形態は、君主制と共和制といった相違を度外視すれば、いわば封建議会の遺制につながる議会制貴族主義ともよばるべき制度を保有している点で、外形上いちじるしく相似していたのであるが、しかも、それにもかかわらず、現実における議会制の社会的機能については、両者は全くといってよいほど異なっていた。すなわち、イギリスのばあいには、議員選挙の現実のあり方にしても、しばしば激発するデモに関連しても、議会制は広汎な勤労民衆、つまり「国民」の利害とすでに深く結ばれつつ、民主主義の実質をみごとに具えはじめていたのに対比して(『思想』四三五号および四三六号所載の、神川信彦「イギリス議会制民主主義の基礎にあるもの」にみえる、きわめて興味ぶかい叙述を参照)、オランダのばあいには、ときにサルタニズムなどとよばれるほどの都市貴族の専制政治に終始し、結局十八世紀末葉のフランス軍侵入による旧体制の揚棄にさいして旧来の議会制が廃棄され、それに代って、フランスのそれと名称を同じくする「国民公会」《De Nationale Vergadering》が出現し、さらに独立回復後、王政のもとで徐々に議会制民主主義が名実ともにうちたてられていくことになったのであった。

こうした議会制貴族主義という外形あるいは外被のもとで、一方では民主主義が進展し他方では阻止される、両国にみられるこのような明暗の相違には、いったい、どのような社会経済的事情が照応していたのであろうか。――われわれは以下、こうした発想にもとづいて、十七世紀末以降、とくに十八世紀中葉におけるイギリスの社会経済的事情の構造的な独自性を、ほぼ同じころのオランダのそれに対比しながら、できるかぎり浮彫りにしつつ、そこから問題を引きだしていこうと思う。

さて、本書、第二部の二「近代社会の生産力的基盤」でもすでに述べておいたところであるが〔本文庫には未収録〕、『ロビンソン・クルーソウ漂流記』の著者としてわが国でもその名が熟知されているダニエル・デフォウには『イギリス経済の構想』*A Plan of the English Commerce* と題する著書がある。その初版は一七二八年に出版されているが、これは「〔若い〕イギリス産業ブルジョアジーの代弁者」(コウル)たるデフォウが、躍進する当時のイギリス経済の現実を分析しつつ、打ちたてられるべき経済政策の構想を述べているもので、そのころイギリスの貿易商人がすでにオランダを押え、まさに七つの海を制圧しおわろうとしている状況に照応して、自国の経済の将来に対するゆるぎない確信を読みとることさえできる。この書物のあちらこちらで、デフォウはそうしたイギリス経済の独自な優越性を説明するために、ようやく衰退の兆のあらわれはじめていたオランダのそれとの比較を試みている。その一部分はさきにも前段、四七―八頁で引用したが〔本文庫には未収録〕、当面の問題を検討するための出発点としてもうってつけのように思われるので、ここでもその叙述をぜひいま一度想起していただきたい。デフォウの記述は、たしかに、あまりにも大づかみであり、また個々の事実認識についても不正確な点がみられる。が、また大づかみであるがゆえに、かえって事態の核心を端的に、かつ生き生きとつかんでいるように私には思われる。そこで、現在における経済史学の研究成果の助けをかりながら、デフォウのいわんとしているところを、私のことばで敷衍しつつ、説明していくことにしよう。

さて、説明の順序として、便宜上まず、デフォウが十八世紀前半のイギリスのいわば対極をなすと考えていたほぼ同じころのオランダのばあいから始めることにしたい。

——当時オランダ共和国の繁栄を支えていた産業構造は、何よりもまず、他国の物産を輸入して、それを別の国に輸出するという、そうした国際的中継貿易のシステムを土台として組立てられているものであった。たとえば、バルト海沿岸地方の穀物やスカンディナヴィア半島の木材、それからイギリス産の毛織物や東ドイツ産の亜麻織物などを自国経由で南欧や新大陸へ、また逆に、イタリア産の絹織物や東邦産の綿織物、極東の香料などのいわゆる植民地物産、さらに新大陸産の金、銀、塩、蔗糖などを自国経由で北欧へ、というような国際的財貨移動の媒介をいとなむ仲立ち商業活動の上に、アムステルダム、ロッテルダムなどの中継港市を中心とする経済的繁栄がうちたてられていたばかりでない。当時ともかくも繁栄しつづけていたさまざまな工業さえも、そうした国際的中継貿易のシステムを土台としてたつものであった。つまり、ある国から輸入され、さらに他の国に再輸出される諸財貨がアムステルダムその他の中継市場に一時ストックされるさい、それに追加的ないし従属的な加工——もとよりさまざまなニュアンスの差違はあるが——をほどこすもので、たとえば、イギリス産の毛織物がアムステルダムやロッテルダムを、また東ドイツ産の亜麻織物がハールレムを通過するさい、染色、漂白、その他消費者の嗜好に適するように仕上げをするとか、新大陸産の蔗糖や煙草を精製するとかいったことがそれであり、北海産の鰊の塩漬、バルト海沿岸地方の穀物を原料とする麦芽製造や醸造、スカンディナヴィア産の木材をもって営まれる製材とか、さらに造船などもそのなかに加えることができよう。

　このように、十八世紀前半におけるオランダ共和国の経済は、国際的中継貿易の拠点をなす諸港市（とくにアムステルダム）の商品取引を起点として、すぐれて対外依存的な商業的繁栄を土台としてうちたてられていたのであって、産業構造、つまり社会的分業の組立てのあり方としては、次のように特徴づけることができると思う。すなわち、オランダ一国をこえた国際的な分業関係のなかに深く捲きこまれ、これを起点に、全産業構造がそうした国際的な遠隔地間の社会的分業を土台としてうちたてられている。したがって主要な工業諸部門は、他国で生産され、別の他国で消費されるような物産の加工、つまりオランダ人のいわゆるトラフィーク工業(加工貿易工業とでも訳すべきか)という性格をおび、農業部面においても、輸出向けの酪農(チーズ製造)などに傾斜して、すぐれて国内民需向きの穀物などは、逆に大量に輸入されねばならない、そうした組立てだったのである。

このことは当然に次のような結果を生むほかはなかった。第一に、経済繁栄の基幹的部分は、広汎な(とくに農村の)勤労民衆の営みから切り離されたところで、むしろ他国の経済循環に絡みこんでいるような、独自な国際的循環をなし、勤労民衆の経済生活は、おのずから別個の従属的循環を形づくる。つまり、二重構造である。そして、これに照応して、都市に中心基盤をもつ商工業の繁栄はたえず勤労民衆のはるか頭上をとおりすぎていき、その結果、とりわけ農村の勤労民衆は恒常的に貧困の中に取り残されているほかはない(これについては、拙稿「オランダ型貿易国家の生成」大塚久雄・高橋幸八郎・松田智雄編著『西洋経済史講座』岩波書店、第四巻、大塚久雄著作集第六巻所収を参照されたい)。第二に、こうして全経済の基幹をなす循環そのものが、根底から対外依存的であるため、おのずから他国の経済状況と利害の如何によって決定的な影響をうけざるをえない。つまり、産業構造としてみれば、国民的自立の喪失であり、そしてこれが、当時の見せかけの繁栄にもかかわらず、やがて国際的競争場裡におけるオランダの敗北、したがって経済的衰退をよびおこす原因となるにいたったことは周知のとおりである。

このようなオランダの事情と対比してみるとき、十八世紀前半におけるイギリス経済の躍進的な繁栄の基盤が、それとまさに対照的な構造的性格をおびていたことは、きわめて明らかである。アダム・スミスはもちろんのこと、当時経済政策の樹立に指導的な役割をはたしていた重商主義者たちがすでに熟知していたように、イギリスの全経済を支える基盤は、何よりもまず、当時イギリスの勤労民衆自身の営みのうちに深い根底をもち、したがって広大な国内市場の土台の上にうちたてられていた。富裕な農村と、とくにその農業から流れでる豊かな購買力を起点として、それに見合うさまざまな工業生産者たちの営みが繁栄し、それらが相互に豊かな市場を提供しあうことによって、国内商業が栄える。そして、それらすべての絡み合いのうちから出てくる国民的生産余剰、つまりいわゆる国民的産業——その典型は毛織物工業——の生産物の輸出を基軸として貿易のシステムが形づくられる。そういう構造的順序のものであった。だからまた、あのオランダ経済の組立てのなかで基軸的な地位を占めている中継貿易——他の国から輸入して別の国に再輸出する国際的仲立ち商業——も、イギリス経済の組立てのなかにあっては、いやその貿易のシステムのみのなかでさえ、まったく逆に、従属的ないし付随的な地位しか与えられていなかった。じっさい十八世紀半頃にいたるまで、国際的中継貿易の分野でイギリスがオランダの後塵《こうじん》を拝しつづけていたことの理由は、まさにここにあったといってよい。ともあれ、このような当時のイギリス経済の組立ての特質を、産業構造、つまり社会的分業の組立てのあり方としてみるならば、おそらく次のようにいってよいだろう。

イギリス経済は、広汎な（とくに農村の）勤労民衆のうちに深く根をおろしつつ成長する、一個の独立の再生産圏を形づくっていた。「イギリスでは経済の元本はすべて自国の内部からでてくる」というデフォウの表現の杓子定規な批評はいまはおくとして、ともかく当時のイギリス経済は、それだけでもかなりの程度まで自給自足の可能な、つまりそれ自身独立した社会的分業の体系をなしていたわけで、したがって対外貿易は、たとえば国民的産業――史家は独立産業ともよんでいる――たる毛織物工業の余剰製品を輸出して、自国内では生産しがたい必需の工業原料や貨幣素材（金・銀）を輸入するというふうに、国内の分業関係の避けがたい不均衡を是正するという関連を基軸に展開され、したがって、いわば自立的な国民的産業構造に対して補充的ないし付随的な地位にたつものであった。だからこそ、オランダとはまさに逆に、貿易のシステムの内部でも中継貿易はまったく周辺的な地位を与えられるほかはなかったのである。ともあれ、そうした点で、当時のイギリス経済は、語のもっともすぐれた意味で「国民経済」を形づくっていたということができよう。

さて、十八世紀前半におけるイギリス、オランダ両国の経済は、ほぼ以上のように際立って異なった産業構造の上に築かれていたといってよいと思うが、このような経済史上の事実認識を前提したうえで、さきにこの論文の冒頭で提出した問題を想起してみると、次のようになるであろう。――当時のイギリス、オランダ両国はともに、政治形態の上で、相互にかなり相似した議会制貴族主義ともいうべき形式をとっていた。しかし、その実状はいちじるしく異なるものであった。オランダのばあい、この議会制を通じて都市貴族の専制的支配が終始維持されつつ、その世紀の末葉にいたってついに解体されることになったのと正反対に、イギリスのばあいには、議会制がすでに民主主義の実質をそなえはじめているばかりか、ますますその方向に進行していった。このような政治形態上の相違は、いままでみてきた両国の産業構造上の相違と深く関連しているものとわれわれには考えられるのであるが、その関連の仕方は、ひとまず、次のように推論してよいのではないかと思われる。すなわち、オランダのばあい、産業構造が前述のようないわば二重構造に分裂していたために、一方の国際的中継貿易を基軸とする都市貴族主導の経済循環と、他方の広汎な(とくに農村地帯の)勤労民衆を基盤として形づくられている経済循環のあいだに、一致した利害の成立がついに不可能であったのに対して、イギリスのばあいには、広汎な勤労民衆を基盤に全経済が一個の「国民経済」をなしており、そのために農、工、商諸部門間に、社会的な分業と協働にもとづく共同の利害がともかくも成立しえたからではないか、と。しかし、このいちおうの推論の意味を、とくに当時のイギリス経済について、もう少し具体的に見極めておくために、いま一度デフォウの興味深い所論を引用しながら行論をすすめていくことにしたい。

三

ダニエル・デフォウが著書『イギリス経済の構想』*A Plan of the English Commerce*, 1728 でおこなっているイギリス、オランダ両国の産業構造の比較は、いま紹介したとおりであるが、この書物で彼はさらに、この両国を含めてヨーロッパ諸国の経済の現勢を判定するために、その判定の基準として自然的ないし正常的に成長する産業構造のモデルを、きわめて興味深い形で、構想している。いうならば、このモデルに近い産業構造をもつ国の経済の成長は速やかで、その将来は明るいのに対して、それから遠い、つまり歪みのいっそう大きい産業構造をもつ国の経済の成長は遅く、停滞におちいりがちで、その将来は暗い。そして前者の典型はイギリスであり、後者の典型はオランダであると、デフォウは考えていたとみてまずまちがいあるまい。そうした意味で、このデフォウの設定する産業構造のモデルは、民主主義の政治的実質を生みだしつつあった十八世紀前半におけるイギリスの産業構造の独自な性格を生き生きと教えてくれる点で、きわめて興味ぶかいものだと思われるから、その大筋をもう少し立ち入って紹介してみることにしたい(くわしくは Defoe, *op. cit.*, Reprint, 1928, pp.15-9 を参照されたい)。

それはデフォウにふさわしく、物語風に平易に語られている。「私は以前、イングランドの南部で新しい一都市を建設するための《Calculation of Trade》(仮りに「経済計画」と訳しておく)なるものを見たことがある。」こう前おきして、彼はその「経済計画」なるものを逐一説明していく。

——まず、ことがらは広大な、未墾の荒蕪地をもつ地主の土地分割とその貸出しからはじまる。地主は、中央に都市建設のための空地を残して、その周辺に、裕福な借地農《ファーマーズ》に貸出すための囲い込み地《エンクロウジャー》の円環をつくりだす。各囲い込み地の大きさは二〇〇―三〇〇エイカー、これをそれぞれ二〇〇―三〇〇ポンドを投資しうる借地農五十人に貸出し、開墾させる。その条件は、(1)二十年間地代不要、(2)家屋その他の建設のために所有地内の材木の無償提供、の二つ。それと同時に、中央の都市予定地に定着して、農業以外のさまざまな職業に従事する来住者の募集をする。その条件は、(1)家屋の大きさに応じて庭畑、果樹畑つきの土地を提供し、十年は地代不要、次の二十年は少額の地代、その後は過大でない定額の地代を徴収する、(2)建築用の材木を無代で供与する、この二つである。

——さて、借地農たちの定着につづいて、(a)まず来住するのは肉屋《ブッチャー》が一人。さしあたっては小屋がけ、ついで家屋と屠殺と食肉販売のための、店舗《ショップ》をたてる。ところで、上記の借地農たちは妻子のほかに一—三人の雇人をもっているから、それだけでは供給不足で、肉屋がさらに二—三人ふえる。(b)つぎに来るのはパン屋が一人、かまどを設けてパンを売る。(c)つぎは蹄鉄づくりの鍛冶屋が一人、荷車、犂、まぐわなどを作る車大工が少なくも二人。また鍛冶屋が二人ほど鉄工所を建て、そのうち裕福な一人は金物問屋となって、建築・家具用の鉄・真鍮製品を作るようになる。(d)こうなると、さらに靴屋が一—二人、靴直しもやる皮細工職人が一—二人、馬具屋が一—二人やってくる。(e)さらに轆轤《ろくろ》職が一人、瀬戸物屋が一人、手袋職が一人、縄職が一人、理髪屋が三—四人、それにたぶん産婆が一人、その他数種の職人がつけ加わる。

——立ちもどって、建築関係についてみると、少なくとも次のような人びとが来住することになる。三人の棟梁大工と一—二人の木挽、彼らの雇職人(すなわち労働者)たち、二―三人の煉瓦積工とその常雇・日雇たち、それから煉瓦やタイルを作る職人が一人。大工のうち一―二人の裕福な者が自力で風車場を建て、人びとの需要をみたすようになる。

――このようにして都市の建設が進むと、食品店がたち、居酒屋《エイル・ハウス》ができ、その数が五―六と増えてくる。そのうちのいくつかは相当な宿屋に成長し、葡萄酒などを飲ませる立派な宿屋さえ姿を現わす。旅館の数は一〇をこえる。そして、このころまでに、地主は都市の中央部の土地を提供して、教会と墓地を建設し、教区と十分の一税の制度を設ける。

――以上述べたところは、太陽が近づけば暖かくなるのと同じように「事物の正常的な道程」the ordinary course of thingsにほかならない。というのは、「借地農《ファーマーズ》たちの定着は、彼らに必需品を供給する商工業者《トレイズメン》を招きよせる。そこに行けば、仕事があることが分かるから」なのだ。

――こうして都市の名がしだいに高まると、商人たちがさらに来住する。一人の食品商《グロウサー》が大通りに店を構え、それにつづいて二―三軒の油品商《チャンドラー》の店があらわれる。さらにそれに隣りあって、薬品商、絹物商《マーサー》、帽子商、毛織物商、婦人帽商の店が一軒ずつできる。こうなると、地主は週一回の週市や年二回以上の大市《フェア》を開く特許状を手に入れる。

このような事情は、手工業者の種類をさらに増大させる。(a) 居酒屋の増加、(b) 共同の醸造施設、(c) それからさまざまな樽をつくる桶屋が一人、白蠟職人が一人、弁護士が二—三人(そのうちの一人が治安判事になる)。このようにして、さまざまな職業《トレイズ》に携わる人々が方々の通りをうずめていく。麦芽場《モールト・ハウス》は二—三とふえ、市民はそこで自分のビールを作る。(d) 外科医が姿を現わす。(e) また、善良な婦人、妻たちが紡ぎ手《スピンナーズ》として糸を紡ぎ、そして麻織布工、毛織布工、麻仕上げ工が現れる。

——「こうして上述のことがらは事物の自然な成りゆきに合致している。このようにして、都市および家族、いや諸国民と諸国家の住民が生まれ、彼らの経済活動《コマース》によって繁栄することになるのだ」と。

——終りに、以上を要約して、デフォウは全人口の職業別一覧表を作成しているので、それを左に掲げてみよう。——

五〇人の借地農とその妻、それから子供を少なくも二人とすると　二〇〇人

それらの借地農がそれぞれ常雇男二人、雇女一人をもっているとすると(二〇〇エイカーでは、それ以下ではやっていけないから)　一五〇人

それぞれ数家族を含む諸種の商・工業を合わせて一四三家族、一家族五人とすると　七一五人

それに加えて外来の雇人、乳母、産婆、馬丁、徒弟など　三三五人

合計　一、四〇〇人

以上紹介したような、デフォウの「経済計画」のうちに示されている経済成長の独自な基本線は、だいたい次のように要約してさしつかえないと思う。まず、出発点は、土地を主要な生産手段とする生産部面、とくに農業から流れでる余剰である。そしてこれを中心ないし起点として、さまざまな工業諸部門が一定の順序をもって、また一定の比例関係を保ちつつ、つぎつぎとそれに組み合わされていく。それらの生産諸部門は、それぞれ商品生産の姿をとって独自な生産物を供給するのみならず、また互いに市場を提供しあい、さらに商業諸部門の媒介活動をも加えて、社会的分業の全規模をいやましに拡大していく。いうならば、相互に一定の構造的な序列と比例関係を保ちつつ、全体として一つの社会的分業の体系としてのまとまりを示しながら規模を拡大していく、商品経済の成長の姿である。デフォウがこうした経済成長の基本線を「事物の正常な道程」とよび、事態がこの基本線に近ければ近いほど成長の展望は大きく、現実には当時のイギリス経済がそうしたものにいちばん近いと考えていたように思えることは、さきにも指摘しておいたとおりである。

こうしたデフォウの見解は、もちろんさまざまな不備を伴ってはいるけれども、それ

にもかかわらず、やはり一つの卓見であって、経済成長における事態の真相を――少なくともそれのある重要な一側面を――正確にとらえているように思われる。この見方の正否については、以下やや立ち入って検討してみることにするが、ともかく、こうした見方からするならば、十八世紀前半のイギリスにおいては、広汎な勤労民衆を底辺に国民経済のほぼ全部面が一つの共同の利害に結び合わされる、そうしたことが可能であるばかりか、また必要でもあったことの歴史的意味が理解できるし、さらにまた、議会制貴族主義の外形のもとで、すでに議会制民主主義の実質が生れつつあった、そうした政治史的事態の経済的基盤を、その構造的意味を、生き生きと看取することができるように思われる。

四

さて、このような一応の想定をもちながら、もう少し問題の根底を掘り起こしていきたいのであるが、そのために、次のような道をとろうと思う。さきに私は、デフォウの見解が、さまざまな不備を伴っているにもかかわらず、ともかくも一つの卓見であり、経済成長における事態の真相を、少なくともそれのある重要な一側面を正確にとらえているように思うといったが、以下予想される反対説に答えるという形で、問題の根底をもう少し掘り起こしておこうというのである。すなわち、こうしたデフォウの見解を卓見だとする見方には、もちろん種々の側面からのさまざまな批判が予想される。その主なもののみを挙げてみても、たとえば単なる局地的な経済建設と国民経済全体のそれとが無雑作に混同されているとか、およそ経済を分業構造や商品交換としてのみとらえ、とくに、決定的に重要な階級関係を大きく見おとしているとか、歴史的にも、理論的にも、多くの欠陥や誤謬がふくまれていることが指摘されるにちがいない。私は、もちろん、そうした批判をいちがいに否認し去ろうなどというのではない。むしろ、そのような種々の欠陥と誤謬にもかかわらず、デフォウの見解のなかには、なお一つの、看過しがたい——しかし近時の経済学的および経済史学的研究ではややもすれば看過されがちの——卓見が含まれており、そして民主主義成立の経済的基盤を問題にするばあいには、どうしても、それを明るみに引き出してくることが必要であるように、私には思われるのである。こうしたことについて、以下、大きく歴史的観点と理論的観点という二つの側面から論及してみることにしよう。

まず、デフォウの見解が、歴史の見方において、当時のイギリスの重商主義者たちと(ばあいによってはスミスとも)相似した、ある根本的な欠陥を含んでいるということは争いがたい。たとえば、彼が経済循環の起点をゆたかな農業余剰に求めていること自体はまったく正しいにしても、その程度にまで豊かな農業余剰は、やはり歴史的に一定の社会的な諸条件の成熟とそれに伴う生産諸力の進展を前提としなければ考えられないものであることを、彼はまったく看過している。しかし、それにもかかわらず、彼が局地的な経済圏と国民経済全体のあいだにアナロジーを設け、そうした前提のもとで、もっとも自然な成長を期待しうるような経済建設のモデルを構想している、そのことまでも、歴史的にみて――そして理論的にみても――無意味なことにすぎないなどと、もし言いきってしまうならば、それには、私はとうてい同意できないのである。私はむしろ、この点こそは、デフォウ自身がどこまで意識的であったかは別としても、ともかくひじょうな卓見だとせねばならないと見るのであって、近時の経済史的研究はそのことをまさに実証しているように思われる。というのは、こういうことである。――

イギリス経済史上の史実が示すところによると、おそくも十四世紀の後半にはイングランドの先進地帯のあちらこちらに、もちろんきわめて局地的な（おそらく数カ村程度を含む）規模のものであるが、デフォウの設定したモデルと根本の性質を同じくするような経済圏の成立がおびただしく見られるようになる。われわれはこうしたものを「局地的市場圏」と名づけてきた（くわしくは前掲『西洋経済史講座』第二巻所収の拙稿「資本主義の発達・総説」(大塚久雄著作集第四巻)、船山栄一「資本主義発達の起点」、山下幸夫「国内市場の形成と商業組織の発達」を参照。またフランスにおける同様な史実については、同巻所収、中木康夫「マニュファクチャーの発達と市場関係の深化」、ドイツのそれについては、同『講座』第三巻所収、松尾展成「封建的危機の経済的基礎」をみていただきたい)。こうした局地的市場圏は、それぞれが拡大するのみでなく、さらに相互に結びあって、いっそう大規模な、しかもなお、デフォウのモデルと根本の性質をひとしくするような「地域的市場圏」へと成長していく。もちろん、そうした現実の市場圏は、デフォウのモデルとは根本の性質を同じくするとはいえ、そのように無矛盾的なものでなく、内部にさまざまな攪乱的要素と不均衡をはらむものであるから、その成長の過程はジグザグであり、しばしば消失や逆転をさえみるのであるが、ともかく、大づかみに言って十六世紀の中葉には、イングランド全体がすでにほぼ三つの地域的市場圏をもって構成されるような状態になっていたといってよい。ところで、そうした地域的市場圏も、さらに大きく統合への動きを示し、十七世紀における再度の革命を経て、いよいよ十八世紀の前半になると、イングランドでは、はやくも全国的規模における統一的国内市場の輪廓ができ上がりつつあったといって、決して誤りではないであろう。つまり、デフォウがその目で見ていた当時のイギリスの産業構造は、彼自身がそう考えたように、全国民的な規模において、彼の構想したモデルにおそらく考えうるもっとも近い形のものになっていた、といってよいのである。

当時のイギリスの重商主義者たち、わけても保護主義政策の実施に指導的役割をはたしたブリティッシュ・マーチャント派の人びとの文献を読むならば、たいした困難もなしに感得できることであるが、彼らが「国民的利益」とよんで、何よりもまず政策的に掩護しようとしたものの社会経済的実体は、まさしくこうした産業構造とその諸環の担い手たち（その先頭には国民的余剰を生みだす国民的産業の生産者たち《artificers》が立っていた）、つまり広汎な勤労民衆を底辺として共同の利害につらなる農・工・商の社会諸層にほかならなかった。そしてまた、当時こうしたブリティッシュ・マーチャント派の保護主義者たちを支持しつつ、自分たちの属する社会層の利害を議会内に反映させる（つまり重商主義的保護政策を実現する）ために、その主要な推進力として、つねに激しい政治的動きを示したのも、こうした広汎な「国民的」な社会諸層にほかならなかった。私がさきに当時のイギリスの産業構造を語のもっともすぐれた意味における「国民経済」だといったのも、こうした意味合いからだったのである。ともあれ、こうした事実を念頭におくと、十八世紀のイギリスで国民主義《ナショナリズム》——もちろん国家主義《ナショナリズム》ではない——と民主主義の展開が手を携えてあらわれていることの歴史的意味も、明らかとなってくるように思う。両者は、さしあたって、いわば一つの根から生えでた二つの幹だったのである。そしてまた、イギリスとはまさに逆に、オランダで議会制貴族主義が都市貴族の専制政治に終始結びつき、ついに十八世紀末葉、勤労民衆を基盤とする国民主義《ナショナリズム》（いわゆる愛国派《パトリオテン》）によって打倒されたのち、かえって民主主義成立への道がきりひらかれるようになることの歴史的意味も、おのずから明らかとなってくるであろう。

なお、事のついでに言及しておくと、議会制民主主義の形成期におけるこうした国民主義《ナショナリズム》と民主主義の内面的な結びつきを、歴史上おそらく典型的に示しているのは、建国期のアメリカ合衆国のばあいではないかと思う。アダム・スミスによって事物のもっとも自然的な径路をへて急速に富裕化しつつあると考えられていた、当時のこの地域では、典型に近い形の局地的市場圏が各地に簇生し、それらが色合をかなり異にする南部をも引き入れながら、しだいに一つの経済圏に統合されゆく傾向を示していた。つまり、全体として一個の、そうとうの程度まで自給自足の可能な、独立の社会的分業の体系を形づくりつつあった。そして、この事実こそが、少数生産部門のみが比例を失して異常な大きさにふくれ上がっていた他の植民地（その典型はモノカルチャー）のばあいと異なって、アメリカ合衆国の独立を可能ならしめた経済的基礎にほかならなかったが、このことに照応して、アメリカ国民主義派《ナショナリスト》経済学——ドイツのフリードリッヒ・リストもその一人に数えられている——の先駆者と目されるテンチ・コックス（Tench Coxe）が、建国直後、独立アメリカ合衆国の経済的基礎たるにふさわしいものとして構想した自立経済のプラン、つまり彼が追求してやまなかった「国民的利益《ナショナル・インタレスト》」の内容も、また、まさしくこうした形で成長する独自な産業構造の強化と助長以外のなにものでもなかったのである。とくに、このコックスのプランなるものは、根本の性質においてデフォウの「経済計画」と相似的であるばかりでなく、いっそう現実的かつ精密である点できわめて興味ぶかい（建国期アメリカの問題については、鈴木圭介「農民層の分解」、宮野啓二「局地的市場圏の形成——アメリカ植民地の場合」、いずれも『西洋経済史講座』第二巻所収、および宮野啓二「Tench Coxe のいわゆる“balanced national economy”について——独立直後のアメリカ合衆国における国内市場の形成」『土地制度史学』八号所収、この三つの興味ぶかい論文を参照されたい）。ともかく、リンカーンの民主主義を支える経済的基盤は、こうした歴史的伝統の系譜をひいて成長してくることになる。

五

そこで、われわれの視点を、さきに言及した問題のいま一つの側面に移してみることにしよう。デフォウの見解にあっては、経済現象のとらえ方が素材的な視点のみに終始し、価値関係への考慮をほとんど欠いていたために、理論上さまざまの欠陥が見いだされるということは、かつて指摘しておいたことであるが（拙稿「重商主義における〈Trade〉の意味について」『古典派経済学研究』矢内原忠雄先生還暦記念論文集、上巻所収、大塚久雄著作集第六巻）、以上見てきたように、彼が社会の経済構造を問題にするさい、もっぱら社会的分業の体系という側面から、つまり産業構造としてとらえるに止まり、階級構造を含めての経済構造という他の重要な側面がほとんど指のあいだから洩れてしまっているのも、そのためだということができよう。もちろん、すでに見たように、彼は地主―雇主―雇人といった社会的諸範疇に言及していないわけではない。けれども、それらは、あたかも商品交換の関係によってつなぎ合わされている社会的分業の諸環であるかのように見なされて、対抗的な分配関係としてはとらえられていない。そしてこれが不当な抽象であり、したがって、理論上の誤謬であることは、現在の社会科学の理論水準からするならば、やはり承認しなければなるまい。が、しかし、そうであるからといって、もしも、さきに見たような、あのデフォウが構想した経済建設のモデルそのものまでも、単なる無意味なものとして捨て去ろうとするのであれば、私としては、やはり反対するほかはない。それどころか、私の評価はむしろ逆で、デフォウのモデルは一定の理論的補正をさえ忘れないかぎり、きわめて有用な現実分析の用具でありうるし、また、とくにわれわれの当面の問題については実にいろいろのことを啓示してくれるように思われるのである。

そのばあい、私のいわんとするところは、大体こういうことなのである。デフォウのモデルでは、たしかに、階級関係は理論的視野の前面に姿を現わしてはこない。けれども、それにもかかわらず、そこでは、階級関係をそのなかから生みだし、さらにそうした階級関係の成長と展開を支えつづけるところの経済的基盤が、とりわけその基礎的な生産力的側面が、はっきりと、しかも、きわめて見事にとらえられているといってよい。その点をもう少し具体的に説明してみると、こういうことになるだろう。一般的にいって、資本主義とよばれる社会構造は商品経済という基盤のなかから生誕し、かつ商品経済の基盤のうえでのみ存続し展開しうるものであるが、しかし、そうした資本主義的経済構造の正常的な展開、あるいは順調な成長の基盤になりうるのは、研究史の示すところによると、およそ歴史上に見出されるどのような種類の商品経済でもよいというわけではなくて、ただ、一定の歴史的性格を具え、独自な産業構造を形づくりつつ進展するような商品経済のみだといわねばならない(『西洋経済史講座』第二巻に所収の関係諸論文を参照)。つまり、デフォウのモデルは、そうした資本主義の順調な成長を支える物質的基盤として、それにもっとも適合的な産業構造のあり方を表示するものにほかならないのである。われわれがさしあたって考察の対象としてきた十八世紀の半頃には、一方ではすでに市民革命を経過したイギリスで、資本主義の順調な成長が産業革命というゴウルをめざして、まさにラスト・スパートに移ろうとしていたのに対比して、他方では、都市商人貴族の専制支配下にあるオランダでは、資本主義の成長がまったくの停頓《ていとん》状態にあったばかりでなく、底力のあるイギリス型産業構造の競争にあって、いまや国民経済全般の衰退さえ始まろうとしていた。デフォウのモデルは、こうした明暗の歴史的分岐の条件と意味を、以上のような意味において鮮かに浮彫りにしてくれるのである。

さて、以上述べてきたような諸事実を考え合わせてみると、われわれにはさしあたって次の二つの重要なことがらが明らかとなってくる。——まず、第一の点。私はさきに、十八世紀半頃のイギリス経済はデフォウのモデルに原理上きわめて近い産業構造をとっており、したがって、語のもっともすぐれた意味で「国民経済」とよばれるにふさわしい相貌をそなえていたことを指摘したが、いまや、それをもう少し別の形にして、こういうふうに言いかえることができるのではないかと思う。すなわち、歴史の教えるところによれば、資本主義経済の成長(したがって経済の近代化)は、それが「国民経済」とよばれるにふさわしい産業構造の土台に立つとき、もっとも順調でありえた、と。

ただし、世界史の現段階では、この点に関連して、デフォウのモデルにもちろんある程度の重要な補正を加えておかねばならない。すなわち、産業革命を経て、生産手段の生産部門が質的にも複雑と重要性をいちじるしく増し加え、とくにそれに伴って金融勢力の巨大な成長がみられるにいたった時期以後については、デフォウがかつて十八世紀前半に構想した産業構造のモデルにみられるような、さまざまな農・工・商諸部門間の序列と比率を、もはやそのままの姿で――デフォウふうにいえば――「自然的」なものとして受けとるわけにはいかない。そこには重要な組みかえが必要となってくるであろう。そうしたことがらについて、ここでは詳しく立ち入る余裕がないが、ただ一つの点にだけ言及しておこう。たとえば、デフォウの時代のイギリスでは、すぐれて消費資料生産部門に属する毛織物工業の製品が「自然的な」国民的余剰として海外に輸出され、それが自立的国民経済の「正常的な」産業構造の存続を保証するものとなっていた。しかし、現段階にあっては、そうした史実からの簡単な類推によって、消費資料生産部門に国民的産業たる地位をただちに賦与することはもはや誤りだといわねばなるまい。

つぎに第二の点。歴史上国民主義《ナショナリズム》と民主主義の発達を、その経済的基盤について検討してみるとき、両者はいわば同じ根から生えでた二つの幹であって、さしあたって互いに助け合いつつ成長をとげていることはさきに指摘したが、以上述べたところからして、いまや、この二つのものにさらに一つを加えて、資本主義、国民主義、民主主義この三者がともに同じ根から出た三つの幹であり、少なくともその形成期には、三者がともかくも互いに絡み合いつつ成長をとげてきた、といいかえてよいのではないか。歴史的にみるとき、この事実認識はかなり重要な意味をもつものと私は考えるが、世界史の現段階にあっては、この点についても、ある重要な補正を付しておかねばならない。というのは、この三者はたしかに一面において互いに助け合いながら成長するけれども、他面において、その間にはしだいに避けがたい亀裂がはらまれてくるからである。とくに、資本主義の発達に伴って進行する階級分化は、国民経済の内部に、かつて資本主義がその羽ばたきの時代に克服していったものとは、まったく別種の利害の分裂を生みだすばかりでなく、ますます増大させる。とくに、事態が資本主義の最新の様相を特徴づける資本の著しい集中や独占の形成にまで立ちいたると、そうした利害の分裂が民主主義にとって原理的に困難な問題を提起するようになることは、周知のとおりだと言ってよかろう。

ただし、この重要な問題についての立ち入った考察はここでは割愛する。が、それは一つには、この問題が他の人びとによってすでにしばしば論及されているように思われるからであり、また一つには、すでに冒頭でもふれておいたように、目前にみるわが国の現実のなかでは、民主主義の形成を支える経済的基盤としての産業構造のあり方が、まだ基本的問題の少なくとも一半として重要な意義をもちつづけているように思われるからである。この小論で、民主主義形成期の問題に叙述をもっぱら集中したのは一つはそうした意味においてであった。

六

おわりに、いままで触れるところのなかったいま一つの重要な問題にも、簡単に言及して、結びとしようと思う。さきに、資本主義発達の(したがって、ひろく経済の近代化の)正常的な過程は、世界的な規模においておこなわれるのではなく、むしろ、それぞれの地域ないし国において、すぐれて「国民経済」という構成をとりつつ進行するものだということについて述べたが、そのことに照応して、資本主義の発達(したがって経済の近代化)はまた、世界的な規模においては、さまざまな国民経済間の絡み合い、対立と競争という情景を展開することになる。しかもそのばあい、不均等発展の同時存在という世界史の法則は仮借なく作用する。そして、各国の国民経済は、それぞれの国内的な歴史的条件を背負い、かつ、スタートの時期を異にすることから生ずるさまざまな発達段階の相違を身におびながら、国際的な対立と競争のなかに入りこむために、そこにさまざまな国民経済の浮沈と盛衰が惹起されることは、近世以降における国際経済の歴史をみるだけでも十分に明らかだろうと思う。つまり、ある国の資本主義の発達は、世界的な規模においては、互いに対立し競争しあうさまざまな国民経済の絡み合いのただ中で、自国の産業構造をたえず正常的な形に保ちつづけうるばあいにのみ順調に進行しうるのであり、また逆に、そうした絡み合いのさなかで、自国の産業構造に歪みを生じ、正常的な形を保ちつづけえなくなるならば、その程度に応じて資本主義の成長が停滞するばかりか、民主主義の形成を支える国民的な共同の利害も失われ、さらにひいては、国民経済そのものが自立性を喪失して、徐々にあるいは急激に、全般的な経済的衰退を招来することになる、というのである。

ところで、そのようなばあい、産業構造の歪みを惹起する直接の原因が国際的な対立と競争の関係そのもののうちに見いだされることはもちろんであるが、しかしまた、それぞれの国民経済内部の歴史的条件、とりわけ独自な階級構造に深く根ざす諸事情がいっそう根本的な原因として、しばしば重要な問題を形づくっていることも看過しがたい(1)。が、こうした点は、ここでの問題とはいちおう異なった観点からの取扱いを必要とするので、立ち入った論及はいまは割愛し、問題の所在を指摘しておくに止める(この点については、拙稿「オランダ型貿易国家の生成」『西洋経済史講座』第四巻、大塚久雄著作集第六巻所収、を参照されるならば、ある程度の示唆がえられるはずである)。けれども、ただ次の事実だけは想起しておきたいと思う。かつてドイツのフリードリッヒ・リストが、国民主義の立場にたって、古典派経済学に由来するコスモポリタン的国際分業論とそれにもとづく安易な自由貿易論の主張に反対し、自国についてはむしろより古い重商主義の経済政策に愛着を示したとき、彼の問題意識の奥底には、ドイツ国民経済の自立を基礎づけうるような「正常的な」産業構造の創出と維持という志向が厳存していたということは、彼の書き記したものからも十分に推論が可能である。そしてまた、この点から、彼が若いドイツ産業ブルジョアジーのイデオローグであったとする見解も十分意味深く基礎づけられることになるであろう。事実フリードリッヒ・リストが、ドイツ国内における旧勢力のはげしい抵抗にあって、悲惨な運命に逢着したことは周知のとおりである。

それはともあれ、国際間の対立と競争のさ中にあって、国民経済を支える自立的な産業構造が歪みをおび、その「正常的な」姿を喪失するというばあい、そこには大きく次の二つの方向が考えられるであろう。論理的に徹底した形で示してみるなら、その一つは、さきに詳述したようなオランダ型への萎縮、いま一つは、これまたさきに触れたところの、一つあるいは少数の生産部門のみが異常に高い比重を占めるような植民地型

（その典型の一つはモノカルチャー型）への変形であるが、そのいずれの方向へ傾斜するにしても、以上述べたような一連の帰結に結果するほかなく、したがって、広汎な国民のうちに、民主主義の形成をさまたげるような利害の亀裂が生ずることもさけがたいであろう。

このようにして、議会制民主主義はそれ自体としては政治形態に関することがらではあるが、それが現実に形成され、あるいはその実質が維持されるためには、それを支える経済的基盤として、デフォウのそれとは段階を異にするものであるにせよ、何らかの仕方で国民経済の「正常的な」構造を確保していくことが、どうしても必要となるように思われる。そうだとするならば、民主主義の実現は、当然に、その実現を支える経済的基盤、つまり、いままで説明してきたような意味での産業構造のあり方とそれに連なる経済政策の諸問題にも深く関連してくるというほかはあるまい。

（1）ということは、ある国民経済の独自な階級構造が、国際的な対立と競争のさなかで、自身を維持するために自国の正常的な産業構造を歪めてしまうことを意味する。が、しかし、強力な国民経済のばあいには、自国の正常的な産業構造を維持するため、むしろ他国の、とくにいわゆる後進国の産業構造を歪めることになり、とくに集中と独占によって特徴づけられる現段階の国際経済にあってはその傾向が強いといえよう。

政治的独立と国民経済の形成

一

アメリカ合衆国の政治的独立が、その独自な国民経済の形成に深く連なっていたことについて深刻な認識をもっていた人びとの一人に、かのフリードリッヒ・リストがあった。主著『政治経済学の国民的体系』(一八四一年)の第一編「歴史」で、彼はこの国についてこういっている。「この国民は、母国民にまったく隷属しかつ相互になんらの連結もない多数の植民地諸州へ分散している状態から、統一あり、組織あり、自由で強力な、産業的な、富裕かつ自由な国民の状態へと、ほとんどわれわれの目前で進化し、そして、おそらくわれわれの孫の目前では、早くも地球上第一位の海軍国・貿易国にまで興隆することであろう。北アメリカの商工業史は……他の国のいかなるそれよりも教えるところが多い」と。

リストが何を学んだのかはしばらく別として、当時のアメリカ合衆国の経済の組立ては、彼の目にいったい、どのようなものとして映っていたのであろうか。祖国を追われてアメリカに渡ったリストが、彼の地の新聞に発表した公開状(一八二七年八月二十一日掲載)には、すでにこう述べている。「この国民の状態は、他のいかなる国民の状態とも比較することができません。これと同じような政府や同じような社会構造を、いまだかつて見たことはありません。財産・教育・産業・力および富が、かくも一般的に、また平等に分配されたことはいまだかつてありません」と。

それでは、こうした建国期のアメリカ合衆国の政治・経済状態を「比類ないもの」として、第一級の讃辞をよせる理由はどこにあったのか。それを彼は、「国力が国富を保証し、国富が国力を増大せしめるごとく、国富や国力は一国領土内における農・商・工業の調和的状態によって平等に利益を受けます。この調和がなければ、国民は決して強力でも富裕でもありません。単なる農業国は、その供給の点からのみでなく、市場の点からいっても、外国の法律・外国の好意または悪意に左右されるものです」(傍点——引用者)というふうに表現している。

彼はまたこの点を、当時北アメリカ植民地の支配者だったイギリスの重商主義経済と比較しつつ、次のようにも説明している。「イギリスの国民経済は、その目的として……全世界のために製造せねばならず、一切の製造能力を独占せねばなりません。また世界を、ことにその植民地を……政治的支配によって幼稚な奴隷の状態に止めておかねばなりません。アメリカの国民経済は、その目的として、それなしには国民的産業が完成されえないような三つの産業部門を調和させねばなりません。すなわち、その目的として、自国の必要物を自国の原料や自国の産業によって供給せねばならず（傍点——引用者）……そして最後に、その目的として、自由、独立、強力となり、あらゆる人びとに、欲するままに自由、国力、富を享受せしめねばなりません。イギリスの国民経済は優越することを目標としていますが、アメリカの国民経済は独立することを熱望しているにすぎません」と。

もちろんこの比較には、やかましくいえば、やや立ち入った注釈を必要とするであろうけれども(1)、ともかくそこでは、「分業の原理をいままで学派（つまりアダム・スミスやその祖述者たち）によって説明されているよりもいっそうよく理解し、かつ、それがいかなる程度まですべての国民の状態に適用されうるかを見ようとする」（『政治経済学の国民的体系』序文、傍点は原文）立場から、「国民経済」とは何か、「国民経済」の独立とは何か、それは国民の政治的独立とどのような関連をもつか、そういったことが、まことに生き生きと説明されているというほかはない。

こうしたリストの「国民経済」論を、われわれは現在どこまで受け入れることができるであろうか。そういった問いに関連させて、私は本節の主題にかかわる問題を追究していきたいのであるが、そのばあい、いわば認識のモデルとして取扱われている建国期のアメリカ合衆国の経済状態、それと政治的独立との関連などについてのリストの事実認識が、どこまで正しいものであったかということが、さしあたって、まず問われねばならないであろう。ところで、幸いなことに、わが国の経済史学は最近そうした点についての諸史実を組織的に紹介しはじめているので、それに依拠して、論点を押し出していくことにしようと思う。(2) たとえば、こうである。——

すでに建国前の一七四八年に、ペンシルヴェイニア州の「工業町」ジャーマンタウンについては、次のように記されていた。「〔この町の〕住民の大多数は手工業者《マニュファクチャラーズ》であり、ほとんどあらゆるものを質、量ともに十分生産しているので、遠からずしてこの州は、母国イギリスからほとんど何も必要としなくなるだろう」と。この一句が生き生きと示すように、建国期アメリカの北部および中部においては、いやすでに独立前から、各所に、近隣のタウン(村落)をつなぎ合わせた一定の局地内部に、農民だけでなく、さまざまな種類の手工業者を包含するような独自の分業圏があちらこちらに作り出され、そしてそのなかから、それぞれ工業町(市場町)が隆起してくるという傾向が顕著にみられた。

第1表

職種	戸数	職種	戸数
靴屋	36	ロープ屋	5
織布工	25	銀細工師	5
仕立屋	25	染色工	4
鍛冶屋	25	錫工	4
馬具屋	17	鞣皮工	4
帽子屋	14	靴下編工	3
桶屋	11	醸造業	3
ろくろ工	7	皮革裁断工	3
釘工	7	陶工	3
鉄砲鍛冶	7	銅細工師	3
車大工	6	印刷屋	2
時計工	6	真鍮細工師	2
煙草製造業	6	刷毛製造工	1
	計	26種	234

第2表

職種	戸数	職種	戸数	職種	戸数
大工	21	鉄砲鍛冶	3	コウチ製造	1
靴屋	14	時計屋	3	絨毯織工	1
仕立屋	12	椅子屋	3	染色工	1
鍛冶屋	9	桶屋	2	彫刻師	1
家具工	8	帽子屋	2	鍍金工	1
石工	6	香料屋	2	ガラス切職人	1
鞣皮工	6	釘工	2	ポンプ屋	1
蠟燭屋	6	左官	2	鎌工	1
煉瓦屋	6	陶工	2	皮革裁断工	1
肉屋	5	石切職人	2	トランク屋	1
パン屋	5	錫板工	2	靴下編工	1
煉瓦焼工	4	荷馬車製造	2	家具職人	1
織布工	4	車大工	2	ブリキ屋	1
ガラス屋	4	真鍮鋳物師	1	ワイヤー屋	1
馬具屋	4	製本屋	1		
船大工	3	ブラシ屋	1		
			計	46種	163

経済史家の表現をもちいると、「局地的市場圏」の形成がみられたのである。

その一、二の事例を示してみると、たとえばペンシルヴェイニア州のランカスターでは、独立直後の一七八六年に総戸数七〇〇戸のうち、手工業者は三分の一の二三四戸、その職種は第1表のとおりであった。また「最大の内陸町」といわれたこのランカスターにくらべると、当時はまだ旧西部の一小「工業町」にすぎなかったピッツバーグも、一八〇二年になると、すでに第2表のような四六の職種を含む工業町に成長している。以上の例だけからでもほぼ想像できるように、こうした局地的市場圏はいずれも多かれ少なかれ、その内部で「ほとんどあらゆるものを質・量ともに十分生産している」といった、自給自足への著しい傾向を示していたばかりでなく、またそれぞれ繊維製品とか、金属製品とかいう、独自な特産品をもって互いに結びあいつつ、結局は国民的な規模において「ほとんどあらゆるものを質・量ともに十分生産している」という状態が形づくられはじめていた、ということができよう。

もちろん、建国期のアメリカ合衆国の経済状態を、こうした事情だけで割り切ってしまうことはできない。これと背反するような分業状態(=市場関係)やそれにむすびつく経済的利害も存在していた。しかし、右にみたような局地的市場圏の形成とその国民的規模における統合への傾向が他国に比べ全体として顕著であり、むしろ基本線をなしていたということは、すでに当時の人びとによっても意識されていたといってよかろう。たとえば、アメリカ国民主義派経済学の先駆とされているテンチ・コックス(一七五五―一八二四年)は建国の直後、独立アメリカ合衆国の経済的基礎たるにふさわしい自立的「国民経済」の産業構造を構想しているが、彼のプランを仔細に観察すると、それは明らかに右にみたような局地的市場圏の簇生ともいうべき事態の確認であり、またその理念型的表現であるばかりでなく、さらにこうした形で成長する独自な産業構造の強化と助長をこそ、彼が「国民的利益」national interest とよんでいたということは、ここでとくに記憶に止めておきたいと思う。(3)

(1) リストの当面の政治経済的目標のために、ここでは、イギリスの国民経済とアメリカの国民経済の差違が一方的に強調されているが、大きく歴史的な視野からみれば、実のところ、両者はむしろもっとも近い構造のものであったといわねばならない。が、この点については後段で詳論することにしよう。

(2) 詳しくは、宮野啓二「局地的市場圏の形成」、鈴木圭介「農民層の分解」(いずれも大塚久雄・高橋幸八郎・松田智雄編著『西洋経済史講座』岩波書店、一九六〇年、第二巻所収)および中村勝巳『アメリカ資本主義の成立』日本評論社、一九六六年、などを参照。

(3) テンチ・コックスについては、宮野啓二「Tench Coxe のいわゆる"balanced national economy"について」『土地制度史学』八号、六六―七二頁。なお、七〇―一頁には右のプランが紹介されているので参照されたい。

二

以上の簡単な説明だけでも、さきにみた「国民経済」の形成と国民の政治的独立の関連に関するリストの見解が、決して的外れでなかったことは分かるであろう。しかし、彼以後における経済史学の研究成果は、それに、はるかに具体的な内容を与えることができたといってよい。すなわち、一七七六年の独立によってアメリカ合衆国として立ち現れることになる北アメリカの諸地域、とくにその北、中部には、すでに植民地時代から局地的市場圏が形成され、それが国民的規模において統合されていく傾向を示していた。そして、その傾向は建国後ますます顕著になっていく。こうした形で、建国期のアメリカ合衆国では「ほとんどあらゆるものを質・量ともに十分生産しているので、……この国は母国からほとんど何も必要としなくなる。……」という、つまり、国民的規模においてほぼ自給自足を可能ならしめるような経済の組立てが作りだされていた。こういう経済状態のうちに、リストが「国民経済」national economy の典型を見出そうとしたことは右にみたとおりである。

それればかりではない。北アメリカ植民地はこうした典型的な「国民経済」を作りあげつつあったがゆえに、イギリスが「その〔北アメリカの〕工業を母国に対するまったくの隷属状態におき、家内工業やありふれた手工業者を除けば、いかなる種類の工場の設立も許さない」(リスト)重商主義政策によって、こうした組立てを歪め、あるいは崩そうとするのに抵抗して、政治的独立を要求せざるをえなくなったばかりでなく、こうした「ほとんどあらゆるものを質・量ともに十分生産し」うるような生産の多角化と自給自足性の上に立って、政治的独立を達成しえたのであった。さらにまた、建国後はその政治的独立を維持するために、そうした組立ての強化をますます推し進めたのだといわねばならない。ともかく、歴史上こうしたところに、ひとまずすぐれた意味における「国民経済」の形成と、それと国民の政治的独立との内的関連のいわば「原型」を見出すことができそうであるし、また見出すべきではなかろうか、と私には思われるのである。

しかし、こうした予測を含む「原型」の設定は、いま少し視野をひろげて歴史的に検討してみると、ますます確かさを加えてくるといってよい。右に指摘したような局地的市場圏の簇生とそれの国民的規模における統合への傾向という事実は、もちろん、建国期のアメリカ合衆国にだけ限られた現象ではない。さまざまなニュアンスの相違を別にすれば、大づかみには、どこにおいても、資本主義の自生的な発達がまさに開始されようとする時点には、必ず見出されたということができよう。そのうちもっとも早期で、しかも比較的典型に近い姿をとったと考えられるのは十四世紀半頃から十六世紀にわたる時期のイギリスと南ネーデルラントで、おそらくイギリスがもっとも早く、南ネーデルラントがそれにほぼ雁行していた(1)。十六世紀の半頃の南ネーデルラントといえば、周知のようにオランダ独立戦争の煮えたぎる坩堝であったが、フランデルンを中心として、各地に局地的市場圏の形成と成長がみられ、たとえばナミュールの都市マースブルフ近傍の三カ村で「農村地帯であらゆる種類の手工業がおこなわれていた」というような典型的事情さえ伝えられている。(2) しかし、南ネーデルラントではこうした動向も、オランダ独立戦争の混乱のうちに頭打ちとなってしまった。
ところで、イギリスではさまざまな歴史的・地理的条件に支えられて、簇生する局地的市場圏はネーデルラントのように頭打ちの状態におちいることなく、国民的規模においてしだいに統合され、さまざまな紆余曲折ののち、十八世紀末にいたって、ついに統一的国内市場を生みだすにいたった。そこで、そうしたイギリスにおける「国民経済」の形成と成長のあとを一瞥してみると、こういうことになろう。――周知のように、一三八一年には、またたくまにイングランドの東部を席捲してロンドンに迫ったあの大農民一揆がおこったが、このころすでに局地的市場圏の形成は各地の農村地帯に相当の進展をみせており、(3) その利害はさしあたっては国王を押し上げ、国民的な統合を実現していった。

そこへ騎士の先導で、国王がやって来られた。
彼は民衆の力の支えで統治ができる。
つぎにコモン・センスが来て、僧侶や学者をつくった。

コモン・センスと騎士と国王は手を携えて、
民衆が生計をたてられるように見とらねばならぬ。
コモン・センスによって民衆は、あらゆる手工業を考えだすし、
万人を利するように農夫も別にとっておくのだ。……

（ラングランド『農夫ピアズの夢』）

こうした勤労民衆の動向と利害こそが、イギリス史の上で「コモンウィール」common-weal とよばれるものの経済的内容だったといって、ほぼまちがいないと思う。(4)

このようなコモンウィールが封建制社会の内部で形づくられはじめると、それはさしあたって、国王をいわば国民的規模における自己の利害の象徴として押し上げ、したがって、絶対王制——イギリスならばテューダー王朝——成立への一つの、しかし基本的な推進力となった。つまり「国王のコモンウィール」king's commonweal という姿をとって現れたわけである。ところで、このようにして成立した絶対王制の内部では、コモンウィールの担い手たる中産的生産者層の両極分解（つまり資本主義の発達）がいっそう広くかつ深く進行することになる。その詳細は、ここでの論点をはっきりさせるためにも、さしあたって視野の外におかねばならぬが、ともかくそうした両極分解の進展に

よって、コモンウィールはしだいに国王の封建的利害から分離し、むしろ対立するようになってくる。この対立が頂点に達するのは、いうまでもなく、ブルジョア革命においてであり、ブルジョア革命の達成によって、コモンウィールは国王を頂点とする封建体制の束縛(つまり、経済外強制の体系としての封建的司法・行政)から解放され、国民的規模における実質的統合への歩みをいよいよ速めるようになる。

さて名誉革命後、とくに十八世紀におけるイギリスは歴史的にまさにこのような段階に達していたといってよかろう。すなわち、おびただしい数の局地的市場圏は十六世紀のうちにしだいに統合されて、十七世紀に入るころには、イングランドはすでにほぼ三つの地域的市場圏、つまり、社会的分業の独立の体系として、それぞれ自給自足への傾向のつよい三つの地域から成り立つようになっていたが(5)、十八世紀、とくにその二、三〇年代からは、さらにこの三つの地域的市場圏が一つに統合され、ついに国民的規模における統一的国内市場――局地的市場圏の構成原理の国民的規模への拡大――の形成がいよいよその緒につきはじめるという状態に入りこんだといえる(6)。

このような状態を当時のイギリス人は、すでに、国民的規模における社会的分業とそのうえに立つ経済循環という形で自覚しつつあった。とくにダニエル・デフォウのいわば産業構造論が、みごとに、かつ的確に、この事態をとらえていたことは別の機会に述(7)

べておいたとおりである。が、それとともにわれわれの注意をひくのは、かつて、こうした事態を表現するのに用いられていた「コモンウィール」という語が、王政復古期に入ってからしだいに背景にしりぞき、それにとって代って、名誉革命前後から《national benefit》(国民的利益)とか《nation》(国民)という語がさかんに使われはじめるということである。[8] 当時のイギリスの重商主義文献に少しでも目を通したほどの人びとは、彼らの論争の焦点が、まさにこの《national》か否かの一点に集中されていたことを容易に感得されるにちがいない。また、他方において、さきに述べた建国期のアメリカ合衆国にみられる《national interest》とか《nation》という表現が、まさしくこの系譜をひくものだということも、おそらく推測して誤りではあるまい。[9] ともあれ、十八世紀のイギリスにおける固有な意味での重商主義は、さしあたって、こうした《national benefit》を擁護し、増進しようとする政策的努力にほかならなかったのである。

(1) ヨーロッパでは、その後さまざまな遅れをみせながら、フランスでもドイツでもその他の諸地域でも同様な現象が看取されるといってよいと思う。わが国でも幕末には、この点で、絶対王制成立直前のイギリス、フランスとほぼ同様の事情がみられたことが、津田秀夫氏や塩沢君夫氏たちによって明らかにされていることを、ついでながら指摘しておきたい。

(2) H.A.Enno van Gelder, *Nederlandse dorpen in de* 16^e *eeuw*, 1953, bl.111-4.

(3) 米川伸一「中世イギリスにおける「農村市場」の成立」『社会経済史学』二二の三、船山栄一「社会的分業の展開と小ブルジョア経済の形成」『社会労働研究』十〔のち著書『イギリスにおける経済構成の転換』未来社、一九六七年、第二章に収録〕、などを参照。

(4) W.Cunningham, *The Common Weal. Six Lectures on Political Philosophy*, Cambridge, 1917, p.1 f. 第二部、一「近代化の歴史的起点」〔本文庫収載〕をみよ。

(5) 大塚久雄・吉岡昭彦「リーランドの「紀行」に見えたる当時の社会的分業の状態」『経済学論集』二一の二―三、一九五三年、大塚久雄著作集第五巻、を参照。

(6) 山下幸夫「ダニエル・デフォウの紀行にあらわれた社会的分業とCirculation の理論」『商学論集』二六の三〔のち著書『近代イギリスの経済思想』岩波書店、一九六七年、第一章第二節に収録〕を参照。

(7) これはたいへん興味深いものであるが、第三部、二「民主主義と経済構造」〔本文庫収載〕で、ややくわしく紹介しているから、参照していただきたい。

(8) 「コモンウィール」commonweal と「国民的利害」national benefit のあいだには、正確にいえば、やや意味内容の変化がみられるようである。たとえば、前者に含まれている「もし人民すべてが土地所有者であるか、あるいは一人または少数が……人民を圧倒したりすることがないように土地が配分されているならば、その国は common wealth である」(James Harrington, *The Common Wealth of Oceana*, ed. by Liljegren, pp.14-5)というような事態は、後者ではすでに失われている。その点からするならば、建国期アメリカの《national interest》は、内容的にはむしろ《commonweal》の方に近いというべきであろう。たとえば、Benjamin Franklin, "Information to those who would remove to America", *The Writings of Benjamin Franklin*, ed. by A.Smyth, VIII, pp.603–14 参照。

（9）話が横道にそれるが、次のことだけはここで指摘しておきたい。――名誉革命のさい、こうした《national benefit》を擁護する進歩の側（ウィッグズ）のみでなく、それにむしろ対立する反動の側（トーリーズ）もそうした進歩の側の旗印をいわば横取りして、両者がともに自分の方の主張こそが《national》だとして争った。前者のナショナリズムが「国民」主義的であるのに対して、後者のナショナリズムは「国家」主義的だともいえよう。この間の関連はなかなか微妙であるが、ともかく、歴史上このようにして、本来「国民」大衆に結びついて生みだされたナショナリズムの「国民」からの疎外、つまり、ナショナリズムの「国家主義」化ということが生じてくる。こうしたナショナリズムの疎外は、大づかみにいって、歴史上二つの形態で現れている。一つは絶対主義（および似而非ボナパルティズム）的国家主義として、いま一つはボナパルティズム的国家主義として。本来のファシズムは、一定の歴史的事情にもとづいて資本主義の独占段階にあらわれたボナパルティズムに他ならない、と私は考えている。

三

このように見てくると、イギリスとアメリカ合衆国、この両国における経済の発展は時代の前後さえ別にすれば全く相似的な相貌を呈しており、ともにすぐれた意味における「国民経済」の形成の歴史的典型ともいうべきものであったことは、ほぼ明らかだと思う(1)。ところでこのばあい、おそらく慧眼《けいがん》の読者たちはすでに気づいておられるように、次のようなことがただちに問題となってくるはずである。もし、両国がすぐれて「国民経済」の構成をとり、本来的に自給自足への傾向を示していたとするならば、両者のあいだに平和的な共存の関係が保たれてこそしかるべきであるのに、独立戦争を引き起こすほどの対立が生じたのは、どういうわけか。もう少しくわしくいうと、リストが正しくも指摘したように、イギリスが、「〔植民地における〕工業を母国に対する全くの隷属状態におき、家内工業やありふれた手工業者を除けば、いかなる種類の工場の設立も許さない」という重商主義政策によって、北アメリカ植民地において典型的な姿で進行しつつあった「国民経済」の形成を強力に妨害し、圧殺しようとしたのは、いったいどういうわけだったのか。こうしたことが、おのずから問われねばならなくなる。ところでこの論点はまた、容易に理解できるように、「国民経済」の解体と政治的独立の喪失との関連という形で、いわば裏側からも、われわれの当面の主題に連なってくることにもなる。そこで、われわれはこの点を念頭におきながら、問題をもう少し掘り下げていくことにしたい。

前段で、すぐれた意味で「国民経済」とよびうるもののいわば「原型」を析出してみたさいに、その特徴として一応あげておいたのは、国民的規模において必須な財貨がすべてほぼ十分に生産され、その結果ある自給自足への傾向がみられること、そして、それを産みだすような多角的分業の、国民的規模において均衡のとれた、いわば《balanced national economy》の状態ということであった。このことをもちろん誤りだというのではないが、いまや、さらに次の点をはっきりと念頭においておく必要が生じてくる。それは他でもない。当面問題としている時期には――世界史の現段階ではなく(2)――そうしたいわば均衡のとれた状態は自然成長的に、つまり利潤獲得の可能性にみちびかれた個々人の活動のおのずから相合した結果としてでき上がったのであって、決して計画経済的に作りだされたものではなかったということである。ところで、この経済の自然成長性は「国民経済」の形成にたいして、さしあたって、次のような影響をおよぼすことになる。

そもそも「国民経済」の産業構造（社会的分業の組立て）に、完全な均斉の状態などというものは、自然的条件からしても、もちろんありうるはずはない。しかし、経済の自然成長性——それは経済が市場に媒介された商品生産（商品経済）の形をとるとき最高潮に達する——は産業諸部門の不均等な発達をいっそうよび起こし、それによって産業構造（社会的分業の組立て）の均斉の状態を多かれ少なかれたえず歪めることになる。当面問題の十八世紀のイギリスのばあいを例にとると、それはこういう形ででてくる。たとえば、貨幣素材（金・銀）、鉄、塩、染料その他毛織物製造の助成材などといった財貨は、国内では、あるいは全く、あるいは十分には生産されえないから、どうしても外国から輸入しなければならない。しかし、そうしたものを輸入するためには、対価として、どうしても国外に確実な販路をもつような財貨、たとえば、毛織物、金物といったものが輸出されねばならない。こうして、「国民経済」の内部で、毛織物工業、金物工業などといった生産諸部門が産業構造上、他を圧して大きな比重をもたざるをえなくなるのであって、十八世紀のイギリス人はこうした産業部門を「国民的産業」national industry とよんだ。

ところで「国民的産業」は、関連する国内の産業諸部門に強力な育成的影響を与える——だからフランスの経済史家はこうした産業を「母胎産業」l'industrie mère ともよんでいる——とともに、それらは相合して、羊毛、鉄などの原料、その他さまざまの財貨の輸入を促す一方、さらに、はねかえって、「国民的産業」の繁栄とその製品の輸出をいっそう必要とするようになる。そこで、すぐれた意味での「国民経済」にあっても、こうした仕方で、外国貿易が必然化されることになる。[3]が、この関連をもう少し仔細に観察してみると、次のことが容易にわかるであろう。経済の自然成長性は、産業諸部門の不均等な発達を促すことによって、たしかに産業構造を歪め、均衡を失わせ、その結果外国貿易を必然化するのであるが、この関連を総体としてみるならば、「国民経済」は外国貿易を含めたより大きな規模において、産業構造の均衡を回復する結果になっている。つまり、いわばいっそう大きい規模において「国民経済」の再形成がおこなわれるのだといってもよかろう。しかし、すでに明らかなように、このばあい、「国民経済」はすでに単なる「国民」的な規模をこえて国外の経済をもその産業構造のなかに捲きこんでおり、またそうすることによって、はじめて独立な、ある自給自足への傾向をもつ産業構造として存立しうるようなもの（いわゆる「経済的帝国」）となってしまっているのである。[4]十八世紀のイギリス「国民経済」はまさしくそれであり、重商主義がこうした形での「国民経済」の膨張を支える政策体系であり、また、あの旧植民地制を含むいわゆる重商主義帝国がその政治的骨格をなしていたことは、おそらく説明するまでもないであろう。

このようにして、ある「国民経済」と他国の経済の絡み合いが生ずるばかりでなく、ある発達した「国民経済」が他国の「国民経済」の構成を破壊したり、他国における「国民経済」の形成を阻止したりするような関連も、さらに政治的関連がそれに加わって、植民地支配という事実も生じてくることになるといってよい。そして重商主義期のイギリス経済が[5]、一方では、建国期アメリカ合衆国と本質的に相似した「国民経済」の構成をとりながら、しかも他方では、フリードリッヒ・リストをして「イギリスの国民経済は優越することを目標としていますが、アメリカの国民経済は独立することを熱望しているにすぎません」といわせたような植民地主義的な性格をおび、ついにアメリカ独立戦争にまで立ちいたったことの歴史的意味も、これによって了解できるであろうと思う。

それはともあれ、北アメリカ植民地において形成されつつあった「国民経済」は、政治的独立の達成によって自由な成長を開始することになったが、同時にアメリカ合衆国の政治的独立が、こうした「国民経済」とよばるべき構造をもつ経済的発展に支えられて、はじめて可能であったと考えられることについても、さきに触れておいたとおりである。それのみでなく、このようなアメリカ合衆国の独立は、周知のように、イギリスの重商主義帝国とその旧植民地制解体の機運を醸成する一つのきっかけともなった。

ところで、そのばあい、イギリス重商主義の支配体制のもとにあった国々、ことに植民地は、いうまでもないことながら、すべてがアメリカ合衆国と同じ道を辿ったわけではなかったのである。同じくイギリスの植民地でも、いわゆる単一栽培経済(モノカルチャー)――「国民経済」とよばれる社会的分業の体系とはおよそ対照的な構成――のうえにたち、母国の「国民経済」の分業体系のなかにがっちりと組みこまれて、その結果、リスト風にいえば、必需品の供給についても、産物の販路についても、母国の好意と悪意に全く左右されるほかはないような栽培植民地――たとえば砂糖植民地――のばあいは、そうした経済のいわば構造変革が進展でもしないかぎり、合衆国と同じ道を歩むことがまったく不可能であったことは、ほとんど説明する必要もないと思う。

しかし、このばあいいっそう興味をひくのは、むしろ、本来はともかくも独自な「国民経済」の構成をそなえていながら、しかも、イギリスの重商主義体制の触手にふれて、その支配下に組み入れられたために、その「国民経済」の構成を歪められ、あるいは解体せしめられて、ついにその国力を失墜するにいたった国々のことである。そうした歴史上の実例としてリストが正しくもあげているのは、スペインとポルトガルである。両国のイギリス「国民経済」への従属の傾向はすでに十七世紀からはじまっているが、ポルトガルは「イギリス貿易政策の傑作」といわれる一七〇三年のメスュエン条約によって、スペインは一七一三年のアシエント条約にいたる一連の通商条約によって、形式上はまったく対等の通商関係であったにもかかわらず、イギリス重商主義体制のなかに完全に組み入れられてしまった。そうして、公然たる貿易により、あるいは半ば公然たる密貿易によって、イギリスの毛織物は両国およびその新大陸植民地に氾濫し、その毛織物工業は破滅するにいたる。こうした「国民的産業」の破滅によって、両国の「国民経済」を支える基本的産業構造は歪められ、解体されて、本国および植民地をあげてイギリス「国民経済」の重商主義体制、その分業構造のなかに組み入れられてしまった――これがいわゆる国際分業の成果だった――のである。

もちろん、両国ともに、こうした国際分業の動向に抗して「国民経済」たるにふさわしい産業構造を再形成し、それによってイギリスからの経済的独立を確保しようとする動きがみられた。が、それらはすべて内外の力に押えられて画餅《がべい》に帰した。その国外の力は、もちろんイギリス重商主義とその軍事力であるが、国内の力というのは、たとえばスペインについてみると、絶対王制およびそれに結びつくセビリヤ、カディスの大貿易商人の経済的利害にほかならなかった。セビリヤ、カディスの巨商たちは、イギリスの「国民的産業」の製品たる毛織物を、自国の中継港を経由して新大陸の自国の植民地に送り、その見返りに、新大陸の自国植民地産の銀(貨幣素材)を自国の中継港を経由してイギリスに送る。このような、自国の「国民経済」と一応断ちきられたところで獲られる商業利潤が絶対王制の財政を支え、また絶対王制はこのようなコスモポリタン的商業の営みを庇護し、これによって両者の経済的利害が緊密にむすびつくことになる。こうした形で相互にむすびあう絶対王制とコスモポリタン的巨商たち、こうした支配者層が、みずからの狭い経済的利害と、また全く一時的な繁栄を守るために、あくまでも現状に固執し、自国「国民経済」の再形成を逆に阻止しつづけたのであった[6]。ともあれ、ポルトガルやスペインは、イギリス重商主義体制のもとで、北アメリカ植民地がアメリカ合衆国として独立していったのとまさしく対照的な方向に帰結していった国々だといえる。こうした歴史的運命が現在にいたるまで、この両国と、かつてその植民地であった中南米の国々になお暗い陰影を落していることは説明するまでもなく明らかであろうと思う。

(1)　こうした厳密な意味での「国民経済」の構成をとらないもの、とくに「オランダ型」については、次節[本文庫収録の「民主主義と経済構造」]を参照。

(2)　世界史の現段階においても、もちろん、かずかずの「国民経済」が見いだされる。いや、さきに原型として示したような構成さえ、ほとんどそのままで生きていることは、たとえばキューバその他の事情を見れば分かるはずである。しかし、現段階においては、自然成長性が後退し、計画経済的性格がそれに結びつくようになっていることは、中国の人民公社の分業構成をみるだけでも明らかであろう。

(3) こうしたことは、すでに国際経済論で周知のことといってよいが、次のことだけはここで言っておく必要がある。すなわち、すべての外国貿易がこうした「国民的」性格をもつわけではない。たとえば、これと対照的な「中継的」貿易(carrying trade)、その国家的規模における体系化としてのオランダ型の貿易システムがあるが、これについては、本書でもすでに何度か触れておいた。詳しくは、拙稿「オランダ型貿易国家の生成」『西洋経済史講座』岩波書店、第四巻、を参照。

(4) Eli F. Heckscher, *Mercantilism*, Revised ed., 1935, II, pp.130–1; E. Lipson, *Economic History of England*, Fifth Ed., 1948, III, pp.154 ff. なお、こうしたことがらを、リストのようにいきなり生産力発達の抽象的な段階論に還元してしまうことには、もちろん賛成できない。リストの理論の限界は、一つには、こうした点に見出されるのではなかろうか。

(5) いわゆる重商主義期が終っても、この関連が消失するわけではない。むしろ、より強固な姿で存続することになるのであるが、ただ、産業革命後のイギリスのばあい、ずばぬけた労働生産性の高さ、それにもとづく世界市場における優越によって、もはやかつてのような保護貿易や政治的支配を必要としなくなったにすぎぬ、とみることができる。ただしかし、さきにも触れておいたように、これらの点については総じて生産諸関係、とりわけ階級関係を加えて、すなわち資本主義の発達という観点からさらに見なおさねばならない。が、それにしても、保護貿易↑↓自由貿易という関連を、やにわに資本主義の発達の段階に結びつけるような見解は、やはり、以上のような史実についての無知から生ずる謬見というほかはない。

（6）　これらについては、拙著『近代欧洲経済史序説』上の一、第一編、大塚久雄著作集第二巻を参照。また、ポルトガル、スペインとはかなり類型を異にするが、やはり同じくイギリスの重商主義体制に触れて「国民経済」の解体を余儀なくされたオランダについては、大塚久雄著作集第六巻第二部、二「近代社会の生産力的基盤――貿易国家の二つの型」を参照されたい。――なお、「国民経済」の構造の歪曲ないし解体を内から醸成するような国内的要因について、ここではからずも言及することになったが、実のところ、現実の「国民経済」の構造分析には、もちろん、この点を合わせて考えることがどうしても必要である。つまり、歴史上「国民経済」の構造の歪曲ないし解体が現実に生じているばあい、そのほとんどすべてにおいて、そうした前近代的な社会関係が本質的に重要な役割を果しているということは、まず言いえて誤りのないところであろう。しかし、ここではこの問題は一応捨象しておくことにしたい。その理由は後段でいま一度説明するが、ともかく、以上の叙述はこれが捨象された形のものであることを、どうか十分に念頭においていただきたい。

四

以上の叙述で、私は、歴史的な視野から、主として十八世紀の史実に例示を求めつつ、「国民経済」の形成およびそれと政治的独立のあいだにみられる関連について「原型」を模索し、それを一応素描してみた。いいかえれば、以上の叙述は一つの簡単な素描であるうえに、「国民経済」の内実についても、またそれと政治的独立の関連についても、いわば、ただその歴史的「原型」を呈示したにすぎないものであった。そこで、当然のことながら、そうした「原型」は現実分析のためのある有用な手段となりうる――と私は考える――にしても、それと複雑な現実の間にはさまざまな程度の距離がみられるということは明らかである。このことは、いままで論議の対象としてきた十八世紀、つまり重商主義期のイギリスについてもいいうるが、とりわけそれ以後、とくに現代を問題とするばあいには、いっそうはっきりと確認しておかねばならない。つまり、私は、そうした「原型」に含まれている原理的なものを現実分析の手段として使うべきだとはいうのであるが、決して、そうした「原型」が現代の複雑な現実のうちに裸のままの姿で存在するなどと考えているのではないのである。ただ、そうした点を具体的に追究することは当面の課題でもなかったし、またその問題の大きさからいっても当然に稿を改めねばならないから、ここではもちろん触れないことにするが、ありがちな誤解をさけ、いくぶん以上の叙述を補充するために、右の論旨が含んでいるいくつかの限定を以下簡単に説明しておくことにしたい。

㈠　まず、「民族」と「国民経済」の関連が捨象されていることについて。以上の説明では「国民経済」を、ただ商品経済の網の目をもって結び合わされた独自な社会的分業の体系としてとらえ、「国民」の内実をそうしたものとしてのみ考えてきた。しかし、そこには一つの重要な捨象がおこなわれている。というのは、歴史上さきにみたような「国民経済」が形成されはじめるのは、それにいたるまでの悠久な歴史の流れのなかで、すでに前もって姿をととのえていた「民族」を基盤としてであり、この両者は歴史的に微妙な内的関連をもっているといわねばならない。そこで「国民経済」の歴史的意味を十分に明らかにするためには、どうしてもその内実の一半をなす「民族」の社会的規定性についてもふれねばならぬことになる。が、今までの叙述ではこの点を捨象し、全く言及しなかった。(1)

㈡　つぎに、歴史上「国民経済」との関連において展開しまた交替する、生産諸関係の問題が捨象されていることについて。以上の説明では「国民経済」をもっぱら「産業構造」として取扱い、したがって国民的規模における社会的分業の組立て、そのあり方をのみ問題としてきた。ところで、社会的分業の組立ては、もちろん生産諸力の特定の発展を表出するものであるが、しかしまた同時に、それを土台に展開し、それぞれ歴史的に独自な経済的利害を内包するような生産諸関係へと結びつき、また、それによって表出されることになる。つまり、「国民経済」の内実をなす産業構造は、もちろんそうした生産諸関係に還元しきれず、それからはみだす局面をも含んでいるのであるけれども、現実には生産諸関係――その基軸をなす階級諸関係――によって媒介され、それぞれに照応する経済的利害を起動動機としてのみ現実化しうることになるというわけである。こうした絡み合いを考慮に入れるならば、「国民経済」の内実は、いままで述べてきたものより、はるかに内容豊富であることが分かってくる。

まず、産業構造としてだけみても、それは狭義の分業関係、つまり生産諸部門のほかに、商業、金融、土地所有などをも包含することになろう。が、さらに重要なのは、生産諸関係をも合わせてみるばあい「国民経済」はまさしく「資本主義」経済として現れてくるということである。[2] あるいは、当面問題としてきた時期における「国民経済」の形成過程は「封建制から資本主義への移行」として現れるし、現段階における「国民経済」の構成は「独占段階における資本主義」として現れる、といいかえた方がよいかも[3]

しれない。ただし、「国民経済」のこの側面は、もちろんここでは捨象されている。

㈢　最後に、さきに析出を試みた「国民経済」の「原型」と、世界史の現段階に見出されるその現実形態との距離について。本稿では、「国民経済」の現実を分析するための手段として役立てるという意図で、その「原型」とよばれうるような事態を、主として重商主義期の史実のなかから析出してみた。それは、「原型」であるからには、重商主義期の「国民経済」の現実からも一定の隔たりがあることはすでに触れておいたが、世界史の現段階においては、そうした「原型」と「国民経済」のもろもろの現実形態とのあいだには、単に産業構造という面にかぎっても、はるかに大きな隔たりがみられることはもちろんである。したがって、そこから、この「原型」を基準にとってみたばあい、世界史の現段階における「国民経済」の現実は産業構造としてどのような姿をおびて現れてくるか、という問題が生じてくることになる。これを解くことこそがおそらくもっとも重要な問題なのであろうが、すでにこの小論の主題をはるかに越えるものであるので[4]、ここでは、この問題に関して歴史的な視野から二、三の点を指摘し、結びに代えたいと思う。

　世界史の現段階における国際経済の一つの重要な特徴が、諸「国民経済」のあいだの著しい発展の不均等にあることは周知のとおりであるが、この点からして、さしあたって次の二つの局面が指摘されねばならないと思う。

第一。一方の極に、依然としてほとんど「原型」そのままともいうべき「国民経済」が見出され、それが国民的独立を主張していること。キューバその他の後進地域で、その「国民主義」的運動の経済的基盤として、必要な物資をすべて自給しうるために、国内に多角的な社会的分業の体系を打ちたてようとする動きは、まさしくそれだといってよい。

第二。しかし、他の極にたつ発達した「国民経済」の産業構成には、かつて見られなかったようないわば成層化が生じていること。前段で、発達した「国民経済」はその産業構造の均衡を保つために、外国経済をもその循環のなかに捲きこみつつ、国民的規模をこえた、いっそう大きい帝国的支配圏を構成しようとする傾向を示すこと、そして重商主義期には毛織物工業、金物工業といった消費資料生産部門が、そうした「国民経済」の拡大の推進力たる輸出工業、つまり「国民的産業」としての役割をはたしたことを述べておいたが、しかし、産業革命を経て、社会的分業が幾重ものいわゆる迂回生産をはらみ、その結果「国民経済」の構成が、マルクスが再生産表式における二部門分割として表示したような複雑な成層化を示す段階に立ちいたると、「国民経済」の支配圏の拡大をおしすすめる起動力は、もはや消費資料生産部門たる「国民的産業」などではありえなくなる。そして、それに代って生産手段生産部門、そのうちでも決定的な地位を占める独自な部門が、いまや基幹産業部門として立ち現れ、これを基軸に自己の脚の上にしっかりと立った「国民経済」の産業構造がうちたてられることになる。現段階においては、こうした構成をもつ「国民経済」のみが独立の経済的基盤となりうるのだといわねばなるまい。

ともあれ、この両極のあいだにさまざまな中間形態をはらみながら、いちじるしい不均等発展の同時存在によって、諸「国民経済」間に独自な政治的緊張をつくり出しているのが、[5] 世界史の現段階ということができるであろう。

（1）　この「民族」の社会的規定性の問題については、私は、どうしてもこれを共同体の歴史と理論から出発せねばならないと考えている。そしていまのところ、そのもっとも示唆深い研究としては、Max Weber, *Wirtschaft und Gesellschaft*, 4. Aufl., Zweiter Teil, Kap.IV, SS.240–4, §3, Verhältniß zur politischen Gemeinschaft, §4, Nationalität und Kultur-prestige をあげておきたい。

（2）　ただしかし、社会構成としての絶対王制の内部にも、成長しつつある「国民経済」がはらまれえたように、社会構成としての社会主義の内部にも、生産関係は変革されつつあるとはいえ、「国民経済」とよばれてさしつかえないような産業構造がはらまれていることは、もはや説明を要せずして明らかだと思う。

（3）「国民経済の形成」に、「封建制から資本主義への移行」過程が照応するということについて、もちろん簡単ではあるが、イギリス史に即していま少し立ち入った説明を加えておくと、次のとおりである。――

㈠　まず、封建制の内部で「国民経済」が形成されはじめ、その担い手たる中産的生産者層――彼らこそ「国民主義」の究極の推進力――の両極分解によって資本主義の発達が開始される。

㈡　この動向は、さしあたって絶対王制を成立せしめる一つの起動力となるが、しかし封建制の末期段階たる絶対王制の社会構成の内部におかれたばあい、資本主義の発達とその基盤をなす「国民経済」の形成は阻止されるばかりでなく、「国民経済」の産業構造は「上から」歪められることになる。そうした条件の下で、中産的生産者層の「国民主義」は、「国家主義」への推進力に転化せしめられることにもなる（中産的生産者層の歴史的両面性！）。

㈢　ブルジョア革命の開始によって中産的生産者層とその形成する「国民経済」は、いちおう古い桎梏から解放されるが、ブルジョアジーの政権がなお確立していない過渡期には、ボナパルティズムによって「国民主義」はまた別の形の「国家主義」に転化せしめられることにもなる。

㈣　ブルジョア革命の完結によって「国民経済」はますます順調に成長し、「国民主義」

は政治の前面にあらわれることになるが、他方資本主義の発達に伴って両極分解が進行し、産業革命によって中産的生産者層が基本的に消失するとともに、「国民経済」およびそれを支える「国民主義」は、ついにブルジョアジーの経済的利害と基本的に一致してしまうことになる。ただし、以上は西ヨーロッパやアメリカ合衆国の自生的に成長する資本主義のばあいであって、日本資本主義のばあいをやにわにこれと同一視しないでいただきたい。

（4）　これは、いうまでもなく国際経済論の課題であって、小論はその分野における諸研究に教えられて、歴史的な視野から少しばかりそれを垣間見てみたにすぎないのである。

（5）　そこには資本主義国と社会主義国の緊張もはらまれているのであるが、こうしたことも簡単化のため、すべて捨象した。ご了承を乞いたい。

V　低開発国の近代化と自立化

低開発国研究にとって経済史学がもつ意義

一

一九六二年の夏、フランスの Aix-en-Provence で第二回国際経済史会議が開かれたが、そのさい全体を方向づける役割をはたしたテーマは、「ヨーロッパの経済史に照らしてみた低開発国問題」であった。(1) その意味したところは、おそらく次のように説明してよいかと思われる。世界史の上でもっとも早く伝統的な社会経済体制から離脱し近代化に成功したのがヨーロッパの国々(アメリカ合衆国をも含めて)であったことは、おそらく異論のありえないところであろう。ところで、他方、いわゆる低開発諸国は現在同じく近代化の道を歩みはじめている、あるいは歩みはじめねばならなくなっているのであるが、そのばあい、それらの国々にとっては、すでに近代化の道を歩み終えているヨーロッパ先進諸国の歴史的経験に学ぶことは、その目的を達成する上に大きな力添えとなるであろう。そうした問題的視角からいま一度ヨーロッパの、とりわけ中世末以降の経済史を見なおし、そこから、およそ近代化を可能かつ必然とした歴史的な諸条件や諸原因を析出してみる、これこそが右のテーマのねらいとするところであったと言ってたぶん問違いあるまい。

この会議では、綜合部会での“Agricultural Problems of Under-developed Countries in the Light of European Agrarian History”と題するM.M.Postan教授の報告とそれをめぐる討論とともに、さらに数多くの個別諸部会が開かれて、それぞれの個別論題に即していくつかの報告とそれをめぐる討論がおこなわれたが、そうした個別諸部会の論題、少なくともそのいくつかも、あきらかに、共通論題のばあいに見られたものと同一の問題意識によって貫かれていた。ただ、私の見聞したかぎりのことではあるが、それぞれの報告のテーマがヨーロッパ経済史を対象とするものが多かったせいでもあろうか、同一の問題意識がしばしば逆の側から照らし出されていたことも争いがたい。いま少し詳しく言ってみると、こうである。共通論題のばあいにははっきりと、ヨーロッパ経済史の研究成果に照らしてみるとき、低開発諸国の近代化計画における問題点はどのようなものとして現われてくるか、こういう問題の立て方であったのに対して、個別諸論題のばあいにはいわば逆に、低開発諸国の近代化計画とその実行過程に現われてきた問題点から照らし返してみるとき、ヨーロッパ経済史はどのようなものとして現われ、またその研究成果はどのような経験的指針を与えてくれるか、そうした問題の立て方となっていたと言ってよいであろう。このように、この会議における報告と討論のなかで、右のような一つの問題意識をめぐってその二つの側面が照らし出されていたことは、低開発国研究と経済史学の交渉の仕方に関して、きわめて興味ふかい――ともに実践的に重要な――問題を提起しているように私には思われたので、あとでこうした点をもう少し深く考えてみるつもりである。

それはともかくとして、この会議についていまもなお強く私の印象に残っているいくつかのことがらがある。その一つは、ヨーロッパ(アメリカ合衆国も含めて)の経済史家、少なくともその一部は、低開発国問題に深い関心をもち、当時すでに彼らと低開発国研究者たちとのあいだに協力関係が生まれつつあったように思われたことである。しかも、それは必ずしもいわゆる西側のあるいは非マルクス主義的史家たちだけのことではなく、問題の立て方や理論的枠組に一定の差はあっても、どちらの側にも共通している事実のように思われた。それればかりではなく、こうした低開発国研究と経済史学のあいだの協力には、「南」の国々の研究者およびそれに関するその他の国の研究者たちもまた当然に大きな関心をはらっていたように思われたのは、私の見聞の範囲内のことではあるが、たとえば、Postan 教授が報告の中でインドの経済計画にふれられたばあいにしても、またその他の報告でヨーロッパにおける近代化の歴史的起点が取り扱われたばあいにしても、低開発国問題の研究者たち(少なくともその一部は南の国々の人々)から真剣な質問や批判がしきりに行われたことなどが、何よりもそれを裏付けてくれるように感じたからである。

ところで、それに比べたとき、当時わが国では、この協力関係とその必要性への自覚がいちじるしく立ち遅れた状態にあるように私には思われた。もちろん、わが国においてもそれ以前低開発国研究への経済史学の協力が全然無視されたままであったなどと言うことはできない。むしろ、一部では、早くからその必要性がつよく意識されていたと言わねばなるまい(2)。けれども、全体として見て、問題への関心の度合の深さ、いやとくに広さにおいて相対的にかなり劣っていたことは、やはり否みえないのではなかろうか。かつ、現在においても、その事情はあまり変っていないようにも思われる(3)。

本プロジェクトの研究においては、その表題が示唆しているように、以上説明してきたような問題意識が当然に一つの corner stone として土台におかれている。そういうわけで私は、以下、今後における本プロジェクトの研究の進展を展望しながら、低開発国問題における経済史的アプロウチはどのようなものであるべきかについて、あらかじめ一つの暫定的な見透しを与えておきたいのである。

なお、念のため一言しておけば、この報告はまだ筆者の個人的見解をこえるものではない。したがって、また、協力者諸氏の努力による研究の進展にしたがって、十分に、あるいは訂正され、あるいは補充されるべき性質のものである。

（1）この第二回国際経済史会議の報告集は、二年後の一九六四年にパリで公刊されている。*Second International Conference of Economic History in Aix-en-Provence 1962*, 2 vols., Mouton, Paris, 1964 がそれである。

（2）私の狭い知見の範囲内のことであるが、板垣与一氏の業績にはこうした問題関心が明瞭にあらわれている。その他、すでに十年以上もまえのことになるが、故矢内原忠雄氏から、経済史学の側からも低開発国問題にアプロウチすべきだとの強い意見を伺ったことがある。と言えば、戦前の先生の研究『南洋群島の研究』にもすでにそれが実行にうつされていた、と言ってよいであろう。

（3）この点、私はとくにわが国における経済史研究について言っているのである。本来低開発国問題への関心から生まれでた近代化論や発展段階論はたしかにかなりの規模で輸入され、使用されている。しかし、そのばあい、そもそもの根源的な問題関心からはまったく切り離され、単なる道具となってしまっていると言えば、はたして言い過ぎであろうか。

二

さて、低開発国研究の経済史的アプローチというばあい、さきにも示唆しておいたように、そこには二通り、あるいは三通りの側面が含まれている。第一の側面は、低開発諸国における経済開発の問題点に照らしてみたとき、ヨーロッパ(いっそう広くすでに近代化の道を歩みおえた先進諸国のすべてを含めて、以下同じ)の経済史、とりわけその近代化の過程はどのような姿をとって現われてくるか、そうした問題意識からおこなわれるヨーロッパ諸国の経済史の研究である。これに対して第二の側面は、逆にヨーロッパ諸国の経済史、とりわけその近代化過程に見出された問題点に照らしてみたとき、低開発諸国の経済の現況やその近代化への展望はどのような姿をとって現われてくるか、そうした問題意識からおこなわれる低開発諸国自体の経済史の研究である。この第二の側面はさらに二つのいわば亜側面に分かれ、その一つは、他国とりわけ先進諸国との関わりあいのなかで生じてきた低開発国固有の経済事情に関する歴史的研究であり、いま一つは、低開発諸国それぞれの内発的な発達のなかから生じてきた、いわば土着の経済事情に関する歴史的研究である。第二の側面のなかに含まれているこの二つの亜側面が相互に流動的な関係にあり、しばしば重なり合って現われてくることはもちろんである。以下、当面の研究課題のうちに含まれているこのような問題の諸側面の一つ一つについて、少し立ち入った説明を加えておくことにしようと思う。

まず、問題の第一の側面からはじめることにしよう。低開発諸国における経済開発の問題点に照らしてみたとき、ヨーロッパの経済史はどのような姿をとって現われてくることになるか。こうした問題の立て方を、それと意識の底でつながっている政策的関心の方にひきつけて表現してみると、このようになるであろう。すなわち、すでにいち早く近代化を達成したヨーロッパ諸国の経験に学ぶとすれば、ヨーロッパ経済史の研究成果のなかから、どのようなことがらを政策上の指針として学びとることができるか、と。そうだとすれば、このような問題の立て方からするヨーロッパ経済史の研究においては、どうしても多彩な具体的史実のなかから、とりわけ近代化への歴史の方向づけを惹起するような基本的な諸条件や諸原因を、できるだけ明確な形で析出しようとするようになり、こうしておのずから理論化の方向を目指すほかはなくなるであろう。と言って、もちろん、歴史学本来の職分である史実の集積なり叙述なりがまったく不必要になる、などと言うのではない。当面経済史の研究である以上、それは基礎として不可欠であり、つねにそれへ結びついていなければならない。が、それにもかかわらず、このばあい、理論化の方向をたどり基本的な問題点を析出して見せるのでなければ、とうてい低開発国問題の研究のための指針とも、政策樹立のための指針ともなりえない。そうしたことを言いたいのである。(1) ともかく、第一の側面においては、研究はこうした方向にむかっておこなわれることになるであろう。

このことの理解を容易にするために、二、三の具体的な事例をとって、簡単な説明を加えておくこととしよう。

まず、低開発国問題に関しても、近代化を押しすすめていく経済的要因として、通常次のような事態が想定されてきた。すなわち、

(1) 伝統的社会における商人活動の拡大とそれによる商業の繁栄、つまり“commercialization”、および、

(2) そうした commercialization のなかから結果してくる大規模産業の形成、つまり“industrialization”である。

こうした見解は、ヨーロッパ経済史の研究についても、いまなお通説とすべきかも知れない。しかし、現段階における研究成果は、依然として、それを保証しているであろうか。必ずしもそうとは言えない。さきに述べた第二回国際経済史会議で、少なくとも私の見聞した範囲内では、この問題を取り扱った研究者たちの見解はそうではなかった。

彼らの多くは、封建制社会の末期からむしろ商人たちに対抗して広がっていった農村工業とそれを地盤とする農村職人層の営み、そしてそれに結びついて展開するようなタイプの“commercialization”と“industrialization”に近代化の真の起動力をみとめていた、と言ってよい(2)。もし、この見解が正しいとするならば、それは低開発国問題を考えるにあたって、きわめて重大な意味をもつことになると思われるが、どうであろうか。

それから次のような点をも指摘しておこう。低開発諸国の経済が、なお一般に伝統的社会とよばるべき社会的枠組の内にあり、いまやその近代化が推進されつつあること、は言うまでもない。ところで、ヨーロッパ経済史の研究成果が教えるところによると、ひとしく伝統的社会とよばれるもののなかにも、中世ヨーロッパに見るような厳密な意味での封建制社会以外に、さまざまな、それとは著しく性格を異にした社会的枠祖をもつものが含まれている(3)。このことに照らしてみるとき、たとえばアフリカの部族制社会を中世ヨーロッパの封建制社会とひとしなみに論ずることがいかに危険であるかが分かるであろう。むしろ、こうしたばあいには、中世以前にさかのぼる諸時代についての経済史研究、およびそこからえられる諸帰結が、こうした低開発諸国の理解に大きな助けとなるにちがいない。

つぎに、問題の第二の側面に目を転じることにしよう。ヨーロッパ諸国の経済史、とりわけその近代化過程に見出された問題点に照らしてみるとき、低開発諸国の経済の現況やその近代化への展望は、どのような姿をとって現われてくることになるか。これをさきに第一の側面について述べたところに即して表現しなおしてみると、こうなるであろう。すなわち、ヨーロッパ経済史の研究をふまえての理論化の帰結としてえられた、近代化を押しすすめる歴史的な諸条件や諸原因についての理論的枠組をとおして眺めるとき、低開発諸国の経済史は、近代化への要請のまえに、どのような問題を具体的に提起してくることになるか、と。そうだとすると、こうした問題の立て方からする低開発諸国自体の経済史的研究は、どうしても、第一の側面とはまさに逆に、理論的・抽象的に把握された諸条件や諸原因をつつんでいるところの特殊的な歴史的事情にできるだけ目をむけ、そのすぐれて個性的な姿の具体的把握を目指すものとならなければならぬであろう。もちろん、ヨーロッパのばあいと同一の基本的諸事実がその底をも貫通していることの確認が不必要だなどと言うのではない。むしろ、その逆である。けれども、このばあい、それだけではまだ本質的なものが不足しているというのである。なぜか。低開発諸国における近代化への現実の要請に直面したばあい、ヨーロッパの歴史的経験から帰結した一般理論的な枠組だけでは捉えきれず、また処理しきれないなにものかが、本質的に重要な意味をもってくることになるからである。それは必ずしも、歴史現象につきものの偶然ということだけを考えているのではない。そこには、それをも含めて、次のような二つの重要な側面が見出されるからなのである。

その一つは、それぞれの低開発諸国が他の国々、とりわけ先進諸国との政治・経済的な相互関連のなかで、その影響のもとに、歴史的に押しつけられてきたところの特殊的な諸事情である。もちろん、そうした相互関連のなかでその影響をうけてきたのは、低開発諸国の側ばかりのことではない。けれども、低開発諸国の側が歴史的にうけてきた影響とその諸結果は、先進諸国のばあいにみるものと、まったく性質を異にしており、それらの国々の経済の近代化という観点から見るならば、あきらかに歪みといってよいものである。たとえば、次のような事情をあげることができるであろう。私が他の機会にしばしば言及したことがあるような、[4] 産業構造（すなわち、社会的分業の組み立ての社会的構造）に見られる歪みがそれで、極端なばあいをとってみると、一国（あるいは一地域）の産業構造の大部分が一つないしは少数の産業部門によって占められてしまったような、いわゆるモノカルチャー型である。このような産業構造における歪みは、それ自体として一国（あるいは一地域）の経済的独立を困難にするばかりでなく、あとで述べるようないわゆる土着の伝統的な社会諸関係に結びつき、それの土台を形づくることになったばあい、近代化に対する強固な阻止条件として現われることは周知と言ってよいであろう。低開発諸国の経済史の研究は、こうした特殊性についてもきめ細かく究明する必要があろう。

いま一つは、低開発諸国に土着の、つまり、それぞれの国の経済の内部に深く根を下ろしている固有な特殊事情である。ところが、低開発諸国における経済の社会的構造(すなわち、経済構造)は一般に伝統的社会とよばれるものであるが、同じように伝統的社会とよばれるべきもののなかにも、さまざまに性質の異なった経済構造が存在しうることはさきにも触れたとおりである。したがって、低開発諸国の経済史の研究にさいしては、それぞれの国の経済構造のこうした特殊性が、その独自な研究対象としてきめ細かく究明されねばならない。

ところで、低開発諸国に見られる伝統的経済構造のそうした特殊性を生みだしてきた歴史的事情のなかには、さしあたってどうしても普遍化(あるいは法則化)しにくいという意味で偶然的な事実が含まれており、とりわけ低開発諸国の経済史的研究にさいしては、それがまた本質的な意味をもつものとしてきめ細かく究明されねばならなくなることももちろんである。が、なおそのほかに、ここでどうしても触れておかねばならぬ二つの重要な局面がある。

(1) まず、発展段階論的な局面がある。ヨーロッパ経済史を中心とする経済史学の研究成果によると、伝統的社会のなかにも、部族制社会→奴隷制社会→封建制社会、の諸段階が、いちおう普遍的なシェーマとして考えられていると言ってよい。これを前提とすると、さしあたってそうしたシェーマに照らし合わせながら、それぞれの低開発国の伝統的な経済構造がほぼどの段階の事実に近似しているかという観点から、史実の整理を試みてみる必要がある。

(2)　けれども、経済史学の研究成果は次のような事実をも教えている。それは、いくつかの伝統的社会がかりに同一の発展段階にあったとしても、それぞれの特殊事情にしたがって、それぞれ独自な方向にむかっての展開(あるいは合理化)を示し、それがまたそれぞれにとって本質的な意味をもつものとなっている、ということである。しかも、この点は、低開発諸国のばあいにもっとも明瞭に現われているといってよいであろう(5)(たとえば、旧中国やインドの文化を考え合せてみるとき、きわめてはっきりとするであろう)。

ただ、以上二つの局面が近代化に対してもつ意味には、かなり微妙な相違があることを見逃すことはできない。すなわち、前者は近代化によって揚棄されるべきものとして現われるのに対し、後者は一面で同様に揚棄されるべきものを含みながら、他面では近代化達成ののちまでも受け継がれるべき貴重な文化遺産として現われてくることにもなるからである。ともあれ、私の現在の見透しによれば、低開発諸国自体の経済史は、以上のような諸点に留意しながら、きめ細かくすぐれて歴史学的に究明され、叙述されねばならないのではないかと思われる。

（1） もちろん、ヨーロッパ経済史に関する豊富な史実の集積やきめの細かい歴史叙述そのものが、低開発国問題にとってなんらの指針をも与えないなどと言うのではない。ただ、それをそうした方向に生かすためには、例外的な個人のいわば名人芸に頼らねばならない（だから社会科学的ではない）と言うまでなのである。総じて、非ヨーロッパ地域の経済史家が比較史的見地に立ってヨーロッパ経済史を研究するばあい、方法的に明確な意識を持てば持つほど、さしあたって理論化の方向をめざすほかはなくなるであろう。このことは、かなり重要な意味をもつので、念のために一言しておく。

（2） たとえば、*Second International Conference of Economic History in Aix-en-Provence 1962*, Vol.II, Chap.V, Rural Industries and Artisans に収録されている諸報告を参照。なお、その中に含まれている私の報告の日本文は「資本主義発展の起点における市場構造」という表題で大塚久雄著作集第五巻、に収録。

なお、私は以前からそうした見解を明らかにしてきている。たとえば、拙著『欧洲経済史序説』一九三八年、大塚久雄著作集第二巻所収、のほか、〝Industrialization〟を問題にしたものとしては、拙稿「近代化と産業化の歴史的関連について」大塚久雄著作集第四巻、を参照されたい。

（3）　この点を論じたものとしては、拙稿「マックス・ヴェーバーのアジア社会観」大塚久雄著作集第七巻、を参照。

（4）　たとえば拙著『国民経済――その歴史的考察』弘文堂、一九六五年、とくに第一部「序説」および第三部「国民経済――歴史的視野での考察」を参照されたい。

（5）　この点については、前掲拙稿「マックス・ヴェーバーのアジア社会観」大塚久雄著作集第七巻、および、拙稿「社会変革とはなにか」大塚久雄著作集第十二巻、を参照。なお、この問題に関する理論化は依然として不十分な状態にあるが、とくに参照すべきものとして、Max Weber, *Wirtschaft and Gesellschaft*, 5. Aufl., Zweites Buch, Kapitel 9, Abschnitt 4-5（マックス・ウェーバー、世良晃志郎訳『支配の社会学』上巻、第九章、第四―五節）に見られる「家産制支配」の理論をあげておきたい。

近代化の経済史的条件
――低開発国問題に関して西洋経済史は何を物語るか――

一

いわゆる低開発諸国の研究は、人々にかずかずの解きがたく錯綜した問題をあらためて提起した、と言ってよいであろう。ところで、ヨーロッパ(文化的にそれとほぼ同一の線上にあるアメリカ合衆国をも含めて)は、いうまでもなく、世界史の上で最初にかつ自生的に近代化[1]を達成した地域であるが、そうしたヨーロッパの歴史的経験、とりわけその近代経済史は、低開発諸国の近代化というさし迫った必要に対して、錯綜した事実を観念的[2]に解きほぐし、問題の所在を指し示すという点で意義のある、なにものかを提供することができるだろうか。それについて、さきに私は肯定的に答え、ある程度その問題点を示唆しておいた[3]。その後一年間、本プロジェクトの研究会を通じて、問題点はいっそうはっきりしてきたので、本年度の報告としては、そうした低開発国問題の研究に対して西洋経済史が示唆する(と私が考える)主要な論点のいくつかについて、その要旨を記してみることにしたい。

(1) 通常この「近代化」という語は「産業化」(ないし「工業化」)という語と、その意味内容がほとんど重なり合うものであるかのように解されている。しかし、私はかつて別稿「近代化と産業化の歴史的関連について」(大塚久雄著作集第四巻)で論及しておいたように、この二つの概念は、ある点ではその意味内容が重なり合うことをもちろん承認しながらも、相互に明確に区別すべきであると私は考えている。その意味と必要については、本報告でもある程度まで触れることになるはずである。

(2) ここでいう「観念的」とは「社会科学的な概念操作を通じて」ということであって、「非現実的」ということではない。手続の誤りさえなければ、社会科学的な概念操作を通じて対象をとらえることは、すぐれて「現実的」であることを意味する。近来「観念的」という語をいきなり「非現実的」と同義に用いる風潮があるのは、危険だと私は考えている。たとえば、大切なのは現在の問題である、だから、歴史などに溯る必要はない、というような見解もそこから出て来るのだからである。

(3) 拙稿「低開発国研究にとって経済史学がもつ意義」『後進国経済発展の史的研究——昭和四十三年度中間報告(その一)』アジア経済研究所所内資料、一九六九年[本文庫に収録]。

二

まず、近代化開始の起点ともいうべき問題からはじめることにしよう。第二次世界大戦後、とりわけこの二十年間に多くの旧植民地がつぎつぎに政治的独立を達成したことは、周知のとおりであるが、さてその独立にふさわしい国民経済をうちたてる段となると、数々の隘路が現われてその進展は困難をきわめ、また、いわゆる先進諸国からのさまざまな援助の効果が期待されたほどではないことも、これまた周知のことといってよいであろう。言ってみれば低開発諸国は、政治的独立のばあいとはちがって、経済のレヴェルにおいては、譬喩的にいえば、なんらかのUターンを試みねばならぬ羽目におかれているにもかかわらず、さまざまな阻止的条件がそれを妨げているのである。そうした阻止的条件としては、もちろんいわゆるネオ・コロニアリズム(あるいは帝国主義)がしばしば指摘されている。この指摘にはたしかにきわめて重要な問題点が含まれており、それを無視することはとうてい許されないが、しかし、こうした発想さえも、低開発諸国が経済的独立の方向に向かって歩みはじめるUターンの論理[1]をまだ十分には教えてくれないように、私にはどうしても思われる。そして、このUターンの論理なるものは、いうところの近代化開始の起点の究明にほかならないのである。

さて、以上述べたような低開発諸国における経済的Uターンという論点を、振り返って西洋経済史の上に投射してみると、そこに姿を現わしてくるのが、近代化の過程がまさに開始されようとする時期のイギリスであることは、おそらく容易に察知できるところであろう。世界史の上でもっとも早くかつ順調に近代化をなしとげたとされるイギリスも、十四世紀後半までは、十三世紀半頃を頂点として、なおマナー制度を土台とする押しも押されぬ封建制経済の社会を形づくっていた。しかも、ヨーロッパ封建制社会の全体からすれば、むしろ辺境に近いあたりに位置していたこともあって、当時イギリスの外国貿易はかなり盛んなものであったにもかかわらず、その担い手はイタリアや北ドイツの商人たちで、彼らは国内の取引にも力を振い、また国王に莫大な貸付をおこなって、イギリス自体の商人よりもむしろ法的に優遇されさえしているような状態であった(2)。イギリスの近代化は、こうした状態をはねのけつつ、開始されることになったのである。

イギリスでそのような近代化開始の起点がおかれた時期、あるいは、そうしたいわばUターンが行われた転換期は(3)、ほぼ十四世紀末から十五世紀半ばにかけての半世紀間だったといってよいであろう。そして、進展を開始した近代化は十六世紀半頃にいたって、逞しい姿を歴史の上に現わしてくることになる。ところで、こうしたイギリス経済史上におけるUターンは、いったい、どのような社会経済的内実をそなえていたであろうか。(4)

まず、旧来のマナー制度、すなわち封建的土地所有の体制が全面的に解体を開始したという事実をあげねばなるまい。もちろん、イギリスにおける封建的土地所有の終局的な解体は、さらにピュウリタン革命から名誉革命にかけての変革を待たねばならないが、(5)少なくともこの時期にマナー制度の本来の姿がまったく失われ、その反面として、いわゆる独立自営農民の全面的な成長が見られたということは、はっきりと見定めておく必要がある。ところで、十五世紀前半のイギリス経済に見られたUターン的な変化は、それだけに止まらなかった。いや、そうした土地所有関係の変化には、われわれの問題関心にとって当面いっそう重要な意味をもついま一つの現象が伴っていた。それは、旧来の商人層の全般的な没落と彼らの商業活動の拠点となってきたギルド制特権都市の衰退であった。イギリスでは封建制の十二～三世紀以来、商人たち――もちろん国内商人だけでなく、外国商人をも加えて――はギルド制特権都市を拠点とし、マナー領主としての封建的支配者層――もちろん国王を含めて――のさまざまな利害に結びついて、莫大な利潤をあげていた。そして、その主要な地盤は遠隔地商業、とりわけ外国貿易であった。ところが、マナー制度の急激な解体開始とともに、そうした商人活動の経済的土台がつぎつぎに失われていき、十五世紀半頃までに従来の目ぼしい商人たちは、ほとんど破産にみまわれる状態となった。このことは、商業活動の拠点としての特権諸都市を衰退させたばかりでない。遠隔地貿易、とりわけ外国貿易の規模を顕著にかつ急激に縮小させ、その結果、十五世紀はイギリス国民経済にとって、大不況期ともいうべき様相を呈することにさえなった。

このようなマナー領主や旧来の商人たちの衰退(そして外国商人の退場)をよそに、逆に繁栄への身構えをみせていたのが、さきにも少し触れたような、農村地帯における独立自営の農民や職人たちであり、彼らを担い手とするまったく新しい姿の商品経済であった。いや、むしろ端的に、そうした人々を担い手とする商品経済の新たな成長開始こそがそもそも領主や商人たちの経済的衰退をよびおこす根本的原因だった、といった方がいっそう真実に近いであろう。イギリスでは、早くも十四世紀後半には、毛織物製造を中心にさまざまな種類の農村工業――むしろ農民工業――がかなりひろく各地に蔓延していた。しかも、それが次のような特徴的な市場関係を形づくりつつ展開されていたということは、後段で述べることがらとの関連で、とくに注意しておきたい。当時イギリス各地の農村には、もちろん程度の相違はあっても、さまざまな種類の職人や小商人たちが小商品生産者化した農民たちと混住しており、そして、ほぼ数カ村程度を単位として、そうした職人、小商人、農民そして日雇たちのあいだにはある均衡のとれた、過不足のない社会的分業関係が形づくられる傾向が見られた。かつ、その中心村落には週市がたち、ここで彼ら相互間の商品交換がおこなわれた。つまり、数カ村程度の地域を単位として、自給自足へいちじるしく傾斜した商品経済圏を形成するという姿をとっていたのである。[6]こうしたものを、私は「局地的市場圏」とよぶことにしているが、[7]ともかく、十五世紀末以降におけるイギリス近代産業のはばたきは、こうした姿で成長しはじめる農村工業を基盤としておこなわれたのであり、また、こうした形の経済成長の系譜をひきつつ、イギリスは十八世紀の末葉にいたって、世界の国々に先立っていわゆる産業革命の過程に突入することになるのである。

イギリスで近代化の過程がまさに開始されようとする時期に見られたいわばUターンの現象は、きわめて簡単にいえば、ほぼ以上のようなものだった。ところで、こうしたUターンの現象が歴史上見られたのは、必ずしもイギリスだけのことではなかった。ヨーロッパの他の国々でも、とりわけ南ネーデルラントや北フランスなどの地域で、近代化の過程が自生的に開始されようとするときには必ず見られたと言ってよい。そのなかでも、イギリス以上にみごとな展開をとげたのが建国期のアメリカ合衆国だったことは銘記しておく必要がある。[8]

以上述べてきたことがらからの帰結は、さしあたって、次のとおりである。ヨーロッパ経済史の上で近代化の過程がまさに開始されようとする時期にみられた社会経済的Uターン現象は、大づかみに、二つの際立った特徴をそなえていた。[9] すなわち、(1)古い伝統的社会において支配者の地位を占めてきた領主(および地主)や商人たちからは、近代化開始の担い手は現われてきていない。(2)むしろ逆に、そうした社会層を衰退させながらその地位を確立してくる独立自営の農民層、およびそれに絡みあう農村の職人層のなかからこそ、その後の順調な近代化過程の担い手となった人々の中心が姿を現わして来た、と。

(1) 念のために言っておくが、私は決して、さまざまな援助が不必要だとか、邪魔になるとか言おうとしているのではない。むしろ、その逆である。ただ、低開発国自体がその経済的自立のために何をなすべきか、そしてそれに照応して、援助というものに含まれがちなある種の刺をどうして取り除く(あるいは少なくする)ことができるか、そうした点を問題にしようとするだけである。

(2) とりあえず、拙著『近代欧洲経済史序説』第二編第一章第一節、大塚久雄著作集第二巻所収、を参照。

(3) この点を最初に明確に指摘したのは、M.M.Postan であった。彼の見解については、さしあたり拙稿「最終講義——イギリス経済史における十五世紀」大塚久雄著作集第九巻、を参照。

(4) 拙稿、前掲論文、および同じく拙稿「近代化の歴史的起点——とくに市場構造の観点からする序論」大塚久雄著作集第五巻、などを、さしあたって参照されたい。

(5) イギリスのマナー制度その他の封建的制度の外形はもちろん、産業革命ののちまでも残存していく。しかし、その支配の実質は、このときに消失したと見ねばならない。むしろ、その点では、イギリスは他の諸国に比べて、もっとも徹底的だったということができるであろう。とりあえず、拙稿「西洋経済史講座——緒言」大塚久雄著作集第四巻、とくに一八六—二〇〇頁を参照されたい。

(6) もちろん、地理的条件その他に制約されて、完全な自給自足圏を形成するというようなことはありえない。イギリスのばあい、たとえば塩、とりわけ貨幣素材の欠如は目だっている。当時のイギリスでいわゆる monetary system への傾向がつよかったのは、一つにはそのためだったと言えよう。

(7) この表現は N. S. B. Gras から借用したものだが、また Max Weber の》die Verkleinerung des Marktes《という表現も、現象の他の一面を物語るものとして捨てがたいように思う。この「局地的市場圏」の形成については、さしあたっては、拙稿「近代化の歴史的起点——とくに市場構造の観点からする序論」大塚久雄著作集第五巻、とくに五七頁以下を参照。

(8) 幕末のわが国でもある程度までそうしたUターンの現象が見られたことも、とりあえず注記しておきたい。これも含めて、以上の事実については、拙稿「資本主義発展の起点における市場構造」大塚久雄著作集第五巻、を参照。

(9) もちろん、歴史現象につきものの例外を忘れているのではない。ここではただ、その基軸をなす諸事実を明らかにしようとしているだけのことである。念のために。

三

ヨーロッパにおける近代化過程の開始点に以上のような特徴的事実が見られたとするならば、当然の推論として、低開発諸国の経済的Uターンについても、そうしたいわば小生産者型のUターンの道の可能性が浮び上がってくることになるであろう。少なくとも、その可能性を現実の諸条件に即して検討してみることは、どうしても必要だ、といわねばならない。しかし、それはそれとして、そのような小生産者型のUターンは近代化のただ一つの可能な道なのであろうか。それとも、そのほかにいま一つ、地主＝商人型の道もまた現実に可能だと考えるべきなのであろうか。こうした問題が当然に生じてくるが、この点について、西洋経済史の研究は何をわれわれに物語ってくれるであろうか。その答は実はかなり複雑となってくる。というのは、これを正確かつ達意につたえるためには、「近代化」と「産業化」(あるいは「工業化」)、この二つの語のあいだに見られる微妙な意味内容の相違を明らかにすることがどうしても必要となるからである。が、それはいちおう後回しにすることとして、(1) とりあえず一つの史実を簡単に紹介することから始めることにしよう。

十八世紀の末葉から十九世紀の半ばにかけて、イギリスでは他の国々にさきがけて産業革命、つまり the Industrial Revolution が展開され、それによって「世界の工場」の地位を確立したばかりでなく、また同時に、全世界にむけて産業化(工業化)への力づよい衝撃という波紋を投ずることにもなった。ところが、イギリス経済史の上で産業化(工業化)の急激な進展が見られたのは、必ずしもこの時期だけではなかった。少なくともいま一度、絶対王制下の十六世紀後半から十七世紀初頃にかけての時期にも、(2) そうした産業化(工業化)の急激な進展がみられた。それをJ・U・ネフ教授が「早期産業革命」early industrial revolution とよんでいるので、(3) ここでもさしあたってそうした表現を使用することにしよう。

さて、イギリス史上に見られるこうした産業革命と早期産業革命は、どちらもともに、産業化(工業化)の急激な進展と十分によびうるような側面を包含していることは確かであるが、それにもかかわらず、両者のあいだにははっきりした相違が存在したことも、これまた疑いをいれない。そして、その相違はおよそ次の三つの点に特徴的に示されている、と言ってよいであろう。

(1) 産業革命のばあい、一つの部門から他の部門へと波及しつつ、結局基本的には全産業部門が急激な産業化(工業化)の渦巻のなかに巻きこまれていったのに対して、早期産業革命のばあいには、産業化(工業化)の急激な進展が、とくに炭坑業を中心として、鉱山業と繊維工業の一部、およびその関連諸産業に限られており、他の諸部門、とくに農業はほとんどその圏外に取り残されていて、全体として、産業諸部門間の発達の不均衡がきわめて顕著であった。

(2) 産業革命のばあい、前述の小生産者型の道に沿って成長した、「産業の自由」をめざす中小の産業経営者たちが産業化(工業化)の中心的担い手となったのに対して、早期産業革命のばあいには、地主=商人型の道に沿って産業経営者の側面をもそなえるにいたったジェントリーや商人たちがその担い手であり、当然に伝統的社会の特権と絡みあう「独占」の形成をめざす結果となった。この二つの産業化(工業化)の道は社会的に対立することになる。そして、イギリス史の上では前者がいち早く後者を圧倒しさり、その結果として、the Industrial Revolution の展開が現実に可能となったのであった。

(3)　したがって、産業革命のばあい、産業化(工業化)の急激な進展は、すでに伝統的社会体制の殻を基本的に脱ぎすてた近代社会(あるいは産業社会)の産業的土台の最終的完成を意味したのに対して、早期産業革命のばあい産業化(工業化)の進展は、たしかに伝統的社会の体制に一定の楔《くさび》をうちこんだとしても、全体としては、絶対王制、つまり伝統的社会の体制をかえって強化することを意味したと言わねばならない。

さて、以上の諸点を念頭におき、かつ、近代化と産業化(工業化)この二つの語の意味内容をやや厳密に、前者は伝統的社会の解体と近代社会(あるいは市民社会)の体制的確立、後者は産業(工業のみでなく農牧畜・鉱山業なども含めて)の企業経営化の進展、というふうに解すれば、近代化の歴史的方向づけに関して、次のような推論が当然に帰結してくるであろう。——近代化は、産業化(工業化)を土台としてはじめて現実的に可能となり、したがってまた逆にそれを押しすすめることにもなる。けれども、その逆は必ずしも真ではありえない。つまり、産業化(工業化)は、近代化を押しすすめるばあいがもちろんありうるけれども、また、逆にそれを阻止するばあいもありうる、と。

ちなみに、後者の、産業化(工業化)が近代化を妨げるような結果となるばあいとしては、西洋経済史の流れのなかでも、さきに指摘したイギリス(およびフランス)の早期産業革命のほかに、なおいくつかの事例をあげることができる。まず、十六世紀前半のいわゆる「フッガー家の時代」における南ドイツの産業的発展[5]。これは、時代的には、絶対王制の成立に先立つ時期の事例である。つぎに、ドイツ(および日本)における産業革命。このばあいは、前節で見たようなUターンを経て小生産者型の道を歩みはじめ、すでに絶対王制の段階にまで到達しておりながら、しかも、地主＝商人型の姿をとった産業化(工業化)の急激な進展で、したがって「産業革命」も体制的利害に結びつき、それ自体としては、ついに真の近代化を招来するものとはなりえなかった[6]。

こうして、さきに提起しておいた問題に対しては、次のように答えることができよう[7]。――地主＝商人型の道はたしかに、一定の条件のもとにおいては、産業化(工業化)の急激な進展を押しすすめることができるけれども、個々の例外的事実は別として、全体として見るならば、やはり真の近代化過程の開始点ないし転回点を形づくるUターンの意味を、それ自体としては[8]、もちえないであろう[9]、と。

(1) とりあえず、拙稿「初期銀行史におけるヨーロッパと日本」第三節、注(1)、大塚久雄著作集第十一巻、同「総説 後進資本主義とその諸類型」第二節、注(16)、同巻を参照されたい。

(2) 十七世紀半ばのいわゆるイギリス革命に先立つ時期であり、いわば伝統的社会の最後の時期であって、Max Weber の用語にしたがって der ständisch－patrimoniale Staat とよんでもよい。彼によれば、この時期から名誉革命にかけての社会変革によってイギリスは der (moderne) industrielle Staat の段階に入りこむことになる。

（3） J.U.Nef, *The Rise of the British Coal Industry*, 1932, I, Part II, ii (An Early Industrial Revolution); do., *Industry and Government in France and England 1540–1640*, 1940. なお、彼は大革命直前半世紀のフランスにも、それと同じ性質の産業化（工業化）の急激な進展がみられたことを指摘している。

（4）「伝統的社会」にもさまざまな発展段階的相違が見られるわけであるが、この問題は本編では割愛する。さしあたって、拙稿「予見のための世界史」大塚久雄著作集第九巻、および拙稿「マックス・ヴェーバーのアジア社会観」同第七巻、を参照されたい。

（5） さしあたって、拙稿「フッガー時代の南ドイツにおける会社企業」大塚久雄著作集第十巻補遺、を参照。

（6） これらの国々では、早期産業革命と産業革命という別々の姿は見られず、その「産業革命」は、早期産業革命が先進諸国における産業化（工業化）の成果の影響のもとに産業革命の様相を呈するにいたったものと言えよう。したがってそれは、当面の問題的観点から見るときは、早期産業革命と本質的に共通する性格をもつという特徴がみとめられる。これらの点については、拙稿「産業革命と資本主義」および「産業革命の諸類型――社会の構造変革との関連において」大塚久雄著作集第十巻VI、を参照されたい。

(7) そのばあいにも、産業化(工業化)の進行に一定の限度が社会的に画されることはもちろんである。この観点を低開発国問題に投影してみるばあいには、とりわけ最初のUターンをすでに経過しているかいなか、その段階の相違に注目することが必要となってこよう。

(8) そのばあいにも、たとえば、外側からのなんらかの強力な衝撃というような特別の事情がない限り、という限定をつけねばなるまい。第二次大戦後の西ドイツや日本の高度経済成長は、そのことをわれわれに物語る。

(9) 以上の命題を低開発国問題に投射してみると、次のような論点がおのずから浮び上がってくる。——ある低開発国において、産業化(工業化)がある程度進展しつつあるにもかかわらず、社会的な不満がむしろ増大するというような事態がみられるとすれば、以上述べてきたような近代化と産業化(工業化)のあいだに見られる相互関係という観点から、事態をいま一度きめ細かく検討してみる必要がありはしないか。そういったことである。

四

以上私は、(1)近代化過程の開始点に姿を現わしてくる小生産者型の産業化(工業化)と、(2)その出現に先立って、あるいはその進行過程と絡まりあって現われる地主=商人型の産業化(工業化)、この二つを西洋経済史の史実のなかから掘り出し、近代化の歴史的方向づけに関連して両者が示す社会的性格の相違をきわめて簡単に紹介した。ところで、いままでの説明では、問題点をただいわば経済構造の側面からだけ眺めて、その裏側とも言ってよい社会的分業——それは市場関係の姿で現われてくる——の構造的なあり方、つまり産業構造の側面は当面度外視してきた。けれども、低開発国研究が提起している問題点を西洋経済史の史実に投射して、そこからなんらか有用な示唆をえようとするときには、どうしても右の二つの型の産業化(工業化)という事実を、後者、つまり産業構造の側面からもう一度眺めなおしてみなければならなくなる。というのは、おおよそ次のようなことである。

さきにも記したことであるが、近代化過程の開始点で社会経済的にいわばUターンがおこなわれるさいに、新しい歴史的出発点として「局地的市場圏」ともよびうるような、小規模な自立的分業圏のおびただしい形成がみられた。そして、典型に近い姿のものをとってみると、こうした「局地的市場圏」の内部では、さまざまな種類の農・工の小商品生産者と小商人たちが、ほぼ過不足のない割合で組み合わされ、中心地点にたつ週市を交換の仲介として、商品経済の上に立ちながら自給自足への傾向を顕著に示していた、といってよい。

ところで、こうしたおびただしい数の「局地的市場圏」は互いに融合しあいつつ、その拡大版ともいうべき、規模のいっそう大きい社会的分業圏、つまり「地域的市場圏」へと発展していくことになる。事実、イギリスでは十六世紀の半頃には、すでに全土がほぼ三つの「地域的市場圏」から成りたつような姿になっていたと言ってよい(1)。もっとも、絶対王制下のイギリスでは、社会的な原因によって、こうした社会的分業関係の均衡はたえず破られがちであったが、名誉革命によってそれがまったく抑止されるとともに、三つの「地域的市場圏」はさらに互いに融合しあって、産業革命の開始までに、ついに全土が一個の「統一的国内市場」の姿にまで到達することになった(2)。

ところで、以上のようなことがらとともに、やはりその裏側をなす次のような事情も述べておかねばならない。「局地的市場圏」から「地域的市場圏」へ、さらに「統一的国内市場」へと発展する過程に照応して、イギリス国民経済は全体としても自給自足への傾向をおびるほかはなかった。が、当然に推測されるように、同時にそれに反する傾向もまた存在した。つまり、社会的分業関係全体の均衡がややもすれば破られがちであるばかりか、とくに地理的条件のために絶対的に不足する重要物資などは、どうしても輸入されるほかはなかった。たとえば、貨幣素材(金・銀)や塩、重要産業に必須の原料・助成材などがそれであるが、その輸入のためにはまた、見返りとして自国内における輸出品の存在が必要となる。イギリスの国民的産業として毛織物工業が比例を失して拡大されていったのは、実は、そうした国内に欠如する必要産業部門に代位し補充するという意味をもっていたのである。つまり、国内だけではどうしても成立しがたい産業諸部門の均衡を、貿易をとおして樹立しようとしたわけで、その結果、国民経済の形成はおのずから、いっそう大規模な経済圏としての economic empire の形成をも伴うことになった。イギリスの重商主義政策は[3]、本来こうした一面を包含していたのである。

このようにしてイギリスの国民経済は、貿易と economic empire の形成を通じて、自国内における産業諸部門間の均衡をたえず回復していったが、しかし、その相手国にとっては事情はまったく逆で、そのために、自国内における産業諸部門間の均衡は破壊され、したがって国民経済存立の土台を突きくずされる結果となった[4]。しかも、これに関連して、どうしても注意する必要があるのは、その相手国における産業化（あるばあいには工業化）の道が小生産者型であるか、それとも地主＝商人型であるか、そのいかんによって影響するところが根本的に異なっていたということであろう。まず、地主＝商人型の道のばあいには、産業化（あるばあいには工業化）の進展は、先進相手国の貿易政策の利害とたやすく結びついて、逆に自国内における産業諸部門間の均衡を破壊するような傾向をもつ。西洋経済史の上でその事例を求めると、たとえば、ドイツのユンカー産業にそれが見られたが、そうした傾向が歴史上もっとも激しい形で現われているのは、十七〜八世紀におけるスペインとオランダで、両国の国民経済の悲劇的な壊滅は半ばその結末であったと言ってもよい。(5) これと関連して、植民地(あるいは低開発国)のばあいに見られるモノカルチャー的なプランテイション企業、鉱山企業の形成が、およそ国民経済の自立を不可能にするような性質を帯びていることも、とくに注目しておきたい。

これに対して、小生産者型の道のばあいには、産業化(工業化)の進展は、たえず自国内における産業諸部門間の均衡を(そしてある段階にまで到達すると、economic empire を)作り上げようとする傾向をもち、したがって、あるばあいには先進相手国の貿易政策の利害と激しい対抗関係にたつことになる。たとえば、十八世紀以降のフランスにおける産業的発展は、イギリスに対してそうした性質をおびて立ち現われてくるが、なかでもそうした傾向が激烈な姿をとったのは建国期から南北戦争にかけてのアメリカ合衆国の経済的発展であった。(6) すなわち、独立戦争によってイギリスの政治的支配から解放されたのち、その重商主義政策によって押しつけられてきた産業諸部門の不均衡を急速にとりもどしつつ、南北戦争を経て、すぐれた意味で国民経済とよびうるような産業構造(また economic empire の萌芽)をうちたておわることになる。

さて、以上産業構造の観点から見わたした西洋経済史上の諸史実に、低開発国研究から流れでてくる問題点を投射してみると、次のような推論が生まれるのではないかと思われる。すなわち、低開発諸国の経済的開発のために、先進諸国がなんらかの形で援助の手をさしのべることの必要性も決して否定するものではないが、しかし、先進国が自己の犠牲においてすべてを引き受けるということがありえない以上、低開発諸国はなんとか自分の脚で立ち上らねばならない。そして、そのためには、その独立を真に基礎づけうるような、産業諸部門間の均衡のとれた社会的分業圏をうちたてるという方向にできるだけの努力をしなければならないし、援助もまたそうした方向に沿って行われねばならないであろう、と。(7)

もちろん、誰もが知っているように、低開発諸国にはその歴史的・地理的条件からして、そうした自立的な社会的分業圏の形成のために必須な諸国家(ないし諸地域)の統合と分離、その他さまざまな再編成をはばむような諸事情が山積している。そうしたことがらとの関連で、宗教＝エートスの問題や民族(ヴェーバーふうに言えばethnische Gruppe)＝民族意識の問題などにも論及してみたかったのであるが、それは今回のプロジェクトの範囲をあまりにも逸脱することになるので、本稿では割愛し、他の機会に試みたいと思っている。

(1) 拙稿「リーランドの「紀行」に見えたる当時の社会的分業の状態——マニュファクチャー期開始点における国内市場の地域性について」大塚久雄著作集第五巻I、を参照。

(2) 山下幸夫『近代イギリスの経済思想』一九六八年、第一章第二節「〔デフォウの〕紀行にあらわれた社会的分業の状態」および大河内暁男『近代イギリス経済史研究』一九六三年、第二章「道路交通からみた十八世紀前半イギリスの国内市場」などを参照。

(3) 重商主義という概念には、絶対王制下の経済政策を含むような広義の用語法もあるが、絶対王制下のいわゆる重商主義のばあいには、逆に国内産業諸部門間の均衡を破壊するような一面をそなえていた。

(4) 以上の諸点については、拙著『国民経済』第一部、大塚久雄著作集第六巻、および、拙稿「産業革命の諸類型」同第五巻、を参照。

(5) 拙著『近代欧洲経済史序説』第一編第二章、大塚久雄著作集第二巻、および、拙稿「オランダ型貿易国家の生成——絶対王制の構造的停滞の一類型」同第六巻、を参照。

(6) 拙著『国民経済』第三部、大塚久雄著作集第六巻、参照。日本もまた先進諸国の貿易政策に抗して独立を維持することができたが、アメリカ合衆国と異なって、地主＝商人型の発展のために、長きにわたって「粘土の足」をもちつづけることになった。

(7) もちろん、低開発国のすべてが「局地的市場圏」の形成から歩みはじめねばならぬ、などといっているのではない。そういうばあいもありうるだろうし、そうした形をとりえないばあいもありうるであろう。要するに「局地的市場圏」に見られるような経済循環の原理が、なんらかの形で、現実化されることが望ましいというのである。

経済の近代化過程における宗教の役割

一

いまのご紹介にありましたように、私は平生途上国の研究をやっている者ではありません。ですから、今日はそうしたことがらに関する詳しい実証的な研究報告といったものではなく、いわゆる低開発国問題を見る目にはこういう角度もあるのではないか、といったことに関して少しばかりお話ししてみたいと思うのです。

低開発国経済の近代化が問題になるばあい、ご存じのように、それと絡んでしばしば宗教の問題が出てまいります。しかもその折、われわれがよく耳にするのは、宗教が近代化を妨げるようないわば逆条件として働くということです。宗教をそういうふうに見るのがまあ普通ではないかと思います。しかし、よく考えてみますと、宗教の低開発国経済との関りあいは、必ずしもそうした逆条件としてだけではないはずです。むしろ、あるばあいには、近代化の過程を妨げるようなさまざまな精神的諸条件をとりのぞき、逆に近代化が順調に進行しうるような新たな精神的諸条件を作り出していく、そうしたいわば変革力として宗教が作用しうることもすでによく知られているわけです。そうした関連でこの数年間、ご承知のように、マックス・ヴェーバーの『プロテスタンティズムの倫理と資本主義の精神』Die protestantische Ethik und der 》Geist《 des Kapitalismusという論文、もうすでに六十何年か前のものでありますが、いまだに生命を持ち続けている、そのヴェーバーの論文がまたもや内外で問題にされてきております。低開発国でその近代化を妨げているような意識形態、それが張りめぐらしている逆条件の網の目をいわば掻《か》い潜《くぐ》って、近代化のための精神的 break through をなしとげていく、そうした人間的条件の探求という観点からいろいろと問題にされてきているわけです。ところが、このヴェーバーの論文というのはなかなか一筋縄ではいかぬようなむつかしい問題を含んでいるのです。実は一九〇五年にはじめて発表されて以来、この論文には反対や批判がひじょうに多かった。ほとんど十年ごとに Weber Thesis に関する議論が蒸しかえしでてくるとも言われているように、ひじょうに有名であって、いつでも何かを深く考えてみようとするときにそこに立ち帰ってくるいわば原点とされると同時に、また、そのたびごとに、多くの人々からさまざまな批判の対象となる。『プロテスタンティズムの倫理と資本主義の精神』というのは、そういう種類の論文なのです。

そこで、ヴェーバーのこの論文を問題にするばあいには、それをどのように読みこなしていくか、その読み方がきわめて重要となってくるわけです。それには、さしあたって、こういう態度がありうるわけです。――ヴェーバーのこの論文は、ひじょうに批判が多くて、そのままではどうも賛成しがたいようだ。しかし、研究史の上でそれがたえず思いかえされてくるというのは、そこに何か問題の急所をついているところがあるに違いない。そこで、ヴェーバーのこの論文における論旨を、一度歴史の複雑なコンテクストから引き離して、それをさまざまな批判に耐えるような一般理論の形に組み直してみよう。たとえば、こういう試みが当然に出てきてよいわけです。去年あたり日本語に翻訳されたアイゼンスタット(S.N.Eisenstadt)教授の"Political Sociology of Modernization"、これなどは、そういう試みの一つの優れた事例ではないかと思います。ところで、私は、こういう試みも確かに必要であり、また、研究史のある段階ではかならず行われなければならないと思うのですが、しかし、ヴェーバーのこの論文の内容を現在いっそう掘り下げて考えてみようとするばあいには、どうももう一つ、別のやり方がある。しかも、ヴェーバーの提起した問題点を一般理論の形に組み直してみるまえに、それをやっておく必要があるのではないか。私にはそう思われるのです。

その別のやり方というのは、簡単に申しますと、問題をいきなり歴史的な文脈から引き離してしまうのではなくて、逆に Weber Thesis をもう一度もともとの具体的な歴史的文脈のなかに押し戻し、そもそもヴェーバーは、何について、どういうことを言おうとしていたのか、それをはっきりと捉え直してみる。そういうことなのです。と申しますと、皆さんはやや意外な感じを受けられるかも知れない。しかし、それにはこういう経緯があるのです。数年前に、アメリカのグリーン(R.W.Green)教授の編集になる〝*Protestantism and Capitalism*〟という書物が出ました。これは、ヴェーバー自身やこの論争に参加した人々のさまざまな著書や論文からの抜萃を、英語以外のものは英語に翻訳して、編集したものですが、その解説の中で、グリーン教授がこういう意味のことをちらりと書いているのです。ヴェーバーの論文に対してはずいぶん長い批判の歴史があるけれども、それは実は誤読と誤解の連続であった、と。これはなかなか大胆な発言だと思います。というのは、そのヴェーバーに対する批判者のなかには、世界で第一級の学者が含まれているからで、例えば、ドイツのルヨ・ブレンターノ(Lujo Brentano)教授とか、イギリスのトーニー(R.H.Tawney)教授、こうした名前はもう皆さん十分にご承知のことと思います。私も実はグリーン教授と同じことをかなり早くから感じていて、いままでにもそれとなく書いてきたのですが、誤読や誤解の連続などとはなかなか言いきれなかった。が、このグリーン教授の勇気に元気づけられて、今日のお話では、論争史におけるそうした誤解や誤読——と私に思われるもの——を一つ一つとりのぞきながら、ヴェーバーはいったい何について、どういうことを言おうとしていたのか、それについて考えてみたいと思うのです。ただし、今回は時間の関係もあり、数多い論点のなかからただ一つの論点に焦点をあつめていくことだけでお許し下さい。

さて、ヴェーバーの論文のドイツ語原文の表題は、“Die Protestantische Ethik und der 》Geist《 des Kapitalismus”で、パーソンズ(T.Parsons)訳——これは実に立派な翻訳です——では、“The Protestant Ethic and the Spirit of Capitalism”となっております。ところで、この翻訳の冒頭にはトーニーが序論を書いています。このトーニーという方はいろんな翻訳や翻刻に序論を書いておられ、またその一つ一つがたいへん素晴しいものなのですが、ここでもそうした序論を書いておられるわけなのです。ただ、ここでちょっと問題になるのは、例えばヴェーバーの論文のあのドイツ語の表題が、トーニーの他の書物では“Protestant Ethics and Capitalist Spirit”と訳されていることです。Capitalist Spirit(これは資本主義精神とも資本家精神とも訳せるでしょう)であって、パーソンズのばあいのように原語どおりの Spirit of Capitalism とはなっていないのです。実は、この微妙な違いは一見些細のようですが、必ずしも小さなことではない。

というのは、トーニーのばあい、彼の Capitalist Spirit の内容理解がヴェーバーの Spirit of Capitalism とかなり重要な点で食違っており、それが、おそらく無意識のうちにも、こうした訳語の相違になって現われているように私には思われるからです。パーソンズ訳では、Spirit of Capitalism、トーニー訳では、Capitalist Spirit となっている。こうした相違のなかにゆくりなくも重要な問題が含まれているように私には思われるのです。こんなことを英語の得意ではない日本人の私が問題にするのは、ちょっとおかしいようにも思われますが、ある点では逆に、そうであるからこそ問題点が気づかれてくるという一面もありうるわけです。

そこで、端的に、問題の所在を説明することにいたしましょう。まず、考えてみていただきたいのですが、ここにおいでになる方々の少なくとも九〇%ぐらいはヴェーバーのあの論文についてこういうふうに理解しておられるのではないでしょうか。近世初期の西ヨーロッパ(およびアメリカ合衆国)で近代的な産業企業家ないし産業経営者がしだいに姿を現してきた、その過程で、プロテスタンティズムの倫理は彼らにどのような精神的な影響を与えたか、ということが問題とされている。あるいは、そこで問題にされているのは、何よりも近代の産業企業家ないし産業経営者に特有な精神的資質の歴史的形成なのだ、と。ブレンターノも、トーニーも、また他の多くの経済史家もそう考えている。経営史学者――私も経営史学会のメムバーで、経営史学者に知り合いが多いのですが――などはとりわけそういうふうに考えておられる方が多く、そうではないなどと言えば、むしろ奇妙な顔をされるほどですね。

けれども、ヴェーバーが言おうとしているのは、実はこういうことなのです。「資本主義の精神」と彼がいうのは、経済の近代化を人々の内面から押し進めていくようなエートスあるいは精神的資質なのでして、そうした精神的資質の持主のなかにはもちろん、企業家ないし経営者が入っており、また重要な意味をもっております。が、ヴェーバーのばあいには、それだけではない。「資本主義の精神」の持主として、経済の近代化を押し進めていくという歴史的役割をはたす人間的主体のなかには、企業家ないし経営者のほかに、実は賃金労働者たちもまた入っているのです。私などには、ヴェーバーのばあい、「資本主義の精神」の持主として、ある点では賃金労働者の方により重要な意味があたえられている、とさえ思われるのです。というのは、彼のばあい、「資本主義の精神」とよばれるものは第一次的にはArbeitsethos(労働のエートス)なのでして、経営の倫理《エートス》はむしろ勤労の倫理《エートス》から派生してくるものというふうに考えられているからです。ですから、やや意外に感じられる方があるかもしれませんが、ヴェーバーがこの論文で主張していることの少なくとも半分は、プロテスタンティズムの倫理と近代の賃金労働者たちのもつ精神的資質との歴史的なつながりだということもできるだろうと思います。それもヴェーバーの論文をたんねんに調べてみたら、註の中にそんなことも書いてあったなどというのではなくて、これはすぐあとで立入ってご説明することになりますが、「資本主義の精神」の実例として賃金労働者のエートスが本文のなかで繰りかえし引き合いに出されているのです。誰でも読めばすぐ分かるようなことなのです。少し言葉がすぎるかも知れませんが、私はこのことを指摘しながら、自分が実は「王様は裸だ」と叫んだ子供の役割を演じているような気持さえするわけです。皆さんも自分で読んで確かめられると、きっと私に賛成して下さるだろうと思います。

ところで、低開発国問題に関心をもっておられる方々はよく知っておられるはずだと思いますが、ハーバード大学で経済史を担当しておられるアレグザンダー・ガーシェンクロン(Alexander Gerschenkron)教授が、低開発国の産業化に関連して、ガーシェンクロン・モデルとよばれる理論モデルを構想しておられまして、そのなかにこういう意味のことがらが含まれております。——低開発国では一般に、十分に利用されていない過剰な労働力が存在する。だから、経済の近代化を押し進めるにさいして労働力は豊富だと考えてもよさそうであるが、事実は決してそうではない。いざ産業化を押し進めようとすると、工場労働者として有効に使えるような、訓練された、規律のある、そして故郷の土地関係から切り離されているような自由な労働者はなかなか得られない。その意味で、低開発国における産業化のばあいには、むしろ労働者の欠乏をこそ問題にしなければならない。そういったことです。実は、ヴェーバーが『プロテスタンティズムの倫理と資本主義の精神』で提起している問題の半分は、こうした意味での労働者問題だといってもよいでしょう。ですから、これからお話しすることがらも、そうしたガーシェンクロン・モデルの提起している問題を念頭におきながら聞いていただくと、ずっと分かりよくなるのではないかと思います。

二

それでは、『プロテスタンティズムの倫理と資本主義の精神』で、賃金労働者について、ヴェーバーはどのようなことを問題にしたのか。つぎに、そうした点に移っていきたいと思います。それというのも、さきにも示唆しておいたように、そこを突いておかないと Weber Thesis は低開発国における経済の近代化という問題の解明のためにうまく使えるようにはならない、と私には思えるからです。ところで、ヴェーバーが、この論文を書くようになるまでに、社会政策学会の依頼で数年間農業調査や工業調査を行なっていたことは知られていますが、その成果がここで姿を現してくるといってもよいでしょう。というよりも、その農業調査や工業調査をとおして、彼は『プロテスタンティズムの倫理と資本主義の精神』という問題を意識するにいたったと言った方が真実に近いのかもしれません。ともかく、そうした賃金労働者のエートスに関する基礎的な事実を、この論文のなかで述べられているままに――それもこうしたお話では一層簡単化した形にしなければなりませんが――ご紹介することから始めたいと思います。

彼があげるのは、まずこういう事実です。産業企業家あるいは産業経営者が一時的に労働の時間をのばし、その集約度を高める必要にせまられる、そうしたばあいがあります。例えば、農場経営における収穫時がそれです。一定の期間内に刈りとってしまわなければならない。というのは、それができるか否かで利潤額が大きく変ってくるからです。そこで、こういうばあい、労働者をぐんぐん働かせようとして経営者たちが普通に使う方法は、労働者に支払う出来高払い賃金の率を一時的に引き上げるというやり方です。そうした money incentive によって、労働者たちをいつもより一層多く働かせようとする。その結果、予期された期間内に穀物を刈りおわることができれば、賃金は多く支払ったが、利潤もまたいっそう多くなるというわけですね。こうしたことはもちろん工業のばあいにも見られることで、高賃金がむしろ利潤額を高めるという意味で

economy of high wages（高賃金の経済）などとよばれている現象です。ところで、出来高払いの賃金の率を高めることによって労働の集約度を増大させるという方法は、イギリス、あるいはもう少し広く西ヨーロッパの国々（ドイツでも西部の方）では予期されたとおりの効果をあげることになるでしょうが、ヴェーバーが調査を行なった当時の東ドイツ、例えばシュレージエンなどで、ユンカー農場の経営者たちがこのやり方でもって労働の時間を延長し集約度を高めようとすると、まず失敗するのが通例だったというのです。つまり、高賃金の経済ではなくて、逆に高賃金の不経済になってしまうというわけです。どうしてそうなるのか。それは、こういうことが起こるからなのです。例えば、一労働者がふだんは一エイカーを刈りとって一マルクをもらうという出来高賃金率で、一日に二エイカー半を刈りとって二マルク半を受けとっていた。そういう事情があったとします。ところが、収穫期になって経営者は労働の集約度を高める必要にせまられ、出来高賃金を二五プフェニッヒ（四分の一マルク）引き上げて、一エイカーの刈入れにつき一マルク二五プフェニッヒ支払うことにした。すると、予期されたように、労働者たちはどんどん働いて仕事がはかどったかというと、中にはもちろんそういう反応を示す連中もいたけれども、多くは逆に労働をやめる、つまり仕事を休んでしまう、そうした反応の仕方を示したというわけなのです。どうしてなのか。その理由を調べてみると、こういうことだった、とヴェーバーはいうのです。話を分かりやすくするために、round numberにして申しましょう。彼らが言うには、自分たちは今までずっと一日に二マルク半で生活をしてきた。だから、二マルク半をもらえば十分なので、それ以上働く必要はありません。そういうわけで、一日に二マルク半以上もらえるとなると、例えば、仮に五マルクもらえたとしたら、次の日はさっさと休んでしまうという反応の仕方を示したのです。ヴェーバーは、聖書の語を引いて、彼らは「足れり」としたのだと註釈をつけています。ともかく、彼らは伝統的な、あるいは、自分たちが今までやってきた暮しの水準の必要さえ充たされればそれでよいので、あとはむしろ働かないことをえらぶ、という態度を示したというのです。

そんなことなら、いわゆる途上国では到るところに見出される現象ではないか、と皆さんはお考えになるかと思いますが、現在ではたしかにこれは学界で周知の事実となっております。しかし、ヴェーバーがあの論文を書いた今世紀の初頭には、そういう行動様式をもつ人間が到るところ大量に存在しているという事実は、決して学界周知のことがらではなかったようです。六十年もあとになって、そんなことは当り前などというのは楽ですが、誰も言わないうちに、ヴェーバーがそうした問題点を的確にとらえていたというのは、これは大変なことです。しかも、彼はその事実に対して、あとで説明するように現在から見てもひじょうに水準の高い理論的分析を加えていたのです。

ところで、ヴェーバーはこうした農業労働者とならんで、工場労働者についても同種のいろいろな事実を伝えています。例えばドイツの工場労働者の一部の人々、とりわけ年少の婦人労働者たちは、すでに習得しているものよりもっと実用的な新しい労働の形式を修得したり、選び取ったりすることがなかなかできない。あるいは、理性を集中したり、働かせたりすることだけについても「能力と意欲を全然欠いている」かのようだ。もっと容易にできると言ってきかせてもなかなか分からないし、出来高払い賃金の率を引き上げてみても習慣の壁にはねかえされて、無効果におわることが多い。これは、根本的には、さきに説明した農業労働者と同一の行動様式だと言ってよいでしょう。つまり、伝統的に行なわれてきた通りにしか行なわない。したがって、新しい技術を教えこんだり、新しい機械を使わせたりすることは至難のわざで、賃金操作の incentive によって彼らをそうした方向に誘導しようとしてもまったく効果がない、というわけです。とにかく、こういう労働者を使っていては、合理的な工場経営などというものはできっこない。（ついでに言っておけば、全社会的な規模での計画経済——それを社会主義とよぼうと何とよぼうと——なども、とうてい成り立たないでしょう。）それはともかく、十八世紀のイギリスやそれからアメリカ合衆国、このばあいはとくに東部の十三州を考えなくてはいけないんでしょうが、そうした地域では合理的な工場経営が順調に成長していった。これは経済史学上の常識ですね。ところが、いま説明したような行動様式をもつ労働者を使わねばならない地域では、合理的な経営がどうしても生まれにくい。そして、資本主義の支配は量的に拡大されても、質的には深まっていかない、ということになる。が、この点はもう少し立ち入って説明しておく必要があるかと思います。

経済史のうえで小規模な職人の仕事場から工場制工業への橋渡しの役割を果すとされている「問屋制度」puttingout system というのがあります。あるいは、下請制工業といった方がよく分かるかも知れません。つまり、商人ないし大経営が職人たちの小規模経営に仕事を下請けさせ、それらを商業的に結びつけて経済的に支配していくというやり方です。ヴェーバーが当時の東ドイツで見出したような、そういう行動様式をもつ労働者の大量的な存在を前提としたばあいには、そうした下請的小経営とそれに対する問屋制的支配が横へ横へと広がっていくかも知れませんが、合理的な工場経営はなかなか成長しにくい。かりにそうした経営ができたとしても、賃金をむしろ引き下げないと働いてくれず、いわば「低賃金の経済」にもっぱら依拠するようなものしか成り立たないでしょう。そしてしばしば、何らか特殊な技術的必要からして、中心にかなりの規模のそうした「工場経営」が聳えたち、周辺にはひろく問屋制下請の支配網がくりひろげられるという姿をとることになる。いわばカッコ付の「近代経営」です。フランスのアンシャン・レジーム期にも「地獄の軍隊」と呼ばれるような、そうした姿の大マニュファクチュールがありました。「地獄の軍隊」というのは経営者が労働者たちを力ずくでおさえていたからなのですが、皆さんは、戦前の日本にも飯場とか監獄部屋とかいう制度が広がっていたし、繊維工場なども「女工哀史」を成り立たせるような性質のものだった、ということをきっと想い出されるでしょう。そういう大「経営」が成り立つだけで、それ以外は下請の小経営をその周辺に従えながら広がっていく、そういう形の資本主義しか生まれてこない。そして、技術をつぎつぎに革新しながら成長するような、真に近代的な合理的経営の進展は見られない。あえて類型化して言えば、そういうことになるわけなのです。

少しばかり横道にそれることになりますが、ついでに経済史上の問題にちょっと触れておきたいと思います。近代的な経営、つまり工場制度、あるいはいわゆるマニュファクチャーも含めてよいわけですが、そうした近代的産業経営が生まれてくる場合、その前段階をなすものは今言ったような問屋制度だという見方が、経済史家のあいだでは、世界的規模で考えても、ひとまず定説であるように思います。しかし、私は実はこれに賛成できないのです。そういう問屋制度が産業革命前のイギリスでもひじょうに広がっていたことは確かな事実ですが、しかし、いま言ったような理由で、それが近代的な合理的経営へと必然的に移行していく前段階であったなどとは、どうも言いがたい。そういう発展をとげることもあるし、そうでないこともありうる。だとすると、イギリスではマニュファクチャーや工場制度を成長させ、自生的な産業革命を惹き起こした根本事情は、史実の前面に派手に立ち現われているような問屋制度の繁栄の背後にかくされている何ものかであり、実はそれをこそ、歴史家は草の根をわけても捜し出さねばならぬ、ということになるわけでしょう。ともかく、こういうわけで、経済史のことは経済史だけでというような自給自足的な物の見方では、経済史それ自体さえも十分に理解できなくなると私は考えるのですが、どんなものでしょうか。

三

さて、話をもとに戻しまして、今まで述べてきたような意味合いで economy of high wages（高賃金の経済）が成り立つようなばあいには、合理的な経営とその基礎の上に立つ資本主義経済が発達することになる。しかし、そうでないばあいには、合理的経営とその基礎の上に立つ資本主義経済はなかなか発達しにくい。というとき、そうした差違はいったいどこから生じてくるのか。少なくともその原因の一つが、労働者たちの行動様式、あるいはヴェーバーの用語を使いますと、そのエートスの違いだということは、おそらくもうすでに皆さんが気づいておられるところと思います。そして、ひろく近代的な合理的経営を成り立たせるような行動様式、あるいはそれを内面からささえるエートス、それをヴェーバーは「資本主義の精神」とよび、これに対して、合理的経営の発達をむしろ妨げるような行動様式、あるいはそれを内面からささえるエートスを「伝統主義」Traditionalismus とよんだのでした。

ここで、皆さんにいっそうよく分かっていただけるために、「エートス」という語の説明をちょっとばかりしておきたいと思います。エートスという語は、日本語にはどうもうまく訳せない。そこでエートスというドイツ語、いや、その語源はギリシャ語にあるわけですが、それをそのまま使用するということが慣習となっております。エートスという語は、ヴェーバーが使うばあい、簡単に言うとこういう意味内容のものです。それは、ある倫理的な学説あるいは教義とは決して無関係ではありませんが、しかし、そうした倫理学説ないし教義とはちがったものです。エートスとは、なんらかの倫理学説や教義がいわば彼らの血となり肉となってしまっていて、その人々が何かの行動に出ようとするばあいに、ほとんど反射的ないし無意識的にその行動の基準として働く、そうした一定の作用方向をもつ内面的推進力のことをいうのです。だから行動様式と言ってもいいし、場合によっては関係と言いかえてもよいかもしれません。ドイツ語のVerhältnis(関係)がverhalten(行動)からきているようにです。しかし、エートスのばあいには、ある特定の倫理学説と、そしてある特定の作用方向をもつ行動様式、この両者のあいだに存在するすぐれて歴史的な、そして深い内面的関連が対象化されて捉えられているわけです。私は、このエートスという概念はヴェーバー学説を特徴づけるすぐれた学術用語の一つであって、なお大きな将来性をはらんでいるものと考えています。

さて、合理的経営の一般的な成立を妨害するような作用方向をもつエートスを、ヴェーバーは「伝統主義」Traditionalismus あるいは、「伝統主義の精神」とよびます。では、伝統主義というのは、いったいどういう形で働くエートスかといいますと、さきほども少し説明しましたように、自分たちが伝統的に習慣としてやってきた生活態度をいつまでも続けていくのが一番よいことだ、というふうに考える。つまり、伝統あるいは過去のことがらをつねに将来に向けて行動の基準とするというわけです。いつでも顔が過去の方を向いていて、自分たちが今まで習慣的に行なってきたことであるから、それは将来においても行なわねばならないとする、そういう行動様式であり、エートスなのです。

ところで、このような伝統主義とちがって、イギリスやアメリカ合衆国で労働者たちの行動様式を内面から支え、歴史上合理的経営の一般的成立を促すという作用方向をもったエートスを、ヴェーバーはひとまず「合理主義」とよびます。合理主義のばあいには、顔を将来に向けて行動の基準を探し求める。顔は伝統主義のように過去の方を向いてはいない。いつでも将来になんらかの理想をもち、その理想に照らして行動の目標を設定する。そして、それを達成するためには何をなすべきか、というふうに考える。そのために良ければ伝統的なものでも採用するでしょうし、そのために良くなければ、そうした伝統的なものはどしどし捨てさるでしょう。こういうのが、簡単にいってしまえば、合理的なエートスで、ヴェーバーの表現をかりると、思考の集中能力と冷静な克己心、労働を義務とするひたむきな態度、しかもしばしばそれと結びついて、賃金の額を勘定する経済的合理主義という姿をとって現われてくる、ということになるわけです。

ですから、ちょっと横道にそれますが、このごろ普通に見られる traditional（伝統的）とか traditional society（伝統的社会）という用語法は、実は少々困ることがでてくるわけです。つまり、「伝統的」と「伝統主義的」とははっきり区別しなければならないし、また「伝統的社会」は正確にはむしろ「伝統主義的社会」と表現しなければならない。というのは、「伝統主義」traditionalism を否定しても、およそ伝統的なものをすべて否定することにはならないからです。これは混同すると変なことになる。というのは、伝統主義を批判すると、なにか伝統的なものはすべて否定すべきであるかのように誤り考えて、一方では、過去のものを一切合切否定しはじめるような人々が出てくるかと思うと、他方では、その裏返しに、合理主義を否定して伝統主義を公然と復活しようとする人々が出てくるわけです。こういうことを正確に考えていくためにも、伝統的と伝統主義的とははっきりと区別したいものだと思います。

ともかく、このような伝統主義のエートスと合理主義のエートスのどちらによって大量の労働者たちが、もちろん例外はあるにしても、動かされているか、それによって低開発経済の近代化が順調に進行するか、あるいはその進行が遅々とするばかりか、歪んだ形のものになってしまうか、それが大きく左右されざるをえないことになります。もちろん、そのほかにもさまざまな要因が共働するわけですが、このようなエートスの違いによって、経済の近代化はプラスの方向にもマイナスの方向にも深く規定されることになる、とヴェーバーは言うのです。まあ、そういうふうに説明して誤りないでしょう。

そこで、そうした事情を、こんどはやや異なった方面から、少し立ち入って説明してみることにいたしましょう。このエートスという語を使いますと、実はときおり妙な批判を受けることがある。例えば、こうです。イギリスでは十八世紀の末葉からいよいよ産業革命が始まることになるわけですが、その前夜の十八世紀中葉あたりにはイギリスの労働者たちはあまり高い道徳水準にはなかった。彼らの酔っぱらいぶりは周知のことでした。そこで、工場制度の成立とエートスの関係など云々するのはおかしいではないか。そういったことを言う人もあるのです。しかし、これはエートスという語に対するまったくの誤解で、エートスという語は時に倫理的雰囲気などとも訳されますが、行動様式の問題であって、決して道徳水準の高下などの問題ではない。このことは皆さんももうある程度までお気づきのことでしょう。が、一つの事例を用いて、その点をもう少し立ち入って説明しておくことにいたしましょう。これはベンジャミン・フランクリンの『自伝』のなかに出てくるので――ヴェーバー自身は引用してはおりませんが――多くの方々がよくご存じのことだと思います。彼はいつごろでしたか、一年半程ロンドンに住んで、五十人ほどの労働者を雇っている印刷所で働いていたことがあります。その折の経験を、彼はこのように書いております。当時のイギリスでは労働者たちがそうとうビールやジンを飲んだことはよく知られていますが、ともかく彼らは作業中さえも酔っぱらっているし、それやこれやで労働の能率はとうてい上がるはずがなかった。そこでフランクリンはすぐれた指導力を発揮して、moral rearmament の運動とでもいうか、とにかくそんなに酔っぱらっていたりしないで、もっと真面目に働くように説得をつづけた。おそらく、彼のことですから、Poor Richard's Almanack に書きつづけたような分かりやすい格言や警句を使って巧みにやったのでしょう。仲間の労働者たちはしだいに旧来の悪習を捨てるようになっていった。と同時に、彼らの労働の能率も大いに上がり、利潤も増えて、雇主にもたいへん感謝されたというわけです。それからもう一度、アメリカに帰ってから、a number of hands を雇っている例のキーマーの印刷所で、こんどは foreman として働いた。このばあいにもロンドンでの経験を利用して同様の試みをやり、労働の能率が大いに上がって、利潤が増えた。つまり、合理的経営の組織がみごとに作り上げられていったというわけです。そういうことを、彼は誇らかに書き記しております。

ところで、これがもし当時の東ヨーロッパ、例えばシュレージエンの農場で、あるいは工場でもよいのですが、その労働者たちに moral rearmament の運動をやり、彼らが道徳的にたいへん真面目になったとします。そうしたら、どういう結果が生まれてきたでしょうか。このばあい、労働者が真面目になればなるほど、おそらく賃金が二倍になったら、彼らは確実に次の日は休む、旧来の技術なり習慣に固着する、そして合理的経営の成立はますます困難になる、そういうことにならざるをえなかったでしょう。いうまでもなく、彼らは自分たちの伝統的な生活様式を変えることはよくない、そういう伝統主義のエートスによって内側から突き動かされていたからです。こうしたことは西ヨーロッパやアメリカの人々の目には、あるいは不真面目で lazy だと映るかも知れませんが、そうではなく、エートスの性質が根本から違っているので、そのために真面目になればなるほど、イギリスとは正反対の結果となるというわけなのです。つまり、十八世紀のイギリスでは道徳水準が高かったかとか、同じころの東ドイツでは道徳水準が低かったとか、そういう問題ではない。エートスのちがいなのです。ヴェーバーが言おうとしているのは、そういうことなんです。こうした点、日本や東アジアの事実にあてはめて考えてみると、たいへん面白いのですが、それはどうぞ皆さんご自分でおやりになってください。

さて、われわれはヴェーバーが『プロテスタンティズムの倫理と資本主義の精神』で提起している問題について、正面から説明できるようなところにまでようやく辿りつきました。もっとも、このほかに経営者のエートスという問題もありますが、これはすでにしばしば論及されていることですから、ここでは省略したいと思います。が、ともかく、問題はこういうことになるわけです。経営者をも含めて、合理的経営を構成する人々、とりわけ労働者たちのエートスが、合理主義的なものになっていなければ合理的な経営をうちたてることは困難となり、したがって経済の近代化は順調に進行しえなくなる。としますと、なんとかして、現在彼らを内面から動かしている伝統主義のエートスをうち壊し、合理主義的なエートスに作りかえていかなければならない。そうしなければ、経済の近代化あるいは産業化は成功しがたいでしょう。もちろん、そのほかにもいろいろと重要な問題はあるのですが、ヴェーバーによりますと、この点がさしあたってもっとも重要なことがらとなってくるというわけなのです。合理的経営とその基礎の上にたつ近代産業社会がすでにでき上がっているような国々、例えば産業革命以後のイギリスとか、十九世紀後半に入ってからのアメリカ合衆国などではWeber Thesisの指し示すこういう問題はすでに過去のものとなり、現実的な意味を失っています。何故かといえば、経営について、いや社会全体についても、その機構がすっかりでき上がってしまっていて、機構そのものが労働者たちに一定の合理主義的な行動様式を強制しており、出来高賃金を二倍に上げたら次の日は休むというような、伝統的な行動様式をもつ労働者たちはたちまち雇傭の機会を失って淘汰されてしまうからです。ですから、エートスというような内面からの支えをもはや必要としない。けれども、伝統的社会のなかから経済の近代化がまさに開始されようとし、しかも、とりわけ賃金労働者となるべき人々がなおひろく伝統主義のエートスによって動かされているようなばあいには、事態はまったく異なってくるわけです。というのは、もしそうした行動様式をもつ労働者は雇わないで淘汰してしまおうとすると、ガーシェンクロン・モデルが示すように、こんどはおよそ労働者がえられなくなり、経営自体が成り立たなくなるからです。そして、こうした時期には、エートスの転換ないし変革ということこそが、まさしく決定的な意味をもつようになる。そういうこともうほぼお分かりになったことと思います。そこでいよいよ問題の焦点に到達することになりましたが、ヴェーバーによれば、近代初期の西ヨーロッパや建国期のアメリカ合衆国で、こうした伝統主義から合理主義へのエートスの変革、あるいは、そのようないわば創造的破壊をやりとげたものこそが、禁欲的プロテスタンティズムの倫理だった、というしだいなのです。

さて、『プロテスタンティズムの倫理と資本主義の精神』におけるヴェーバーの問題の立て方を一歩一歩追究しつつ、ようやく獲得されたこうした命題を前提したばあいに、われわれははじめて、プロテスタンティズムの倫理ないしエートスの構成諸要因を分析して、そのなかのいったいどういう要素が、そうしたエートスの転換ないし変革を押し進めることになったのかを追究し、さらにそれにもとづいてWeber Thesisの一般理論化を意味深く遂行しうる、そうした地点に立つようになったということができるでしょう。ただ、これについてはまだまだ誤解が起こりうる可能性もありますから、なお、いくつかの点について追加的な説明をしておきたいと思います。

四

まず、こうしたばあい、禁欲的プロテスタンティズムの信仰がどんどん広がっていけば、ただそれだけで、かならず経済の近代化が進行するようになる、などとヴェーバーは決して言っているのではありません。プロテスタンティズムの信仰が広がっていったばあい、多くの地域で確かに多かれ少なかれ経済の近代化を押し進めるという結果を生んだでしょう。しかし、そうではなかった場合ももちろんあります。例えば、ハンガリーがその極端な事例としてしばしばあげられます。またオランダにおけるカルヴィニズムと、イギリスやスコットランドにおけるカルヴィニズムとでは、その影響の仕方にかなりの差があったことはどうしても否めません。その他さまざまな問題がありえます。要するに、こういうことです。禁欲的プロテスタンティズムの倫理は、経済の近代化のための一つの不可欠な前提であるエートスの転換を、たしかに押し進めうるような力を内に秘めていた。しかし、それをただプロテスタンティズムの倫理の力だけで実現しえたわけではありません。その力が有効に発揮されるためには、他の客観的な諸条件、とりわけ政治、経済的な諸条件が出揃っていなければなりませんでした。聖書の用語を借りるならば、「時が満ちて」いなければならなかった、とヴェーバーは考えるのです。彼はそうした諸条件、とりわけ経済史的条件が何であったかを、例えば晩年におこなった講義の「経済史」などで追究しているわけです。しかし、残念ながらこういう問題関連、とりわけ経済史上の諸問題については、グリーン教授のいう「誤解と誤読」がまだ続いておるように私には思われます。例えば依然としてファンファーニ(A.Fanfani)とかロバートソン(H.M.Robertson)のヴェーバー批判がもてはやされるというのは、ヴェーバーの論文とちょっと読み比べてみればすぐに分かることですが、やはりヴェーバーの経済史に関する考え方が十分正しく理解されていないためだと言うほかはないでしょう。しかし、経済史に関することは割愛することにいたしまして、今日は関連するもう少し別のことがらについて、なお、一、二の説明をつけ加えておきたいと思います。

まず、Weber Thesis との関連で日本がどのように取り扱われているか、その問題に触れておかねばなりますまい。日本でも、明治二十年代から三十年代にかけて、産業革命とよばれるような industrialization の急激な進展が確かに見られましたし、さらにその後も近代的な産業経営の普及と成長がつづいているわけです。そこで、そのように資本主義の発展が見られるんだから、ヴェーバーのいう意味での「資本主義の精神」がどうしても日本にもあったはずだ、といった推論にもとづいて、日本の経済近代化に照応する意識形態の研究がしばしば行なわれているわけです。が、この推論はヴェーバーの論旨からいうとちょっとおかしいと私は思います。というのは、もしヴェーバーのいう「資本主義の精神」を正確に理解した上でそうした史実を日本史のなかに探し求めるというのであれば、実は、まず「プロテスタンティズムの倫理」に匹敵するような、徹底的に反営利的なエートスを探し求めねばならないわけですが、日本史の上ではそうした史実はおそらくなかなか見つからないはずです。もちろん日本の精神的伝統のなかにも、そうした方向づけをもつような精神文化の萌芽が皆無でなかったことは私も認めますし、またその後プロテスタンティズムが日本の国土に根をはっていくにつれて、そうした精神的傾向がいっそうはっきりと出てきたでしょうけれど、正確にヴェーバーが言うような意味での「資本主義の精神」が日本でも大量的に出現したかどうか。とりわけ、労働者層のあいだにそれが広がっていたかどうか。これは大変な問題で、私はなかなか実証しえないだろうと思います。少なくとも、そう簡単に、日本にもヴェーバーのいう意味での「資本主義の精神」があったとは推論できないはずです。

しかし、それに関連して、最後にこういうことにも言及しておかねばなりますまい。皆さんはやや意外に感じられるかもしれませんが、ヴェーバーは必ずしも、「プロテスタンティズムの倫理」が浸透しなければ、経済の近代化は進展しえなかったとか、合理的経営の形成や成長はおよそありえなかったとか、そんなことは決して申しておらないわけです。合理的経営の形成あるいは経済の近代化が、プロテスタンティズムの倫理から離れたところで進展することも十分にありえた、と彼は考えているようです。例えば、彼はある個所で、「プロテスタンティズムの倫理と資本主義の精神」という問題が成り立ちうるように、「カトリシズムの倫理と資本主義の精神」という問題も成り立ちうる、といったことも示唆している。詳しい説明はここでは割愛いたしますが、ただ、近世初頭に渡来したイエズス会、いわゆるキリシタンの信仰が、日本でそういう役割を果しえたであろうなどといきなり言おうとしているのでないことだけは付言しておきたいと思います。それから「儒教の倫理と資本主義の精神」というような問題の立て方も、ある意味では、十分可能であると思います。その意味を少し説明してみますと、だいたいこういうことです。まず、ヴェーバーによると、「プロテスタンティズムの倫理」が合理的な産業経営――もっとひろく経営一般――を成り立たせる方向に作用したのは、要するに、経営体を内面から支える「官僚制的支配」Bürokratische Herrschaft、そうした組織を作り上げることができるような精神的資質を生みだしたからだ、というわけでした。ただし、ここで官僚制的支配とか経営とかいうばあい、このごろ多くみられる用語法のように、そのマイナスの面だけを考えているのではなく、むしろ逆に、プラスの面を考えているのですから、その点はご注意下さい。ところで、ヴェーバーのばあい、これは広い意味になりますが、およそ歴史上そういった官僚制支配とか、経営組織体を支えていくような精神的資質を生み出したのが、「プロテスタンティズムの倫理」だけだったと考えられているのかというと、決してそうではない。ご存じのように、彼はあのピラミッドを作り上げたその基礎には古代エジプト的な官僚制的経営があったし、中世ヨーロッパにもさまざまな官僚制があった。とくに、カトリック教会の教会組織(Hierokratie)は立派な経営であり、いわば官僚制組織だったことを指摘していますし、それから、近代初期のヨーロッパの絶対王制のもとで生まれた常備軍の軍隊組織、これも立派な経営であり官僚制支配だったといっております。これらはもちろん、「プロテスタンティズムの倫理」が生み出したような正確な意味での近代の合理的な経営や官僚制とはちがって、彼の用語法では「非合理経営」Irrationaler Betrieb などとよばれているものですが、裏からみれば、相対的に何らかの程度で合理的なものを含む経営や官僚制組織であったわけです。理論的に申しますと、ヴェーバーは近代の官僚制支配に対立させて、近代以前の支配形態としてはとくに「家産制支配」Patrimoniale Herrschaft を考えるのですが、同時に、そうした家産制支配のもとで生まれてくる両者の混合形態として「家産官僚制」Patrimonial-Bürokratie というものも考えており、そして、そうした官僚制なり、それに対応する経営ならば、世界史の上でどの時代のどの地域にも見られるものだったとしているのですが、いま私が申しているのは、まさにそうした広義での経営なのであります。

　ところで、日本人のばあいにも、少し振り返ってみるだけでも分かるように、そうしたものの実にみごとな事例が徳川時代に見出されるわけです。幕藩体制下には、武士層のある部分から村落の上層までも含めて作り上げられた、近代以前としては稀にみるような官僚制度とその経営が見られた。いまテレビで『樅の木は残った』という連続ドラマを放映していますが、今週あたりは仙台藩の官僚と幕府直轄の官僚との凄惨な利害闘争の場面になります。じっさい徳川時代の官僚制組織は相当なものでした。もっとも明治維新に近づくにつれて、官僚制に固有な腐敗がだんだん激しくなってきます。これも連続ドラマとして放送されている『鞍馬天狗』なんかにはそれに対する憎悪が到るところににじみ出ております。それはともかく、そうした官僚制の組織のなかで訓練された人々——下級武士や農民上層などもしばしばそのなかに組みこまれて訓練されていたわけですが——そうした人々は立派に経営組織の一員となりえたわけです。例えばトマス・C・スミス(Thomas C.Smith)教授の、明治期日本のビジネス・エリートはどの社会層から出てきたかを論じた研究では、初期にはとくに下級武士層からの出が多く、ついでしだいに地主の二、三男たちが大きな割合を占めるようになっていったことを指摘しています。こうした現象は、ヴェーバーの Patrimoniale-Bürokratie（家産官僚制）という概念を援用しますと、実によく理解できます。例えば、渋沢栄一のばあいなど、その典型だといってもよいかと思います。こういうふうに考えてきますと、ヴェーバーの立場からでも、「儒教の倫理と資本主義の精神」とか、「心学の倫理と資本主義の精神」というような問題も成り立ちうることになります。ただ、もう一つだけ誤解のないように申しておきたいのですが、家産官僚制を土台にしたばあいには、相対的に合理的な経営はたしかに受容され、建設されますけれども、それが社会的な規模にまで一般化することはむつかしいし、社会全体としての近代化は少なくともある限度で押し止められてしまう。そのようにヴェーバーは考えていたようです。と言いましても、明治維新以来の日本経済の近代化過程のなかに、ヨーロッパと共通するものがまったくなかったかというと、私は決してそうとは思いません。その点にここで立ち入る余裕はもうありませんが、歴史的現実は普通に考えられているよりもはるかに複雑だったということだけは、一言付言しておきたいと思います。

こういうふうにして考えてきますと、経済の近代化過程において、宗教がどんな役割を果すかということが、おぼろげながらも分かってくるように思います。宗教倫理が近代化をまっこうから妨げるようなばあいももちろんあるし、あるいは、むしろその方が普通のことであるのかもしれません。が、それとはまさに逆に、伝統主義的な倫理を根本から破壊しつつ合理主義的な倫理をうちたてて、経済の近代化を押し進めうるようなタイプの人間を作り出すという、そうした方向に働く「プロテスタンティズムの倫理」のようなものもありましたし、そのほか儒教とか、カトリシズムの倫理等々のように、さまざまな程度の差はあれ、相対的に合理的な経営を、またそれを支える家産制的な官僚組織を作り出していく、そうした精神的原動力を生み出すような宗教倫理もあったわけです。そうした諸宗教倫理の比較のなかから、私は、なんらかの一般理論を作り上げることができそうな感じがいたします。そして、それができ上がったとすれば、特定の客観的な諸条件――これはさまざまな社会諸科学の研究対象となる問題ですが――のもとでは、われわれは何をなすべきか、そういうことがだんだんと分かってくることになるはずだと思います。禁欲的プロテスタンティズムの倫理が役立ちうるということはもう歴史上実験ずみでありますから、それが今なお生命力を保ちえているかぎり、「プロテスタンティズムの倫理」は今後もそういう働きをすることができるはずです。また、他の諸宗教にそれと同じことができない、と私には必ずしも言いきれません。しかし、それはともかく、近代化が現実に進行するようになるためには、宗教だけでは十分でなく、それ以外にも社会科学的研究にもとづいたさまざまな諸努力の協働が当然必要となってくるでしょう。そういうものをこめて、私は、一般理論を築き上げていくことができるし、またそういう方向に努力することが必要なのではないかと思うわけです。大変問題が多岐にわたりましたので、話の筋道を追っていただくのが困難だったかと思いますが、今日はこれで終りといたします。御清聴ありがとうございました。

解説

齋藤英里

一、大塚久雄の生涯と学問

大塚久雄の経済史研究の特徴

大塚久雄(一九〇七―一九九六)は、戦後の日本を代表する経済史家・社会科学者である。大塚の主要課題は、西欧における資本主義の発生過程とその精神的基盤の解明にあった。しかし、その主眼は、当時の日本社会の性格を世界史的視野で位置づけることにおかれていた。こうした特徴を持つ大塚の学問は比較経済史、または大塚史学とも呼ばれた。比較史の方法を大塚は、フランスの歴史家マルク・ブロックや、山田盛太郎『日本資本主義分析』(岩波書店、一九三四年)の「序文」から学んだ。

大塚の学問の最大の特徴は、マックス・ヴェーバーの宗教社会学の影響を強く受け、歴史を動かす主体の精神的要因（エートス）に着眼した点である。これにより経済史研究の土台ともいうべきマルクスの唯物史観を相対化するとともに、マルクスを批判的に摂取し、ヴェーバーとマルクスという一見相反する学説の総合化を試みた。大塚の学問は狭義の経済史にとどまらず、政治、法律、文化、宗教なども視野に入れ、広い射程を有していたことから、日本の人文社会科学に大きな影響を与えた。

大塚の学問の骨格は戦前・戦時期に形成された。ヴェーバー研究は、戦時期にはフリードリッヒ・リストに学んだ生産力論を基礎に、それを支える経済倫理との関係を問題とし（論文①②参照。本書収録の論文は通し番号［本解説の第二節参照］で紹介する）、戦後には人間類型論や共同体論などに活かされた（⑦⑧参照）。ヴェーバーとマルクスという視角はのちに『社会科学の方法――ヴェーバーとマルクス』（一九六六年）、『社会科学における人間』（一九七七年）（ともに岩波新書）に結実し、市民層にも広く読まれ続けている。

大塚の比較経済史研究の理論的枠組となったのが、資本主義の小生産者的発展説である。これは、資本主義は地主や大商人などの富豪から生まれたのではなく（⑩参照）、封建制を打ち破って上昇してくる独立自営農民（ヨウマン）や農村の手工業者、都市の小親方、すなわち小ブルジョア層によって生まれたとする異説である。大塚は当時の学界における通説であったドイツ歴史学派による商業資本から産業資本への転化説を批判し、封建制を解体する小生産者の歴史的意義に注目することで、それを土台にした中産的生産者層の成立とその両極分解こそが、資本主義成立の基本線であると主張した。

この小生産者的発展説を形成するうえで基礎となったのが、「前期的資本」という概念であった。これは資本主義成立以前の古い資本、すなわち産業資本に対する商業資本や高利貸し資本のことで、マルクスの『資本論』第三巻における「資本の大洪水以前的諸形態」という指摘に注目し、大塚が独自に構想した概念である。この概念はやがて、「近代資本主義」と、人類の歴史とともに古い営利欲による「賤民資本主義」とを範疇的に区別するヴェーバーの見方と重ね合わされ、資本主義発生史研究として深められていった(③参照)。

大塚が小生産者的発展説を構想した背景には、ドイツにおけるナチスの政権獲得という同時代への問題関心があったことも指摘したい。当時のドイツでは、社会民主党が農民の利害を軽視したことで、この層の支持を集めたナチスの台頭を許してしまったと大塚は認識し、小ブルジョア層の歴史的意義を考えるに至った。

大塚のほとんどの業績は『大塚久雄著作集』全一三巻(岩波書店、一九六九―七〇年、一九八〇年。以下、『著作集』)に収録されている。第一〇巻までは東大退官直後に刊行され、それ以降の三巻は主に国際基督教大学(ＩＣＵ)時代の著作を収録したもので、比較経済史やヴェーバーに関して理解を深めていく大塚の新たな展開として追加された。

学問と信仰への道

大塚久雄は一九〇七年五月三日、京都市に生まれた。両親はプロテスタントであった。伝統文化が色濃く残り、神道や仏教が混在する古都におけるクリスチャンという家庭環境が大塚に与えた影響は無視できない。京都府立第一中学校を経て第三高等学校に進んだ大塚は、三木清から哲学概論を学び、その著書『パスカルに於ける人間の研究』に影響を受けた。宗教哲学者の波多野精一とは夫人と大塚の母が学友であった縁で、中学時代から「個人指導」を受けていた。京都での生活経験や勉学、両親から受けた影響は、後年ヴェーバーの宗教社会学を受容する一つの遠因となったとはいえまいか。

一九二七年四月、大塚は東京帝国大学経済学部に進んだ。元来は京大の東洋史を志望していたが、東大への進学は「京都生まれの京都育ちはどうしても視野が狭いから、いっぺんは東京へ行った方がいいんじゃないか」という三高時代の教官、山谷《やまや》省吾《せいご》の勧めにも影響された。東大では日本経済史を志望していたが、土屋喬雄が留学中だったため、西洋経済史の本位田《ほんいでん》祥男《よしお》の演習を選んだ。西洋経済史は、偶然の連続もあって生涯の研究テーマとなったのである。

大学生時代に内村鑑三の日曜聖書講義に参加を許された大塚は、その信仰五〇年記念集会で内村により直接洗礼を受けた。後に内村からは、信仰と社会科学（マルクス主義）はどちらも真理であるなら両者は究極的に一致すると教えられたことを、大塚は回想している。

大塚は矢内原忠雄が指導する帝大聖書研究会にも参加し、旧約聖書『ヨブ記』における苦難の神義論に感銘を受けた。のちに大塚自身もバス降車時の怪我の傷が悪化し、戦時中に左脚を手術で切断したり、さらに戦後は胸部の手術を三度も受け、片肺を切除したりするなど、その人生は苦難の連続となった。この病苦を支えたのは、大塚の学問と人格の根底にある無教会基督者としての揺るぎない信仰であった。

家庭の事情から大塚は実業界への就職を決めていたが、本位田の勧めで一九三〇年三月に東大を卒業後、三年間商業史の助手として大学に残り、株式会社の発生史研究に取り組む。日本資本主義論争に影響を受けたり、ドイツ人講師クルト・ジンガーからヴェーバーの宗教社会学を学んだのもこの助手時代であった。

法政大学時代

助手の任期を終え、幾つかの大学で非常勤講師を勤めた後、一九三五年四月から大塚は、法政大学経済学部助教授の職を得た。これ以後、四年間の法政大学時代は前期的資本概念を構想するなど、大塚の学問形成にとって極めて重要な時期となった。元来大塚はドイツ経済史に関心があったが、イギリス経済史を本格的に研究するようになったのは、法政における講義の必要性という、これも偶然からであった。

一九三七年、本位田によって比較土地制度史研究室が東大に設置された。ここで大塚がイギリス、松田智雄がドイツ、高橋幸八郎がフランスをそれぞれ分担して研究することで、戦後にも続くことになる比較経済史研究のトリオが結成された。

一九三八年には助手時代からの研究を単著にまとめ、『株式会社発生史論』(有斐閣。以下、『発生史論』)として完成させた。同書は企業形態としての株式会社の発生を、①企業の結合と支配の理論と、②前期的資本の理論の二つから解明したもので、英仏独語に加え、オランダ語文献も駆使している。オランダは大塚の経済史の発想の原点だった。同書の後編では、株主総会を欠くオランダ東インド会社と対比した民主型株式会社としてのイギリス東インド会社の成立過程を追っている。英蘭の比較史的視点は同書によって確立され、これ以降大塚の比較経済史研究の重要なテーマとなった(⑪参照)。

『発生史論』が刊行された年に、大塚は論文「農村の織元と都市の織元――十六・七世紀のイギリス毛織物工業に於ける織元の二の型」(『社会経済史学』第八巻第三・四号)や、二冊目の単著『欧洲経済史序説』(時潮社)を著している。『発生史論』では、「初期資本主義」という概念を用いて、資本主義成立における前期的資本と産業資本との経過的結びつきを認めていたが、これらの著作では前期的資本の推進的役割を否定している。ここで、大塚の小生産者的発展説は基本的に確立し、さらに発展していった。

法政大学で大塚は、抜群の学生、戸谷《とや》敏之《としゆき》に出会う。戸谷は一高を卒業し、東大経済学部に合格していたが、思想問題への関与を疑われ、合格を取り消されたため、法政へ入学した。戸谷は日本農業史の小野武夫の演習に属していたが、大塚の指導のもと「イギリス・ヨーマンの研究」と題する論文を完成させた。これは、法政大学・学友会の機関紙『経苑』に掲載された。戸谷は大塚と五歳しか違わず、対等に議論しあうほどの関係であり、研究者として大いに嘱望されたが、徴兵され、フィリピンで戦死した。

東大への復帰と戦時下での研究

一九三七年一二月に矢内原忠雄が東大を辞職し、三八年二月の第二次人民戦線事件では大内兵衛、有沢広巳らが、三九年一月の平賀粛学では河合栄治郎と土方成美《ひじかたせいび》がそれぞれ休職処分となり、東大経済学部の教員組織は壊滅的になった。その平賀粛学に抗議して辞職した本位田の後任人事により、大塚は一九三九年四月に経済学部講師として東大に迎えられた。東大の再建として、永田清（財政学）や北岡寿逸（社会政策）を招くなど時局迎合的人事が行われるなかで、大塚だけは心ある学生に歓迎された。その初講義は学生で溢れていたという。

『欧洲経済史序説』を補訂した『近代欧洲経済史序説（上巻）』（時潮社、一九四四年）は、大塚の代表作である（上巻には当初、「イギリスにおける産業革命への道」と「産業資本展開の歴史的条件」の二章を収める予定であり、続いて下巻では「前期的資本の問題」と「資本主義の「精神」の問題」も企画されていたが、健康上の理由で果たされなかった）。世界に先駆けてなぜ、イギリスで産業革命が起きたのか。その原因を解き明かすため、同書では西欧の世界史的膨張から出発し、大航海時代の覇権国スペイン、オランダの興亡を経て、ヨーロッパ大陸の辺境イギリスへ考察の舞台が移る。ここまでは経済的繁栄の北漸がマクロ的に描かれるが、イギリスでは一転して、国民的生産力の源泉を探るため農村毛織物工業の展開というミクロの世界に分け入り、先の問いの解明を試みた。ここには世界史的に膨張する西欧ではなく、その背景にある国民的生産力に注目することで、近代化の原点としての西欧が追求されている。

戦時下の病床で書き上げたこの著作は、伝統日本の称揚や近代の超克が声高に叫ばれた時代に、近代化とその批判的継承の意義を、「敵国」英国の歴史に見出したものであり、時局への抵抗と敗戦後の日本の課題さえもが示唆されている。海外との学問的交流が遮断されていた困難な時代にあって、大塚は輸入学問の単なる紹介ではなく、前期的資本や中産的生産者層など自前の概念をつくりあげて駆使し、日本人の目を持って「西欧近代」をとらえ、独自の歴史像を構築したのであった。

戦争末期になると、大塚一家は神奈川県与瀬に疎開する。与瀬には川島武宜や地理学者の飯塚浩二らも疎開して来た。大塚は彼らと交流を深め、ヴェーバーの『経済と社会』を深く読み込むことができた。

大塚経済史学の戦後

三八歳にて敗戦を迎えた大塚は、『世界』や『中央公論』などの一般雑誌や新聞などに寄稿し、日本の平和的再建と民主化、そのための人間変革の必要性を論じるとともに（④⑤⑥⑦⑧参照）、川島武宜、内田義彦らによって設立された青年文化会議に、丸山眞男と参加している。

この時期、繰り返し手術を受ける病苦のなかで、大塚の著作は論文集としてまとめられた。『近代資本主義の系譜』（学生書房、一九四七年）には前期的資本や、資本主義の小生産者的発展説に関する諸論文が収録され、戦時期の生産力論や経済倫理論、敗戦直後の人間類型論は『近代化の人間的基礎』(白日書院、一九四八年)、『宗教改革と近代社会』(みすず書房、一九四八年)などに結実した。同年には『近代化の歴史的起点』、翌年にはこれを改編し『近代資本主義の起点』として刊行している(いずれも学生書房)。これらの著作には、戦後改革を経ても、日本における近代化や人間変革が不徹底であるとの批判が込められている。

一九五〇年代以降、健康が回復しだした大塚は、局地的市場圏論や共同体論など、資本主義発生史研究に新たな展開を見せる。局地的市場圏論は資本主義の起点を遠隔地貿易ではなく、農民や手工業者による局地内の分業関係に求めたものであり、日本経済史家にも影響を与えた。『共同体の基礎理論』(岩波書店、一九五五年)は、マルクスの唯物史観を基礎に、ヴェーバーにも依拠し、古代オリエントから古代ギリシア、中世ヨーロッパに至る農村共同体の特徴とその解体を理論的に検討している。大塚が共同体に着目したのは、資本主義の発生とは他面からみると封建制の崩壊であり、そのなかに共同体の解体という局面が含まれているからであった。だが、共同体論の意義はそれだけにとどまらず、日本社会になお残る前近代的特徴を批判するためでもあった。

高橋幸八郎、松田智雄、さらにアメリカ経済史の鈴木圭介らを交えて比較経済史研究を主導したのもこの頃である。大塚・高橋・松田編『西洋経済史講座』全五巻(岩波書店、一九六〇―六二年）は、多くの研究者や門弟を結集した記念碑的成果である。

しかし、この講座の主要テーマである封建制から資本主義への移行に対しては、もはや現代日本の実践的課題ではないという批判が大塚門下の吉岡昭彦から提起され、これ以降、学界では大塚離れが始まっていく。これに対して大塚は、大規模経営化と官僚化が進行する高度成長下において、小ブルジョア層に着目することの意義を強調する。さらに、フリードリッヒ・リストの影響により産業構造論的視角から『国民経済――その歴史的考察』（弘文堂、一九六五年）を著し、中継貿易国家オランダと対比した内部成長型イギリスの経済構造の意義や、重商主義と議会制民主主義との関連を論じるなど、比較史的視点を深めていった（⑪⑫参照）。一九六四年一二月には、マックス・ヴェーバー生誕一〇〇年記念シンポジウムを東大で企画し、それをもとに大塚久雄編『マックス・ヴェーバー研究』（東京大学出版会、一九六五年）を刊行している。

一九六八年二月に行われた東大での最終講義のテーマは「イギリス経済史における十五世紀」（『著作集』第九巻収録）であった。ここでは、前期的資本の構想に始まる自身の研究を総括している。

晩年の大塚久雄

三〇年近い東京大学での研究教育活動を終えた後、大塚はICUで教壇に立った。この頃から、ヴェーバーの宗教社会学をベースとして、大塚は低開発国の経済的自立化を考えるとともに⑬⑭⑮、人間疎外の問題や比較文化論へと考察の射程を一層広げていく。一九七九年には『生活の貧しさと心の貧しさ』(みすず書房)、『意味喪失の時代に生きる』(日本基督教団出版局)を刊行した。

経済史家としての現代的問題への関心は、『歴史と現代』(朝日新聞社、一九七九年)において平明に語られている。そこには、当時の日本経済がオランダ型貿易国家に接近しているという危惧が表明されている。それは現実となり、一九八〇年代半ば以降、日本経済はバブルの熱狂とその崩壊を経験し、その後長い低迷に陥った。一九八五年二月におけるICUでの最終講義のテーマは「オランダ共和国の経済的衰退とその諸原因——一つの比較史的研究」(『著作集』第一一巻収録)であった。オランダから発想を得た比較経済史研究に相応しい内容であり、先述の東大での最終講義と併せて読むべきであろう。

ICUでは講義の傍ら、学内のチャペルで宗教講演も行っている。世俗化と管理社会化・人間疎外がひたすら進む現代社会にあって、そのメッセージは生きる意味を求める学生に深い感銘を与えた。

最晩年にはヴェーバーの『プロテスタンティズムの倫理と資本主義の精神』を単独で改訳し（岩波書店、一九八八年、岩波文庫、一九八九年）、さらに一九九四年には『社会科学と信仰と』（みすず書房）が刊行された。

大塚はその多大な業績により、一九七五年には文化功労者に選出され、九二年には文化勲章を授与された。一九九六年七月九日、八九歳で死去。主要各紙は一斉にその死を伝えた。その告別式では、丸山眞男の弔辞が代読された。それから一月後、その丸山も大塚の後を追うように逝き、戦後日本の代表的な知性が相次いで亡くなった。

二、本書の構成と解説

「近代化」と「民富」

この文庫には表題の「資本主義と市民社会」のほか、それに関連する一四の論考を集めることにより、大塚の資本主義発生史研究の変遷をテーマ別かつ時代順に辿れるようにした。これらの著作によって、生産力論を基礎にし、エートス論、民富論、人間類型論、国民経済論へとテーマを拡大し、低開発国の近代化論へと至る長い射程と広がりをもった大塚の研究を展望することができるであろう。なお、共同体論も大塚の経済史研究の重要なテーマであり、資本主義や市民社会の成立と裏腹の関係に立つものだが、それについては、岩波文庫として別途刊行される(大塚久雄著、小野塚知二編『共同体の基礎理論　他六篇』二〇二一年刊行予定)。

大塚の経済史研究の主要概念に、「近代化」がある。ここに収録した論考はいずれも何らかの形でそれと関わる。大塚の近代化論は、単なる経済成長や工業化、都市化などのことではない。むしろ、そうした量的指標では認識できない社会構造の転換や、人間の意識の変革を伴う質的な内容を意味する。大塚による「近代化」とは、国家が主導する上からの工業化や経済成長路線によってではなく、市民によって自発的に下から達成されるべきものであり、市民生活の物質的・精神的向上を基盤にするものとして構想されている。したがって、大塚の近代化論は市民社会論としての意義がある。日本は明治以降、国家主導の産業化には成功しても、こうした意味での近代化の達成は不十分であった。

大塚には、もう一つ重要な概念がある。コモンウィール(commonweal)ないしコモンウェルス(commonwealth)である。これは、元来中世末から近世初頭にかけてイングランドで使用された古語である。大塚はこの語句を資本主義発生期における「民富」、すなわち封建制の解体のなかから登場した市民の物質的・精神的繁栄を意味するものとして主に使用していることから、その近代化概念や小生産者的発展説を読み解く鍵となるものである。だが、それのみならず、この語は現代社会の諸問題を考えるうえでも重要である(この点について、詳しくは、拙稿「資本主義と可能性としてのコモンウィール」梅津順一・小野塚知二編『大塚久雄から資本主義と共同体を考える――コモンウィール・結社・ネーション』日本経済評論社、二〇一八年収録を参照)。本書に収められた論考の多くからも、コモンウィールへの視座を読みとることができるであろう。

以下では本書に収録した論考の初出出典を示すとともに、各部のテーマと各論考について、簡単に解説したい。

第Ⅰ部　生産力と経済倫理

大塚の生産力論の特徴は、生産力と経済倫理の関連をヴェーバーの『プロテスタンティズムの倫理と資本主義の精神』をもとに検討した点にある。その際、禁欲的ピュウリタニズムの職業倫理が信徒たちの行為に与えた影響力に着目し、それを経済倫理の「実践的構造」としてとらえ(①)、それが人間の内側から労働意志を昂揚させ、生産力の上昇を果たしたことに注目している(②)。このことは、生産力には単に物的要因だけでなく、精神的要因も含まれることを意味している。③は戦時期の生産力論を敗戦直後の民富論へとつなぐ重要な論考であることから、ここに収録した。この論考が、『近代欧洲経済史序説（上巻）』と同じ年に書かれ、共通の問題を論じていることにも留意する必要があろう。

①「**経済倫理の実践的構造――マックス・ヴェーバーの問題提起に関連して**」
『統制経済』第五巻第一号（一九四二年七月）。『著作集』第八巻「近代化の人間的基礎」所収。

②「**経済倫理と生産力**」
『経済往来』第一九号（一九四三年一二月）。『著作集』第八巻所収。

③「**資本主義と市民社会――その社会的系譜と精神史的性格**」
『世界史講座』第七巻、弘文堂、一九四四年一一月。『著作集』第八巻所収。

戦時期の大塚の論考には、「生産力」「公益」「禁欲」などという用語が散見される。しかも論考が掲載された雑誌のなかには、統制経済編輯所の『統制経済』があり（①）、時局的内容が色濃く反映していることから、大塚と戦時体制との関係を強調する論者がいる。確かに、「いまや、経済統制の進展という新たな事態に即応して……」（①三〇頁）

という表現には、戦時協力者とも捉えられかねない面が見られる。本書には収録しなかったが、「最高度〝自発性〟の発揚――経済倫理としての生産責任について」(『大学新聞』一九四四年七月一一日号、『著作集』第八巻収録)には、そうした表現が一層確認される。

だが、そこには先述したように平賀粛学後の再建人事によって東京帝国大学に奉職することになった大塚の難しい立場があり、この点を内在的に理解せねばならないであろう。しかも、戦時期の大塚の発言には、〈いうのならば〉という仮定で論じているものがあり(①三〇頁、②四〇頁)、その真意を慎重に読みとる必要がある。仮定的な表現のなかに、体制とは距離をおくとともに、西欧近代の生産力的背景としてのエートスの探求という迂回的考察をとおして、伝統日本への批判と体制への抵抗を示そうとする姿勢が示唆されている。

大塚は市民社会よりも近代社会という用語を著作で多く使っているが、③では「市民社会」を題名に掲げている。その際、資本主義の精神的性格に関して、人類の歴史とともに古い営利欲やエゴイズムの自由から生まれたとする「解放説」と、ヴェーバーやエルンスト・トレルチのように営利の追求を倫理的義務とする「禁欲説」との二つに整理している。大塚はイギリス資本主義の社会的系譜が古い問屋制商人に由来するのではなく、中産的生産者層にあることを先行研究から明らかにし、その精神的性格として解放説ではなく、禁欲説の妥当性を支持している。

戦時下では資本主義という用語に代わり市民社会の語が使われだしたが、大塚はこの論考で「資本主義と市民社会」という問題を立て、イギリス資本主義の土台を形成した市民社会が、エゴイズムの自由とは正反対の禁欲に由来していることを論じている。

後半では、「近代西ヨーロッパにおける資本主義の歴史的性格を中産的生産者層の、またそれを基軸として構成される経済社会(十六、七世紀のイギリス人のいわゆる「コモンウェルス」)の末裔として理解しなければならないであろう」(③七二頁)とのべていることにも注目したい。西欧の資本主義が小生産者的発展によって形成され、コモンウェルスが母体に、中産的生産者層によって担われていることを指摘したもので、資本主義と市民社会の歴史的起源を示している。

第Ⅱ部　市民社会と民富

敗戦直後の大塚は、日本の平和的再建や近代化のための条件を探り、一般読者や学生を対象に啓蒙的雑誌や新聞紙上で発言している。⑥は近代社会(市民社会)における富、すなわち民富の形成の歴史的起点とその意義を論じたもので、④はその対極にある投機による経済繁栄の幻像についてのべている。⑤は戦後改革のなかで経済再建の条件を論じたもので、⑥の前提として読まれるべきものとして収録した。

④「**経済的繁栄の幻像——投機による擬制的富の結末**」
『中央公論』一九四六年一〇月号。『著作集』第六巻「国民経済」所収。

⑤「**経済再建期における経済史の問題**」
『帝国大学新聞』一九四六年一二月一一日号(原題「農民解放の世界史的意義——経済再建期における経済史の問題」)。『著作集』第四巻「資本主義社会の形成1」所収。

⑥「**近代化の歴史的起点——いわゆる民富の形成について**」
『季刊大学』創刊号(一九四七年四月)。『著作集』第六巻所収。

④は一七二〇年におけるロンドン、パリ、アムステルダムの取引所を例に、株式投機熱について論じ、それが擬制的な富の増加をもたらしただけで、経済的繁栄の幻像にすぎないことを示している。大塚によれば、投機は「いわゆる前期的資本が本来具有している根本的な性格の一つ」(④一〇四頁)であり、これに対して真実の「富」または現実の「経済的繁栄」について、「経済的に向上する勤労民衆によって担われた、社会的に健全

な「生産力」こそ現実的な富であり、富裕であり、経済的繁栄の実体である」(④一一九頁)とのべている。

ロンドンで起きた「南洋の泡沫(South Sea Bubble)」はバブル経済の語源であるが、投機によるバブルとその崩壊は近世ヨーロッパだけの問題でなかった点は、一九八〇年代半ば以降の日本の経験を想起すれば明らかである。大塚の死の直前に掲載された「ロビンソン・クルーソー 合理的経営の原型」(『読売新聞』一九九六年七月七日)は、南洋の泡沫の頃に書かれたダニエル・デフォーの著作を「古典礼賛」として紹介したもので、大塚の遺稿となった。

⑤の題目にある経済再建とは、敗戦直後の日本の平和的再建を意味し、ブルジョア革命による土地改革と農民解放、すなわち独立自由な自営農民の形成と近代的生産力の建設の意義を世界史的な視野から論じたものである。

⑥は『季刊大学』創刊号の特集「日本産業復興の方途と課題」の総論として書かれたもので、⑤で論じた経済再建の問題をより具体的に論じている。ここで大塚は日本の産業復興は民富(コモンウィール)の形成を軸になされねばならないと論じ、その条件は地域内における中産的生産者層の社会的分業の拡大にあるとして、この点を近世の西欧や建国期の米国の歴史のなかに探っている。この論考では、コモンウィールという古語を

冒頭で紹介し、その意味内容を検討するとともに、小生産者的発展とそれにより形成される民富こそが、近代化の歴史的起点であることを論じている。この視点は、後年は低開発国の自立化の条件にも応用されている⑬。また、同じ主題を持つ論考「近代化の歴史的起点——市場構造の観点から」(『著作集』第五巻)も併せて読むと理解は深まるであろう。

④と⑥は加筆のもとに、『富——その実体と幻像』(弘文堂アテネ文庫、一九五二年)に収録された(もう一つ同書に収録されたのが、「近代社会の生産力的基盤——貿易国家の二つの型」、初出『改造』一九四七年三月号、『著作集』第六巻収録である)。同書の「あとがき」で、敗戦後の日本において国民経済の内への深まりが現れつつあるとの認識を示した大塚は、販路と言えばただちに国外を考える発想があることに警鐘を鳴らしている。アメリカの占領政策が終わりを迎えるこの年に大塚が示した認識は、一九六〇年代には議会制民主主義を支える経済構造の解明へと発展し、本文庫第Ⅳ部に収録した国民経済論に関する論考へと展開していく。『富』は『国民経済』(弘文堂、一九六五年)にも収録されている。

第Ⅲ部　近代化と人間類型

大塚は、社会を構成する諸個人の人格的独立による精神的変革(新たなエートスの創出)

なくして、社会全体の近代化は達成できないと考えた。これは、『近代化の人間的基礎』の主題であり、同書には初出の段階で「人間類型」という表題を掲げた論考が多数収められている。本書ではそのなかから、⑦と⑧を収録した。さらに、敗戦直後における論考に加えて、高度成長期における人間の状況についての論考も一つ収録した⑨。

⑦「**自由主義に先立つもの**」

『基督教文化』一九四六年一二月。『著作集』第八巻「近代化の人間的基礎」所収。

⑧「**魔術からの解放**」

『世界』一九四六年一二月号。『著作集』第八巻所収。

⑨「**現代日本の社会における人間的状況――一つの感想風な回顧と展望**」

『世界』一九六三年八月号。『著作集』第八巻所収。

「人間類型」とは元来ドイツ歴史学派のヴェルナー・ゾンバルトの造語であったが、大塚はヴェーバーのエートス論の影響によって、ある時代のある国民が特徴的に示す思考と行動様式に着目し、近代化を担う人間を近代的人間類型と呼んでいる。近代的人間類型の成立した歴史的背景として、大塚は真の自由の前提となる良心の自由が確立された宗教改革に注目する。『近代化の人間的基礎』の序文で、大塚は「人間」という言葉の持つ両義性――本能のまま生きる人間と、本能の否定の上に生きる人間――を指摘し、「エロやグロがどれだけ現実に民主革命の進行過程を妨げるかを思え」と前者の人間像を厳しく批判している。戦後の解放的な喜びに浸っていた日本人に向けて、「エゴイズムの自由」とは対極にある「真の自由」の重要性を訴えている。

⑦はそうした「真の自由」の確立のためには、それに先立つものとして「近代的人間類型の創造」が重要である点を指摘し、これを初出の段階では副題に掲げていた。自由が与えられれば、人間の自発性はおのずから生まれるという見方を排し、それに先立って良心的人間の創造が必要であることを強調している(⑦一八二頁)。

⑧は、第Ⅲ部の中心的論考で、『世界』への最初の寄稿となった。ここで大塚は、敗戦後の日本の平和的再建の課題として、ヴェーバーの宗教社会学の基礎概念の一つである「魔術からの解放」の重要性を指摘している。大塚によれば、戦前の日本はマギー(魔術・呪術師)が支配する魔術の園であった。しかし、大塚の主眼は、戦前の日本社会の魔術的性格を批判するだけでなく、敗戦直後の魔術支配の残存にも向けられていた。大塚は「「魔術からの解放」は他人事ではない。現在わが国の民衆のうちで、どのよう

なマギーがどの程度に「力」を振るっているかは、おそらく読者がすでにほぼご承知のことと思う」(⑧二〇六頁)と指摘している。これは単に非科学的な迷信がまだ力を振るっていたという意味ではない。敗戦後、人間宣言をしたにもかかわらず、マギー的性格の残る天皇と、それを崇拝する民衆に対する批判が込められているのではないか。大塚によれば、近代的人間類型の創造と社会的生産力の進展は、この魔術の解放によって徹底化されるのである(⑧一九三頁、二〇七頁)。この論考にも「近代的人間類型の創造」という副題が当初付けられていた。

⑨では、敗戦直後に禁欲に基づく人間変革を主張した点を回顧しながら、高度成長において、享楽的消費の高揚が出現していることを批判し、自由と禁欲を再び結びつける思想の重要性を末尾で指摘している。

なお、魔術からの解放は、近代化の大きな達成であるが、科学の発達で形式的合理化が進むことで、すべてが数値化されて没個性的となり、世界の意味は剝奪されていく。大塚はそのような動向を「意味喪失の時代」として批判的にとらえている。かつて産業革命を資本主義発達史の到達点と認識した大塚は形式的合理化に内在する問題に目を向け、一九七〇年代以降は、西洋近代が達成した形式的合理化をアジア文化圏に生まれた者として乗り越えるために、実質的合理化の意義を論じるようになる。

第Ⅳ部　資本主義と民主主義

大塚が経済史家として繰り返し説いたことの一つは、諸産業のバランスがとれた均衡型経済発展とそれに基づく国民経済の形成であった。それはまた、民主主義や政治的独立を支える経済構造でもあった。ここでは、高度成長期に書かれた論考を収録した。

⑩「**巨万の富——歴史における富豪と民衆**」
松田智雄編『巨富への道——西欧編』（一九五五年、中央公論社）。『著作集』第三巻「近代資本主義の系譜」所収。

⑪「**民主主義と経済構造**」
『思想』一九六〇年一一月号。『著作集』第六巻「国民経済」所収。

⑫「**政治的独立と国民経済の形成**」
『思想』一九六一年六月号。『著作集』第六巻所収。

⑩は歴史における富豪について、イタリアのメディチ家、ドイツのフッガー家、イギリスのリチャード・ウィッティントンなどを例にし、その実態を示したものである。イ

ギリスでは、こうした富豪は市民革命によって一度は姿を消す。しかし、コモンウィールを基本線として資本主義が形成された英米においても、中小の生産者のなかからふたたび富豪があらわれたことを大塚は認めており、富豪は民衆のコモンウィールの犠牲のうえに成立することを指摘している。ここには、敗戦直後の民富論を受け継ぐとともに、コモンウィールを基準にして、前近代のみならず近代も含めて両面批判を展開する大塚の姿勢が見られる。富の偏在や格差の拡大は、国民を分断させ、民主主義の危機をもたらすことから、⑪と併せて読むべきであろう。

⑪は議会制民主主義の基盤となる経済構造を、一七世紀末から一八世紀前半のイギリスとオランダ共和国の社会経済事情の比較を通して論じている。オランダ経済は、勤労民衆の経済生活と、都市貴族主導の国際的な中継貿易とに乖離した二重構造をとっていたのに対して、イギリスでは勤労民衆の利害(コモンウィール)にもとづき、広く社会的分業が展開していた(⑥参照)。局地的市場圏の形成から出発したイギリスのこの動きは、さらに大きな地域市場の形成を経て、国内的統一市場へと進み、国民経済が形成された。大塚はこの両国の経済構造の違いに注目し、イギリスでは国民共同の利害が形成され、議会制民主主義を支えたのに対して、オランダでは勤労民衆と都市貴族層との利害の一致が形成されず、後者による専制的支配が続き、最終的には崩壊したと推論している。

この論文は一九六〇年の日米安保条約改定直後に書かれており、アメリカ合衆国に政治的に従属しながら、貿易立国を志向する日本に対する批判が読みとれる。

現在における主流派経済学の常識では、自由貿易こそ世界の平和と秩序を維持する政策であるとされるが、今日のグローバリズムの弊害を考えると、それは一面的な認識であろう。ここで大塚が批判したのは、『富』(弘文堂アテネ文庫)のあとがきでものべたように、内需を拡大しようとせず、ただちに販路を海外に求め、集中豪雨的輸出に傾こうとする日本経済の体質であった。大塚の国民経済論は国内市場の拡大による国民的統一と自立のための政策であり、それは次の第Ⅴ部で扱う途上国の分析にも向けられている。

⑫は⑪と同じ関心で書かれたもので、国民経済の形成と政治的独立の関係を独立期のアメリカ合衆国の史実のなかに探ったものであり、第Ⅴ部の低開発国問題とも接続するものである。

第Ⅴ部　低開発国の近代化と自立化

一九六〇年代末から大塚は「後進国問題」に関する共同研究を組織し、さらに南北問題にも関心を寄せる。既に『国民経済』において、世界における不均等発展の同時存在という認識のもと、この問題への関心が芽生えていたが、さらに遡れば一九六二年、フランスでの第二回国際経済史学会に参加した際にも、各国の経済史研究者によってこのテーマが論じられている点に大塚は注目していた。『共同体の基礎理論』もこの文脈で読むことができる。

⑬「**低開発国研究にとって経済史学がもつ意義**」
大塚久雄他編『後進国経済発展の史的研究』(アジア経済研究所、所内資料、一九六九年)。『著作集』第一一巻「比較経済史の諸問題」所収。

⑭「**近代化の経済史的条件——低開発国問題に関して西洋経済史は何を物語るか**」
大塚久雄他編『後進国経済発展の史的研究』(アジア経済研究所、所内資料、一九六九年)。『著作集』第一一巻所収。

⑮「**経済の近代化過程における宗教の役割**」
『アジア文化研究』第六号(一九七二年)。『著作集』第一一巻所収。

⑬⑭は比較経済史の知見、特に先進国の歴史的経験を低開発国の自立化に役立てようとする試論である。ここで大塚が強調する先進国の経験とは、単なる技術開発や産業化のことではなく、⑥で強調した小生産者主導により地域内で起きた近代化の歴史的起点、

すなわちコモンウィールの形成のことであった。なお、論文⑬の末尾では、低開発国の持つ伝統社会の特殊事情に関して、近代化によって破棄されるものを含みながら、近代化達成ののちまでも受け継がれるべき貴重な文化遺産として現われてくるものも認めている。この点は、先進国の経験だけでなく、低開発国の内在的要因も重視する見解として注目したい。

⑭では低開発国が経済的自立化に向かう際、近代化開始の起点に戻ることをUターンの論理と表現している。低開発国が支配国の経済構造に組込まれたモノカルチャー的産業構造から抜け出すには、そこから転換し、原点に帰らねばならないことを意味する。低開発国にとってだけでなく、新たな社会の建設の際、このUターンという発想は示唆するところが多い。

⑫と⑭が低開発国の近代化における経済史的条件を探ったのに対して、⑮は宗教について、ヴェーバーをもとに、禁欲的プロテスタンティズムの倫理が合理的労働者の育成に果たした役割をのべたものである。後半では、日本の幕藩体制下の官僚組織や、明治以降の資本主義発展との関連で、比較史的に論じている。

おわりに

かつては、大塚久雄と丸山眞男、川島武宜や内田義彦らの読者層はかなり重なりあい、そこに「共通の知的共鳴盤」があった。岩波新書として刊行されたそれぞれの著書は、社会科学に関する啓蒙的著作であり、かつ市民社会論として多くの読者をもった。この四人のなかで、大塚はその結節点にあり、他の三者に与えた影響も大きかった。この文庫は専門的研究者だけでなく、一般の読者層にも向けて、かつて市民の間に広く深く根をはっていた共通の〈地下茎〉の一端を掘り起こす機会としたい。

しかし、この文庫の主眼は戦後日本の社会科学の遺産を再確認することだけにあるのではない。本書には、現代的視点に立った意義もあると考えている。大塚の学問は単なる資本主義の発生や展開に関する過去分析ではなく、私たちが生きているこの社会の由来についての探求と未来への洞察、すなわち、どこから来て、どこへ行くのかという預言者的精神のもと、巨視的歴史観が反映していた。その学問は初期資本主義研究を超えて、転換期や現代社会の諸問題を考える視座を提供し、新たな社会の構築の論理と倫理を示すものであった。

そのような関心のもと刊行されたのが、先述した梅津順一・小野塚知二編『大塚久雄から資本主義と共同体を考える――コモンウィール・結社・ネーション』であった。同書は副題にある三つのキーワードを中心に大塚の資本主義発達史研究を振り返り、「伝統的な共同体」に代わる「新しい共同体」（市民共同体）の可能性を展望したものである。新しい共同体の形成とは、グローバリズムと格差の拡大で破壊された人間社会の回復をめざすことにもつながる。その基礎になる概念が、大塚が着目したコモンウィールである。

同書の刊行にあわせて、編者の一人、梅津順一は「大塚久雄の座標軸」という一文を寄せている（『評論』二一〇号、日本経済評論社、二〇一八年）。このなかで梅津は、大塚の経済史研究は「戦後の日本に世界を見る座標軸を与えるものでした」と指摘している。この座標軸によって、日本の特質を世界史のなかで位置付ける方法が確立したのである。

この〈座標軸〉という言葉を使用した論考が、『世界』（四二二号、一九八一年一月）にも掲載されていた。隅谷三喜男「内村鑑三と現代――座標軸をもつ思想」がそれである。隅谷は内村の思想の根底にある〈座標軸〉に注目する。日本の思想が横軸しか持たず、時代の流れに押され、横へ横へとスライドするなか、内村は横軸だけでなく縦軸も持つことで、定点を確立できた稀有な思想家であった。隅谷は「座標軸の構築こそ、内村が遺した遺産であり、その再構築が今問われている」と結んでいる。

大塚久雄は内村の遺産を継承した思想家でもあった。「社会科学と信仰」、「ヴェーバーとマルクス」などは、大塚による座標軸の例である。二つのJ（Jesus と Japan）を愛した内村が日本の思想界において稀有な存在だったように、大塚も「ヴェーバーとマルクス」のように、両立が容易でない座標軸を設定したことで、同時代の社会科学者のなかで、より大きな射程に立ち、独創的な体系を構築できたのである。混迷が深まる現在、「座標軸の再構築」が求められている。大塚久雄を読み返す意義は、この点にあるのではないか。

参考文献（『大塚久雄著作集』のほか、以下の文献を特に参照した）
上野正治編著・松田智雄序説『大塚久雄著作ノート』（図書新聞社、一九六五年）
ヨーマン会編『師・友・学問――ヨーマン会の半世紀』（非売品、一九九〇年）
柳澤治『戦前・戦時日本の経済思想とナチズム』（岩波書店、二〇〇八年）

資本主義《しほんしゅぎ》と市民社会《しみんしゃかい》　他十四篇

2021年9月15日　第1刷発行

著　者　大塚久雄《おおつかひさお》

編　者　齋藤英里《さいとうえいり》

発行者　坂本政謙

発行所　株式会社　岩波書店
〒101-8002 東京都千代田区一ツ橋 2-5-5
案内 03-5210-4000　営業部 03-5210-4111
文庫編集部 03-5210-4051
https://www.iwanami.co.jp/

印刷 製本・法令印刷　カバー・精興社

ISBN 978-4-00-341521-4　　Printed in Japan

読書子に寄す

――岩波文庫発刊に際して――

岩波茂雄

真理は万人によって求められることを自ら欲し、芸術は万人によって愛されることを自ら望む。かつては民を愚昧ならしめるために学芸が最も狭き堂宇に閉鎖されたことがあった。今や知識と美とを特権階級の独占より奪い返すことはつねに進取的なる民衆の切実なる要求である。岩波文庫はこの要求に応じそれに励まされて生まれた。それは生命ある不朽の書を少数者の書斎と研究室とより解放して街頭にくまなく立たしめ民衆に伍せしめるであろう。近時大量生産予約出版の流行を見る。その広告宣伝の狂態はしばらくおくも、後代にのこすと誇称する全集がその編集に万全の用意をなしたるか。千古の典籍の翻訳企図に敬虔の態度を欠かざりしか。さらに分売を許さず読者を繋縛して数十冊を強うるがごとき、はたしてその揚言する学芸解放のゆえんなりや。吾人は天下の名士の声に和してこれを推挙するに躊躇するものである。このときにあたって、岩波書店は自己の責務のいよいよ重大なるを思い、従来の方針の徹底を期するため、すでに十数年以前より志して来た計画を慎重審議この際断然実行することにした。吾人は範をかのレクラム文庫にとり、古今東西にわたって文芸・哲学・社会科学・自然科学等種類のいかんを問わず、いやしくも万人の必読すべき真に古典的価値ある書をきわめて簡易なる形式において逐次刊行し、あらゆる人間に須要なる生活向上の資料、生活批判の原理を提供せんと欲する。この文庫は予約出版の方法を排したるがゆえに、読者は自己の欲する時に自己の欲する書物を各個に自由に選択することができる。携帯に便にして価格の低きを最主とするがゆえに、外観を顧みざるも内容に至っては厳選最も力を尽くし、従来の岩波出版物の特色をますます発揮せしめようとする。この計画たるや世間の一時の投機的なるものと異なり、永遠の事業として吾人は微力を傾倒し、あらゆる犠牲を忍んで今後永久に継続発展せしめ、もって文庫の使命を遺憾なく果たさしめることを期する。芸術を愛し知識を求むる士の自ら進んでこの挙に参加し、希望と忠言とを寄せられることは吾人の熱望するところである。その性質上経済的には最も困難多きこの事業にあえて当たらんとする吾人の志を諒として、その達成のため世の読書子とのうるわしき共同を期待する。

昭和二年七月

《法律・政治》〔白〕

人権宣言集　高木八尺・末延三次・宮沢俊義 編
新版 世界憲法集 第二版　高橋和之 編
君主論　マキァヴェッリ／河島英昭 訳
フィレンツェ史 全二冊　マキァヴェッリ／齊藤寛海 訳
リヴァイアサン 全四冊　ホッブズ／水田洋 訳
法の精神 全三冊　モンテスキュー／野田良之・稲本洋之助・上原行雄・田中治男・三辺博之・横田地弘 訳
ローマ人盛衰原因論　モンテスキュー／田中治男・栗田伸子 訳
第三身分とは何か　シィエス／稲本洋之助・伊藤洋一・川出良枝・松本英実 訳
教育に関する考察　ロック／服部知文 訳
完訳 統治二論　ジョン・ロック／加藤節 訳
寛容についての手紙　ジョン・ロック／加藤節・李静和 訳
キリスト教の合理性　ジョン・ロック／加藤節 訳
ルソー 社会契約論　桑原武夫・前川貞次郎 訳
アメリカのデモクラシー 全四冊　トクヴィル／松本礼二 訳
犯罪と刑罰　ベッカリーア／風早八十二・五十嵐二葉 訳
リンカーン演説集　高木八尺・斎藤光 訳
権利のための闘争　イェーリング／村上淳一 訳
近代人の自由と古代人の自由・征服の精神と簒奪 他一篇　コンスタン／堤林剣・堤林恵 訳
民主主義の本質と価値 他一篇　ハンス・ケルゼン／長尾龍一・植田俊太郎 訳
外交談判法　カリエール／坂野正高 訳
危機の二十年 ―理想と現実　E・H・カー／原彬久 訳
アメリカの黒人演説集 ―キング・マルコムX・モリスン 他　荒このみ 編訳
モーゲンソー 国際政治 ―権力と平和 全三冊　原彬久 監訳
現代議会主義の精神史的状況 他一篇　カール・シュミット／樋口陽一 訳
第二次世界大戦外交史 全二冊　芦田均
憲法講話　美濃部達吉
日本国憲法　長谷部恭男 解説
民主体制の崩壊 ―危機・崩壊・再均衡　ファン・リンス／横田正顕 訳

《経済・社会》〔白〕

政治算術　ペティ／大内兵衛・松川七郎 訳
チュルゴオ 富に関する省察　永田清 訳
国富論 全四冊　アダム・スミス／水田洋 監訳／杉山忠平 訳
道徳感情論 全二冊　アダム・スミス／水田洋 訳
法学講義　アダム・スミス／水田洋 訳
コモン・センス 他三篇　トーマス・ペイン／小松春雄 訳
経済学における諸定義　マルサス／玉野井芳郎 訳
オウエン自叙伝　ロバアト・オウエン／五島茂 訳
経済学および課税の原理 全二冊　リカードウ／羽鳥卓也・吉澤芳樹 訳
戦争論 全三冊　クラウゼヴィッツ／篠田英雄 訳
自由論　J・S・ミル／塩尻公明・木村健康 訳
女性の解放　J・S・ミル／大内兵衛・大内節子 訳
ミル自伝　朱牟田夏雄 訳
大学教育について　J・S・ミル／竹内一誠 訳
ユダヤ人問題によせて ヘーゲル法哲学批判序説　マルクス／城塚登 訳
経済学・哲学草稿　マルクス／城塚登・田中吉六 訳
新編輯版 ドイツ・イデオロギー　マルクス・エンゲルス／廣松渉 編訳／小林昌人 補訳
マルクス エンゲルス 共産党宣言　大内兵衛・向坂逸郎 訳
賃労働と資本　マルクス／長谷部文雄 訳
賃銀・価格および利潤　マルクス／長谷部文雄 訳
マルクス 経済学批判　武田隆夫・遠藤湘吉・大内力・加藤俊彦 訳

- マルクス 資本論 全九冊 エンゲルス編 向坂逸郎訳
- 文学と革命 全二冊 トロツキイ 桑野隆訳
- ロシア革命史 全五冊 トロツキー 藤井一行訳
- 空想より科学へ —社会主義の発展 エンゲルス 大内兵衛訳
- イギリスにおける労働者階級の状態 —一九世紀のロンドンとマンチェスター 全二冊 エンゲルス 一條和生・杉山忠平訳
- 帝国主義論 全二冊 ホブスン 矢内原忠雄訳
- 帝国主義 レーニン 宇高基輔訳
- 国家と革命 レーニン 宇高基輔訳
- 金融資本論 全二冊 ヒルファディング 岡崎次郎訳
- ローザ・ルクセンブルク 獄中からの手紙 秋元寿恵夫訳
- 雇用、利子および貨幣の一般理論 全二冊 ケインズ 間宮陽介訳
- シュムペーター 経済発展の理論 全二冊 塩野谷祐一・中山伊知郎・東畑精一訳
- シュムペーター 経済学史 —学説ならびに方法の諸段階 中山伊知郎・東畑精一訳
- 租税国家の危機 シュムペーター 木村元一・小谷義次訳
- 恐慌論 宇野弘蔵
- 経済原論 宇野弘蔵
- ユートピアだより ウィリアム・モリス 川端康雄訳

- 民衆の芸術 ウィリアム・モリス 中橋一夫訳
- 社会科学と社会政策にかかわる認識の「客観性」 マックス・ヴェーバー 富永祐治・立野保男訳 折原浩補訳
- プロテスタンティズムの倫理と資本主義の精神 マックス・ヴェーバー 大塚久雄訳
- 職業としての学問 マックス・ヴェーバー 尾高邦雄訳
- 社会学の根本概念 マックス・ヴェーバー 清水幾太郎訳
- 職業としての政治 マックス・ヴェーバー 脇圭平訳
- 古代ユダヤ教 全三冊 マックス・ヴェーバー 内田芳明訳
- 宗教と資本主義の興隆 —歴史的研究 全二冊 トーニー 出口勇蔵・越智武臣訳
- 世論 全二冊 リップマン 掛川トミ子訳
- 王権 A・M・ホカート 橋本和也訳
- 鯰絵 —民俗的想像力の世界 C・アウエハント 小松和彦・中沢新一・飯島吉晴・古家信平訳
- 贈与論 他二篇 マルセル・モース 森山工訳
- 国民論 他二篇 マルセル・モース 森山工編訳
- ヨーロッパの昔話 —その形と本質 マックス・リュティ 小澤俊夫訳
- 独裁と民主政治の社会的起源 —近代世界形成過程における領主と農民 全二冊 バリントン・ムーア 宮崎隆次・森山茂徳・高橋直樹訳
- 大衆の反逆 オルテガ・イ・ガセット 佐々木孝訳

《自然科学》〔青〕

- 科学と仮説 ポアンカレ 河野伊三郎訳
- エネルギー オストヴァルト 山県春次訳
- 光学 ニュートン 島尾永康訳
- 大陸と海洋の起源 —大陸移動説 全二冊 ヴェーゲナー 都城秋穂・紫藤文子訳
- ロウソクの科学 ファラデー 竹内敬人訳
- 種の起原 全二冊 ダーウィン 八杉龍一訳
- 完訳ファーブル昆虫記 全十冊 山田吉彦・林達夫訳
- 確率の哲学的試論 ラプラス 内井惣七訳
- 史的に見たる科学的宇宙観の変遷 アーレニウス 寺田寅彦訳
- 科学談義 T・H・ハックスリ 小泉丹訳
- アインシュタイン 相対性理論 内山龍雄訳・解説
- 相対論の意味 アインシュタイン 矢野健太郎訳
- 自然美と其驚異 ジョン・ラバック 板倉勝忠訳
- ダーウィニズム論集 八杉龍一編訳
- 近世数学史談 高木貞治
- ハッブル 銀河の世界 戎崎俊一訳

《日本文学(古典)》〔黄〕

古事記　倉野憲司校注
日本書紀　全五冊　坂本太郎・家永三郎・井上光貞・大野晋校注
万葉集　全五冊　佐竹昭広・山田英雄・工藤力男・大谷雅夫・山崎福之校注
原文万葉集　全二冊　佐竹昭広・山田英雄・工藤力男・大谷雅夫・山崎福之校注
竹取物語　阪倉篤義校訂
伊勢物語　大津有一校注
玉造小町子壮衰書 —小野小町物語　杤尾武校注
古今和歌集　佐伯梅友校注
土左日記　紀貫之／鈴木知太郎校注
蜻蛉日記　今西祐一郎校注
紫式部日記　池田亀鑑・秋山虔校注
源氏物語　全九冊（既刊八冊）　柳井滋・室伏信助・大朝雄二・鈴木日出男・藤井貞和・今西祐一郎校注
枕草子　池田亀鑑校訂
更級日記　西下経一校注
今昔物語集　全四冊　池上洵一編
三条西家本 栄花物語　全三冊　三条西公正校訂

堤中納言物語　大槻修校注
西行全歌集　久保田淳・吉野朋美校注
梅沢本 古本説話集　川口久雄校訂
後拾遺和歌集　久保田淳・平田喜信校注
詞花和歌集　工藤重矩校注
古語拾遺　斎部広成撰／西宮一民校注
王朝漢詩選　小島憲之編
落窪物語　藤井貞和校注
新訂 方丈記　市古貞次校注
新訂 新古今和歌集　佐佐木信綱校訂
新訂 徒然草　西尾実・安良岡康作校注
平家物語　全四冊　梶原正昭・山下宏明校注
神皇正統記　北畠親房／岩佐正校注
義経記　島津久基校訂
御伽草子　全二冊　市古貞次校注
王朝秀歌選　樋口芳麻呂校注
定家八代抄 —続王朝秀歌選　全二冊　樋口芳麻呂・後藤重郎校注

中世なぞなぞ集　鈴木棠三編
謡曲選集 読む能の本　野上豊一郎編
東関紀行・海道記　玉井幸助校訂
おもろさうし　外間守善校注
太平記　全六冊　兵藤裕己校注
好色五人女　井原西鶴／東明雅校註
武道伝来記　井原西鶴／横山重・前田金五郎校注
西鶴文反古　井原西鶴／片岡良一校訂
芭蕉紀行文集 付嵯峨日記　中村俊定校注
芭蕉 おくのほそ道 付曾良旅日記・奥細道菅菰抄　萩原恭男校注
芭蕉俳句集　中村俊定校注
芭蕉連句集　中村俊定・萩原恭男校注
芭蕉書簡集　萩原恭男校注
芭蕉文集　潁原退蔵編註
芭蕉俳文集　全二冊　堀切実編注
芭蕉自筆 奥の細道　上野洋三・櫻井武次郎校注
蕪村俳句集 付春風馬堤曲 他二篇　尾形仂校注

蕪村七部集　伊藤松宇校訂
蕪村文集　藤田真一編注
国性爺合戦・鑓の権三重帷子　近松門左衛門／和田万吉校訂
折たく柴の記　新井白石／松村明校注
東海道四谷怪談　鶴屋南北／河竹繁俊校訂
鶉衣　全二冊　横井也有／堀切実校注
近世畸人伝　伴蒿蹊／森銑三校註
うひ山ふみ・鈴屋答問録　本居宣長／村岡典嗣校訂
排蘆小船・石上私淑言 ―宣長「物のあはれ」歌論　本居宣長／子安宣邦校注
雨月物語　上田秋成／長島弘明校注
宇下人言 修行録　松平定信／松平定光校訂
訳註 良寛詩集　大島花束／原田勘平訳註
新訂 一茶俳句集　丸山一彦校注
一茶 父の終焉日記・おらが春 他一篇　矢羽勝幸校注
増補 俳諧歳時記栞草　全二冊　曲亭馬琴編／藍亭青藍補／堀切実校注
近世物之本江戸作者部類　曲亭馬琴／徳田武校注
北越雪譜　鈴木牧之編撰／京山人百樹刪定／岡田武松校訂

東海道中膝栗毛　全二冊　十返舎一九／麻生磯次校注
浮世床　式亭三馬／和田万吉校訂
梅暦　全二冊　為永春水／古川久校訂
日本民謡集　町田嘉章／浅野建二編
誹諧 武玉川　全四冊　山澤英雄校訂
芭蕉臨終記 花屋日記 付 芭蕉翁終焉記・前後日記・行状記　小宮豊隆校訂
醒睡笑　全二冊　安楽庵策伝／鈴木棠三校注
与話情浮名横櫛 切られ与三　瀬川如皐／河竹繁俊校訂
江戸怪談集　全三冊　高田衛編・校注
柳多留名句選　山澤英雄選／粕谷宏紀校注
橘曙覧全歌集　水島直文／橋本政宣編注
万治絵入本 伊曾保物語　武藤禎夫校注
鬼貫句選・独ごと　復本一郎校注
井月句集　復本一郎編
花見車・元禄百人一句　雲英末雄／佐藤勝明校注
江戸漢詩選　全二冊　揖斐高編訳

《日本思想》〔青〕

風姿花伝（花伝書）　世阿弥／野上豊一郎／西尾実校訂
五輪書　宮本武蔵／渡辺一郎校注
政談　荻生徂徠／辻達也校注
葉隠　全三冊　山本常朝／和辻哲郎／古川哲史校訂
養生訓・和俗童子訓　貝原益軒／石川謙校訂
貝原益軒 大和俗訓　石川謙校訂
町人嚢・百姓嚢・長崎夜話草　西川如見／飯島忠夫／西川忠幸校訂
日本水土考・水土解弁・増補華夷通商考　西川如見／飯島忠夫／西川忠幸校訂
蘭学事始　杉田玄白／緒方富雄校註
吉田松陰書簡集　広瀬豊編
島津斉彬言行録　牧野伸顕序
塵劫記　吉田光由／大矢真一校注
兵法家伝書 付 新陰流兵法目録事　柳生宗矩／渡辺一郎校注
南方録　西山松之助校注
長崎版 どちりな きりしたん　海老沢有道校註
仙境異聞・勝五郎再生記聞　平田篤胤／子安宣邦校注

茶湯一会集・閑夜茶話	井伊直弼／戸田勝久校注
新訂 海舟座談	巌本善治編／勝部真長校注
西郷南洲遺訓 附 手抄言志録及遺文	山田済斎編
文明論之概略	福沢諭吉／松沢弘陽校注
新訂 福翁自伝	富田正文校訂
学問のすゝめ	福沢諭吉
福沢諭吉家族論集	中村敏子編
日本道徳論	西村茂樹／吉田熊次校
新島襄の手紙	同志社編
新島襄 教育宗教論集	同志社編
新島襄自伝 —手記・紀行文・日記	同志社編
近時政論考	陸羯南
日本の下層社会	横山源之助
中江兆民 三酔人経綸問答	桑原武夫・島田虔次訳・校注
中江兆民評論集	松永昌三編
憲法義解	伊藤博文／宮沢俊義校註
日本開化小史	田口卯吉／嘉治隆一校訂

新訂 蹇蹇録 —日清戦争外交秘録	陸奥宗光／中塚明校注
茶の本	岡倉覚三／村岡博訳
新撰讃美歌	植村正久・奥野昌綱・松山高吉編
武士道	新渡戸稲造／矢内原忠雄訳
余はいかにしてキリスト信徒となりしか	内村鑑三／鈴木範久訳
代表的日本人	内村鑑三／鈴木範久訳
後世への最大遺物・デンマルク国の話	内村鑑三
宗教座談	内村鑑三
ヨブ記講演	内村鑑三
足利尊氏	山路愛山
徳川家康 全二冊	山路愛山
豊臣秀吉 全二冊	山路愛山
妾の半生涯	福田英子
善の研究	西田幾多郎
思索と体験	西田幾多郎
続思索と体験・『続思索と体験』以後	西田幾多郎
西田幾多郎哲学論集 I —場所・私と汝 他六篇	上田閑照編

西田幾多郎哲学論集 II —論理と生命 他四篇	上田閑照編
西田幾多郎哲学論集 III —自覚について 他四篇	上田閑照編
西田幾多郎随筆集	上田閑照編
西田幾多郎歌集	上田薫編
西田幾多郎講演集	田中裕編
西田幾多郎書簡集	藤田正勝編
帝国主義	幸徳秋水／山泉進校注
麺麭の略取	クロポトキン／幸徳秋水訳
基督抹殺論	幸徳秋水
日本の労働運動	片山潜
吉野作造評論集	岡義武編
貧乏物語	河上肇／大内兵衛解題
河上肇評論集	杉原四郎編
西欧紀行 祖国を顧みて	河上肇
中国文明論集	宮崎市定／礪波護編
中国史 全二冊	宮崎市定
大杉栄評論集	飛鳥井雅道編

女工哀史	細井和喜蔵
奴隷 —小説・女工哀史1	細井和喜蔵
工場 —小説・女工哀史2	細井和喜蔵
初版 日本資本主義発達史 全二冊	野呂栄太郎
寒村自伝 全二冊	荒畑寒村
谷中村滅亡史	荒畑寒村
遠野物語・山の人生	柳田国男
青年と学問	柳田国男
木綿以前の事	柳田国男
こども風土記・母の手毬歌	柳田国男
不幸なる芸術・笑の本願	柳田国男
海上の道	柳田国男
婚姻の話	柳田国男
都市と農村	柳田国男
十二支考 全二冊	南方熊楠
特命全権大使 米欧回覧実記 全五冊	久米邦武編 田中彰校注
明治維新史研究	羽仁五郎
古寺巡礼	和辻哲郎
風土 —人間学的考察	和辻哲郎
イタリア古寺巡礼	和辻哲郎
和辻哲郎随筆集	坂部恵編
倫理学 全四冊	和辻哲郎
人間の学としての倫理学	和辻哲郎
日本倫理思想史 全四冊	和辻哲郎
時と永遠 他八篇	波多野精一
宗教哲学序論・宗教哲学	波多野精一
「いき」の構造 他二篇	九鬼周造
九鬼周造随筆集	菅野昭正編
偶然性の問題	九鬼周造
時間論 他二篇	九鬼周造 小浜善信編
復讐と法律	穂積陳重
パスカルにおける人間の研究	三木清
古代国語の音韻に就いて 他二篇	橋本進吉
漱石詩注	吉川幸次郎
吉田松陰	徳富蘇峰
林達夫評論集	中川久定編
新版 きけわだつみのこえ —日本戦没学生の手記	日本戦没学生記念会編
新版 第二集 きけわだつみのこえ —日本戦没学生の手記	日本戦没学生記念会編
君たちはどう生きるか	吉野源三郎
地震・憲兵・火事・巡査	山崎今朝弥 森長英三郎編
懐旧九十年	石黒忠悳
武家の女性	山川菊栄
覚書 幕末の水戸藩	山川菊栄
おんな二代の記	山川菊栄
忘れられた日本人	宮本常一
家郷の訓	宮本常一
大阪と堺	三浦周行 朝尾直弘編
新編 歴史と人物	三浦周行 林屋辰三郎 朝尾直弘編
国家と宗教 —ヨーロッパ精神史の研究	南原繁
石橋湛山評論集	松尾尊兊編
湛山回想	石橋湛山

岩波文庫の最新刊

梶山雄一・丹治昭義・津田真一・田村智淳・桂紹隆 訳注
梵文和訳 **華厳経入法界品**（中）

大乗経典の精華。善財童子が良き師達を訪ね、悟りを求めて、遍歴する雄大な物語。梵語原典から初めての翻訳、中巻は第十八章―第三十八章を収録。（全三冊）〔青三四五-二〕 **定価一一七七円**

ヴァルター・ベンヤミン著／今村仁司、三島憲一 他訳
パサージュ論（五）

事物や歴史の中に眠り込んでいた夢の力を解放するパサージュ・プロジェクト。「文学史、ユゴー」「無為」などの断章や『パサージュ論』をめぐる書簡を収録。全五冊完結。〔赤四六三-七〕 **定価一一七七円**

……今月の重版再開……

ヘミングウェイ作／谷口陸男訳
武器よさらば（上）
〔赤三二六-二〕 **定価七九二円**

ヘミングウェイ作／谷口陸男訳
武器よさらば（下）
〔赤三二六-三〕 **定価七二六円**

定価は消費税 10% 込です　2021.8

岩波文庫の最新刊

柳井 滋・室伏信助・大朝雄二・鈴木日出男・藤井貞和・今西祐一郎校注

源氏物語（九）

蜻蛉―夢浮橋／索引

浮舟入水かとの報せに悲しむ薫と匂宮。だが浮舟は横川僧都の一行に救われていた――。全五十四帖完結、年立や作中和歌一覧、人物索引も収録。（全九冊）〔黄一五―一八〕　定価一五一八円

カッシーラー著／熊野純彦訳

国家と神話（下）

国家と神話との結びつきを論じたカッシーラーの遺著。後半では、ヘーゲルの国家理論や技術に基づく国家の神話化を批判しつつ、理性への信頼を訴える。（全二冊）〔青六七三―七〕　定価一二四三円

大塚久雄著／齋藤英里編

資本主義と市民社会 他十四篇

西欧における資本主義の発生過程とその精神的基盤の解明をめざした経済史家・大塚久雄。戦後日本の社会科学に大きな影響を与えた論考をテーマ別に精選。〔白一五二―一〕　定価一一七七円

恩田侑布子編

久保田万太郎俳句集

万太郎の俳句は、詠嘆の美しさ、表現の自在さ、繊細さにおいて、近代俳句の白眉。全句から珠玉の九百二句を精選。「季語索引」を付す。〔緑六五―四〕　定価八一四円

……今月の重版再開……

今野一雄訳
ラ・フォンテーヌ **寓話**（上）
定価一〇一二円〔赤五一四―一〕

今野一雄訳
ラ・フォンテーヌ **寓話**（下）
定価一一二二円〔赤五一四―二〕